能源生态与高质量发展
金融统计方法与应用　系列丛书

本书获内蒙古财经大学学术专著出版基金资助

# 数字经济规模统计测度
# 及其对技术创新效率的影响研究

李海霞　著

中国商务出版社
·北京·

图书在版编目（CIP）数据

数字经济规模统计测度及其对技术创新效率的影响研究 / 李海霞著 . -- 北京 : 中国商务出版社，2025.（能源生态与高质量发展系列丛书）（金融统计方法与应用系列丛书）. -- ISBN 978-7-5103-5577-6

Ⅰ. F490；F062.4

中国国家版本馆 CIP 数据核字第 2025ME2004 号

数字经济规模统计测度及其对技术创新效率的影响研究

SHUZI JINGJI GUIMO TONGJI CEDU JI QI DUI JISHU CHUANGXIN XIAOLÜ DE YINGXIANG YAN JIU

李海霞　著

出版发行：中国商务出版社有限公司

地　　址：北京市东城区安定门外大街东后巷 28 号　邮编：100710

网　　址：http://www.cctpress.com

联系电话：010-64515150（发行部）　010-64212247（总编室）

　　　　　010-64243016（事业部）　010-64248236（印制部）

策划编辑：刘文捷

责任编辑：谢　宇

排　　版：德州华朔广告有限公司

印　　刷：北京建宏印刷有限公司

开　　本：787 毫米 × 1092 毫米　1/16

印　　张：14.5　　　　　　　　　　　字　　数：259 千字

版　　次：2025 年 4 月第 1 版　　　　印　　次：2025 年 4 月第 1 次印刷

书　　号：ISBN 978-7-5103-5577-6

定　　价：78.00 元

# 丛书编委会

主　　编　王春枝

副 主 编　刘　佳　米国芳　刘　勇

编　　委　王志刚　王春枝　刘　佳　刘　勇　米国芳　陈志芳
　　　　　赵晓阳　郭亚帆　海小辉

# 序

在全球经济格局深刻变革、科技革命加速演进的今天，人类社会正站在一个新的历史节点上。一方面，传统经济模式面临着资源短缺、环境污染、生态退化等诸多挑战；另一方面，以绿色、低碳、可持续为核心的高质量发展理念，正成为推动全球经济转型的重要驱动力。在这样的时代背景下，能源、生态、金融统计等相关领域的研究，不仅是学术研究的前沿方向，更是实现经济高质量发展的关键所在。

能源是经济发展的基石，生态是人类生存的家园。在过去的几十年中，全球能源需求的快速增长与生态环境的恶化，已经对人类社会的可持续发展构成了严重威胁。随着全球气候变化加剧、生物多样性丧失以及资源短缺问题的日益突出，传统的发展模式已经难以为继。在此背景下，如何在保障能源供应的同时，实现生态系统的平衡与修复，成为全球关注的焦点。

近年来，中国在能源转型与生态保护方面取得了显著成就。一方面，中国积极推动能源结构调整，大力发展可再生能源，逐步降低对传统化石能源的依赖；另一方面，通过一系列生态保护政策的实施，生态系统退化的趋势得到了初步遏制。然而，面对全球性的挑战，中国的能源与生态转型仍面临诸多难题。例如，能源市场的波动性、新能源技术的成熟度、生态补偿机制的完善性等，都需要进一步的理论研究与实践探索。

在这样的背景下，"能源生态与高质量发展"系列丛书，旨在为学术界、政策制定者和从业者提供一个交流平台。通过深入探讨能源转型的路径、生态系统的价值评估，以及两者与经济高质量发展的内在关系，希望能够为实现绿色、低碳、可持续的经济发展模式提供理论支持与实践指导。

金融是现代经济的核心，而统计方法则是金融决策的基石。在当今复杂多变的经济环境中，金融市场的波动性、风险的不确定性以及数据的海量性，都对金融决策提出了更高的要求。金融统计方法，作为一门结合数学、统计学和金融学的应用科学，为解决这些问题提供了强大的工具。

随着大数据、人工智能和机器学习等新兴技术的快速发展，金融统计方法的应用范围不断扩大。从金融市场预测、风险评估到投资组合优化，从宏观经济政策分析到微观企业决策支持，金融统计方法都发挥着不可或缺的作用。

"金融统计方法与应用"系列丛书，通过系统介绍金融统计方法的理论基础、模型构建以及应用案例，希望能够为相关研究者提供一个全面、系统的视角，并通过本书找到适合自己的工具和方法，从而更好地应对金融领域的复杂问题。

本套丛书在编写过程中参考与引用了大量国内外同行专家的研究成果，在此深表谢意。丛书的出版得到内蒙古财经大学的资助和中国商务出版社的鼎力支持，在此一并感谢。受作者自身学识与视野所限，书中观点与方法难免存在不足，敬请广大读者批评指正。

丛书编委会

2024年12月20日

前言
Preface

    数字经济以现代信息网络技术为载体，在新一轮科技革命和产业变革过程中发挥着不可替代的作用。数字经济与传统产业深度融合，推动生产和生活方式发生转变，成为全球要素资源重组、经济结构重塑和全球经济格局扭转的重要力量。在此背景下，中国高度重视数字经济发展，从国家顶层设计层面推出了一系列政策文件，数字经济的蓬勃发展正成为推动我国经济高质量发展的新动力。

    为推动经济高质量发展，我国同时提出要坚持贯彻"五大发展理念"，并将创新列于"五大发展理念"之首。为提高自主研发能力，扭转关键技术被"卡脖子"的被动局面，实现从制造业大国向创新型强国转变，目前各地区都在按照国家的部署深入实施创新驱动发展战略，推进中国式现代化的进程。那么，一段时期以来各地区在加大研发投入的同时，其技术创新效率是否也有显著提升？数字经济的发展对各地区的技术创新效率产生了怎样的影响？这正是本书关心的问题。显然，对这一问题的回答，将有助于厘清数字经济发展对技术创新活动的影响机理，有助于更好地发挥数字经济对技术创新效率提升的积极作用。

    尽管数字经济已成为推动我国经济高质量发展的重要引擎，但是有关数字经济的统计核算仍有待完善，这给相关的实证分析带来了很大的挑战。所以，为深入研究上述问题，特别是对二者的影响机理进行实证检验，那么首先要回答好下列问题：如何理解数字经济？数字经济的核算范围是什么？如何对我国及各地区的数字经济进行统计测算？此外，鉴于技术创新是一个复杂的过程，用什么指标来衡量技术创新效率？数字经济的发展会通过哪些渠道影响一个地区的技术创新活动，进而影响其技术创新效率？这些问题也都值得深入研究并梳理清楚。

本书发现针对上述问题，国内外学者已展开了较多的探索和研究，但仍有一些分歧和拓展空间。鉴于此，本书在对国内外研究现状进行归纳总结的基础上，首先，考察了数字经济和技术创新的内涵，并以相关理论为基础，将数字经济发展对技术创新效率的影响机制进行了系统的理论分析，提出了相应的研究假设；其次，从数字经济的统计分类及其规模和发展水平的统计测算方法、与技术创新效率测算密切相关的研究与开发（R&D）资本存量测算方法的改进两个方面切入，对数字经济和技术创新效率的统计测算方法进行改进研究；最后，基于上述测算结果，在对数字经济发展和技术创新效率的时空差异进行对比分析的基础上，对数字经济发展对技术创新效率的影响效应及其异质性、中介传导路径和空间溢出效应等进行了实证检验。

本书的主要分析结论如下：(1)我国的数字经济核心产业规模不断提升，占国内生产总值（GDP）比重逐年增加；从内部结构看，数字产品制造业和数字技术应用业增加值的占比最大，二者在数字经济核心产业增加值中的占比呈"剪刀差"。(2)从区域层面看，东部与中西部数字经济发展水平差异较大；通过Dagum基尼系数对差距进行分解发现，数字经济发展的不均衡主要来自区域间差异；通过Kernel核密度估计对空间分布动态演进进行分析发现，整体来看，数字经济的核密度分布曲线向右拖尾，呈现出梯度效应，存在多个集聚中心。(3)采用修正的引力模型和社会网络分析方法对我国数字经济发展水平进行网络关联分析发现，我国数字经济网络结构呈"中心—外围"特征，东部发达地区的数字经济外溢效应明显。(4)对R&D经费内部支出资本化时，应考虑到各地区的异质性因素，将折旧率设定为变折旧率。(5)通过DEA-Malmquist对技术创新效率进行测算，发现技术效率变化快于技术进步，区域技术创新效率存在明显差异。采用随机前沿模型（SFA）测算技术创新效率，同样发现各地区技术效率水平不一，区域技术创新效率发展不均衡。(6)数字经济发展对技术创新效率的提升有显著的正向促进作用，但存在异质性：东部地区数字经济对技术创新效率的促进作用大于中西部地区；数字经济对高校和企业技术创新效率的促进作用高于科研机构。（7）数字经济对整体以及不同创新主体的技术创新效率影响存在以金融发展水平和人力资本的提升为中介变量的传导机制。（8）选取邻接权重矩阵、地理距离权重矩阵和经济地理距离空间权重矩阵，采用空间杜宾模型分析发现，中国数字经济发展对技术创新效率的影响存在显著的空间外溢效应，且邻近地区数字经济对西部地区技术创新效率的空间溢出效应最大；同时，数字经济基础领域的空间溢出效应大于数字经济应用领域。

本书基于区域的视角，详细梳理了数字经济产业的发展和变迁，并紧跟大数据时代发展的步伐，运用统计方法对数字经济进行统计测度，并对技术创新效率进行测算，同时还深入探讨了数字经济对技术创新效率的影响机制和效应，并给出研究启示和相应的对策建议。希望广大读者在阅读此书时能有所收获、有所启迪。

本书由内蒙古财经大学教师李海霞著，并得到天津财经大学统计学院周国富教授悉心指导，感谢周国富教授的辛勤付出和耐心指导，感谢内蒙古财经大学学术专著出版基金资助。在编写过程中各章内容均经过反复讨论和多次修改，其间作者为此书付出了大量汗水和努力，做了大量数据收集、建模和统计测算工作，本书的编写参考并汲取了大量数字经济领域的相关理论著作、论文等有益内容，受篇幅所限，恕不一一提及，在此表示衷心的感谢。虽然作者在编写过程中力求严谨和完善，但水平有限，书中难免存在疏漏或缺陷，敬请广大读者批评指正。

李海霞

于内蒙古呼和浩特

2024 年 12 月

目录
Contents

# 1 绪 论

# 1.1 研究背景与意义

## 1.1.1 研究背景

创新是一个国家的"灵魂"。自熊彼特于1912年首次提出创新理论以来，创新一直是学术界研究的热点问题。在我国，自党的十八大提出实施创新驱动发展战略以来，2014年9月提出"大众创业、万众创新"；2015年3月出台《中共中央 国务院关于深化体制机制改革加快实施创新驱动发展战略的若干意见》；2016年中共中央、国务院印发了《国家创新驱动发展战略纲要》。可以说，几乎每年都有围绕创新驱动发展战略的相关政策措施出台。党的十九大确定的战略目标为，到2035年跻身创新型国家前列。2021年5月召开的全国科技创新大会、两院院士大会、中国科协第九次全国代表大会，习近平总书记强调科技事业在党和人民事业中始终具有十分重要的战略地位。党的二十大报告提出，到2035年，科技实力大幅跃升，实现高水平科技自立自强，进入创新型国家前列。由于技术创新活动是一个完整的链条，为了防止在关键领域和关键技术环节被"卡脖子"，除了从顶层设计和出台一系列制度和政策，中国科技创新投入力度也在不断加大。据统计，中国的R&D经费支出从1995年的348.69亿元增加到2022年的30870亿元，占GDP比重的2.55%。世界知识产权组织发布的《2020年全球创新指数》[1]报告显示，中国的排名已由2013年的第35位跃升至第14位，是进入前30名的唯一中等收入经济体。2021年3月，《中华人民共和国国民经济和社会发展第十四个五年规划和2035年远景目标纲要》（简称"十四五"规划）中指出，"十四五"期间，全社会研发经费投入年均增长7%以上。那么，在创新投入大幅增加的同时，中国的技术创新效率是否也有显著提升？各地区的技术创新效率是否存在差异？各自又受到哪些因素的影响？显然，对这些问题的准确回答，将有助于各级政府和企业更好地实施创新驱动发展战略。

随着互联网+、大数据、云计算、区块链、AI等信息技术的快速发展，数字经济发展迅猛，迎来了爆发式增长。特别是在疫情期间，数字经济发挥了巨大作用，成为全球经济增长的重要引擎。从世界范围来看，美国是最早布局数字经济的国家，20世纪90年代就提出实施"国家信息高速公路"，历届政府都非常重视发展信息技术产业。其标志性事件包括：1991年通过《高性能计算法案》；1993年9月出台《国家信息基础设施行动计划》，即"信息高速公路计划"；1998年美国商务部经济分析局（BEA）发布研究报告《浮现中的数字经济》，此后连续各年发布相关年度报告；2010年提出《联接美国：国家宽带计划》；2011年发布《联邦云计算战略》；2012年发布"大数据的研究和发展计划"；2013年发布题为《支持数据驱动型创新的技术与政策》的报告；2019年启动"美国人工智能倡议"，发布了名为"维护美国人工智能领导地位"的行政令，并颁布了一系列竞争法案。此外，美国通过制定了一系列的政策和战略计划，如2009年的《网络与信息技术研发计划》[①]、2012年的《大数据研究和发展计划》、2016年的《机器人技术路线图》、2016年的《国家战略性计算计划》、2016年的《国家人工智能研发战略计划》、2017年的《国家宽带研究议程》、2019年美国联邦通信委员会（FCC）的"5G加速发展计划"和2020年BEA发布的《关键和新兴技术国家战略》等。这一系列的政策促进了美国数字经济的发展。

**图 1.1　美国数字经济政策支持演进图**

类似地，英国于2015年发布了《英国2015—2018数字经济战略》，2022年发布了《英国数字经济战略》，旨在建设数字化强国。日本于20世纪90年代开始实施IT战略，如2001年实施的《e-Japan 战略》，2003年实施的《e-Japan 战略Ⅱ》，2004年实施的《u-Japan 战略》。2015年的《i-Japan 战略》是上述战略的延续和进一步落地。日本总务省于2022年发布了《信息通信白皮书》，回顾了自白皮书发行50年来日本信息与通信技术（ICT）服务与技术的演进，并分析了日本在ICT领域的现状和面临

---

① 网络和信息技术研发计划于2009年在《网络与信息技术研发法案》中更名，英文全称为 Networking and Information Technology Research and Development，简称为NITRD。

的问题，以及今后ICT将发挥的作用。

在信息技术发展的大浪潮中，中国也非常重视信息技术和数字经济发展。早在20世纪90年代，中国信息化建设就得到了国家的大力支持。21世纪以来，随着互联网等信息技术的发展，中国的信息产业也得到了蓬勃发展。2013年被称为中国的"大数据元年"。2014年初，中国在建设"网络强国"的战略部署中提出了"信息经济全面发展"的目标。2015年政府工作报告提出"互联网+"概念；5月，国务院公布《中国制造2025》，这是中国实施制造强国战略第一个十年的行动纲领。2016年出台了《国家信息化发展战略纲要》，并公布了《关于深化"互联网+先进制造业"发展工业互联网的指导意见》，提出"工业互联网是推进制造强国和网络强国建设的重要基础"。2016年G20杭州峰会发布《二十国集团数字经济发展与合作倡议》，首次将"数字经济"列为G20创新增长蓝图中的一项重要议题。2017年，在政府工作报告中首次出现"数字经济"；下半年召开的党的十九大提出建设"智慧社会"、"网络强国"和"数字中国"。2019年5月国务院印发《数字乡村发展战略纲要》。2019年10月，以"智能互联、开放合作——携手共建网络空间命运共同体"为主题的第六届世界互联网大会①在乌镇举行，大会期间，国家发展改革委通过了《国家数字经济创新发展试验区实施方案》。2021年出台的"十四五"规划和2035年远景目标纲要提出，到2025年数字经济核心产业增加值占GDP比重提升至10%。纲要尤其突出强调要加快数字化发展，比如，其中的第五篇为"加快数字化发展 建设数字中国"，具体又分为"第十五章 打造数字经济新优势""第十六章 加快数字社会建设步伐""第十七章 提高数字政府建设水平""第十八章 营造良好数字生态"，专门谈及数字经济问题；在其他12个篇章中，也有数字经济相关概念体现。据统计，"数字化"在"十四五"规划和2035年远景目标纲要中出现25次，"智能"出现35次，"智慧"出现22次，"大数据"出现10次；此外，还有数字中国、数字时代、数字政府、数字社会、数字乡村、数字消费、数字技术、数字转型等相关概念出现了60多次。2021年8月，首届全球数字经济大会召开，主题为"创新引领 数据驱动——建设全球数字经济标杆城市"。2021年10月，中央政治局就推动中国数字经济健康发展进行了第三十四次集体学习。2022年，国务院印发《"十四五"数字经济发展规划》，进一步明确了"十四五"数字经济发展的总体目标和五个方面的分目标。党的二十大报告提出，要建设"网络强国"和"数字中国"，"加快发展

---

① 首届世界互联网大会于2014年举办，初始会员有20个国家，目前有70多个国家，每年举办一次，这是我国举办的规模最大、层次最高的世界互联网领域的高峰会议。

数字经济，促进数字经济和实体经济深度融合"。为落实这一精神，2023年2月，国家出台了《数字中国建设整体布局规划》，并于3月组建了国家数据局。综上可见，数字经济多次写入中央文件，全社会对数字经济的重视程度不言而喻。

中国信息通信研究院从2017年至2022年连续五年发布关于中国数字经济发展的研究报告[2]，数据显示：中国数字经济规模由2017年的27.2万亿元增加至2022年的50.2万亿元，其中，数字产业化规模由2017年的6.1万亿元增加至2022年的9.2万亿元，产业数字化规模由2017年的21.1万亿元增加至2022年的41万亿元。

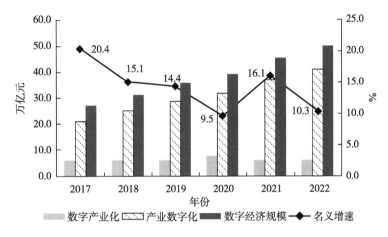

**图 1.2  2017—2022 年中国数字经济规模与增速**

数据来源：中国信息通信研究院。

由此可见，数字经济的兴起与应用俨然成为推进中国式现代化建设的关键驱动力。但是，上述数据都是国家层面的，具体到各地区数字经济发展现状如何？各地区数字经济发展对其技术创新效率又产生了怎样的影响？目前不得而知。

鉴于此，本书拟对各省份的数字经济发展现状及其对技术创新效率的影响做一个较系统的理论和实证研究，然后对如何发展数字经济，并以此进一步提升技术创新效率，提出一些较有针对性的政策建议。

## 1.1.2  研究意义

随着互联网、大数据和人工智能的蓬勃发展，"互联网+"、人工智能、云计算、区块链等新产业、新业态和新商业模式不断涌现，数字经济、高技术经济、信息经济、知识经济、创意经济应运而生，这些"新经济"正成为引领各地区经济发展的新动能。目前，国际经贸形势非常复杂，"脱钩断链""卡脖子"的风险始终存在，在这种背景下，中国领导人审时度势，提出构建"以国内大循环为主体，国际国内双循环相互促进"的新发展格局，尤其重视创新驱动发展战略的落地落实。显然，从服从和服务于国家的战略部署这一大局出发，各地区同样要深入实施创新驱动发展战略，加快培育经济新动能，促进经济从要素驱动向创新驱动转型。

本书将各地区的数字经济发展和创新驱动联系起来，系统深入地研究数字经济发展对技术创新效率的影响机制和效应，对各地区更好地发展数字经济，以及更有针对性地提升技术创新效率，具有非常重要的理论价值和现实意义。

此外，鉴于目前中国的数字经济核算基础仍较薄弱，缺乏较具权威性的官方数据，而不同的研究机构和学者对数字经济规模和发展水平的测算结果相差悬殊，众说纷纭，为使实证分析结论可靠，将对数字经济规模的测算方法和数字经济发展水平的评价方法进行必要的讨论，并给出本书的观点和测算结果。类似地，鉴于现有文献对R&D资本存量的测算还存在一些缺陷，这直接影响技术创新效率的测算结果，对R&D资本存量的统计测算方法也将进行必要的改进。这些研究工作对进一步完善中国的数字经济核算也有重要的方法论价值。

# 1.2　文献综述

服务于研究的需要，下面主要从数字经济、技术创新效率以及数字经济对技术创新效率的影响三个方面对现有文献进行梳理和总结，发现其存在的不足，并以此引出本书的研究思路。

## 1.2.1　数字经济的统计测算研究

国外有关数字经济核算的研究展开得较早，20世纪90年代末至今，经济合作与发展组织（OECD）出台相关政策并开展数字经济测算工作；欧盟于2014年至今一直编制数字经济和社会指数（DESI）；BEA在2018年发布美国数字经济规模测算报告，其测算体系被澳大利亚和加拿大等国借鉴。各国及国际组织对数字经济核算均进行了有益探索。近年来，国内学者对数字经济的研究日益增多，目前这方面的文献大致可归纳为以下几个方面：

一是关于数字经济规模与结构的测算。总体而言，根据现有文献所测度的数字经济范围，这类文献又分为三类：①数字经济核心产业增加值的测算。康铁祥

（2008）[3]较早测算了中国2002年数字经济规模。许宪春和张美慧（2020）[4]从数字化赋权基础设施、数字化媒体、数字化交易三个方面采用生产法测度了中国2007—2017年数字经济规模。鲜祖德和王天琪（2022）[5]对2012—2020年数字经济的核心产业规模进行了测算与预测。其中，后两篇文献尤其受到了学者的广泛关注，其共同点是均基于生产视角，且都是测算全国的数字经济规模和结构。此外，张红霞（2022）[6]从生产网络视角，基于时序投入产出表，从需求角度测算了2002—2018年全国数字经济最终产品规模；韩兆安等（2021）[7]测算了各省份的数字经济规模，并分析了地区差异性。②产业数字化的测算。专门研究产业数字化，即数字经济融合部分增加值的核算的文献很少。刘波和洪兴建（2022）[8]借助增长核算框架测度了中国产业数字化程度。③数字经济核心产业和融合产业增加值的测算。蔡跃洲和牛新星（2021）[9]从数字产业化和产业数字化两个方面测算了1993—2018年数字经济增加值。陈梦根和张鑫（2022）[10]将数字经济划分为基础部门、融合部门和替代部门，依据信息经济和数字经济测度理论、基于增长核算框架、构建数字经济三大效应测度框架，利用投入产出表以及推算编制的间隔年份的投入产出表，测算了2002—2018年的中国数字经济规模。中国信息通信研究院则在编制数字经济指数（DEI）间接测度数字产业化的同时，采用增长核算账户框架（KLEMS）测算了产业数字化规模。

二是关于数字经济指数的编制。和前一类文献不同，这类文献不是直接测算数字经济的规模，而是通过构建指标体系，采用合适的方法合成得到综合评价指数来间接衡量数字经济发展水平。其中，较有影响的有中国信息通信研究院的数字经济指数（DEI）[11]、赛迪顾问的中国数字经济指数（DEDI）、上海社科院的全球数字经济竞争力指数、腾讯研究院的"互联网+"数字经济指数、财新智库等机构发布的中国数字经济指数（CDEI）[12]、新华三集团的城市数字经济指数（DEI）、苏州大学东吴智库等机构合作发布的数字经济指数。

三是关于数字经济卫星账户的编制。比较有代表性的文献有中国数字经济卫星账户的框架设计和编制（向书坚、吴文君，2019；杨仲山、张美慧，2019）[13, 14]、融合视角数字经济卫星账户编制（罗良清 等，2021）[15]，以及数字经济供给使用表的概念框架和编制（张美慧，2021）[16]。

四是关于数据资产的核算。也即将数据资产视为一种新型的生产要素，目前这方面的研究主要涵盖数据资产的概念、核算范围和核算方法等（李静萍，2020；许宪春 等，2022；彭刚 等，2022；胡亚茹、许宪春，2022；李原 等，2022）[17-21]。

五是数字经济的影响研究。比如，唐要家（2020）[22]、任保平（2020）[23]、葛和平和吴福象（2021）[24]分别阐述了数字经济赋能经济高质量发展的理论与机制。也有学者研究了数字经济对就业（李丽，2022）、产业结构升级（刘洋、陈晓东，2021）的影响[25-26]。

但是，通过梳理数字经济核算方面的这些文献，我们发现学者在很多问题上还存在较大的分歧：

一是数字经济的分类标准和核算范围界定不统一。许宪春和张美慧（2020）将数字经济划分为数字化赋权基础设施、数字化媒体和数字化交易。如果将其与《数字经济及其核心产业统计分类（2021）》对照，可以发现：数字化赋权基础设施对应的是数字产品制造业和数字技术应用业，数字化媒体和数字化交易对应的是数字要素驱动业。但是该文未将数字产品制造业中的记录媒介复制业、电线、电缆制造、光缆制造，数字产品服务业，数字要素驱动业中的互联网金融、信息基础设施建设、数据资源与产权交易、其他数字要素驱动业纳入数字经济的核算范围。为表述方便，可将此核算范围称为窄口径下的数字经济核心产业增加值核算。鲜祖德和王天琪（2022）将数字经济核心产业分为数字产品制造业、数字产品服务业、数字技术应用业和数字要素驱动业。从小类来看，该文的核算范围明显宽于前者，几乎涵盖了《数字经济及其核心产业统计分类（2021）》中的所有类别。所以，为表述方便，我们将此核算范围称为宽口径下的数字经济核心产业增加值核算。类似地，蔡跃洲和牛新星（2021）的核算范围既包含数字产业化，也包含产业数字化；陈梦根和张鑫（2022）核算的数字经济包括基础部门、融合部门和替代部门。但是总体来看，目前多数文献大都仅核算数字产业化规模。

二是基础数据来源和核算方法不统一。现有文献除了通过构建评价指标体系编制数字经济发展指数，间接反映数字经济的发展水平之外，有关数字经济规模的测算所依据的基础数据各不相同。比如，基于生产法GDP数据从中剥离出数字经济的增加值，大多要采用投入产出表；蔡跃洲和牛新星（2021）一文对数字经济的核算主要基于《中国电子信息产业统计年鉴》和《中国电子信息产业统计年鉴（软件篇）》；而张红霞（2022）一文虽然也是基于投入产出表，但该文是从最终产品入手测算数字经济最终产品规模的；至于采用计量模型方法测算数字经济规模的文献，他们的核算方法和数据来源也不尽相同。

由于上述几方面的原因，现有文献关于中国数字经济规模仍存在较大的分歧。比如，同样是关于2020年中国数字经济增加值占GDP比重，中国信息通信研究院测算的结果为38.6%，而中国社科院数量经济与技术经济研究所测算的结果为18.8%，两者相差很大，让普通百姓无所适从。正因如此，如前述第四类文献所指出的，一部分学者在官方尚不能提供数字经济规模准确数据的背景下，为了实证研究的需要，通过构建指标体系并采用合适的方法合成得到综合评价指数来间接衡量各地区的数字经济发展水平。但是，尽管这一做法本身是可取的，但由于各自对数字经济发展水平评价指标的选取不统一，甚至存在一定的缺陷，加上部分文献在无量纲化方法的运用方面也存在一些缺陷，基于这一做法得到的实证结论也存在结果不可比、不真实等问题。

鉴于此，第3章将在进一步明确数字经济的统计分类和核算范围的基础上，首先选择合适的测算方法，基于最新可获得的数据，在统一的数据口径下对中国数字经济核心产业的规模做一个系统的测算，并将其分摊到各省份；同时，通过构建科学合理的数字经济发展水平评价指标体系，采用合适的方法合成得到综合评价指数来间接衡量各省份的数字经济发展水平；最后，通过多个视角的相互验证，对两种测算方法的合理性和测算结果的真实性做出评价。

## 1.2.2 技术创新效率的统计测算研究

现有文献在对技术创新效率做测算与分析时，主要有参数和非参数两种方法，其中非参数方法以数据包络分析（DEA）为代表性模型，参数方法以随机前沿分析（SFA）为代表性模型。但不管采用哪种测算方法，都会涉及投入和产出方面的变量，创新投入方面一般用R&D资本存量和R&D人员分别表征资本投入和劳动力投入。而核算R&D资本存量，首先需要将R&D支出资本化。所以，下面先考察现有文献将R&D支出资本化的方法，再考察技术创新效率的具体测算方法。

一是关于R&D资本化核算。国际上关于研发测度最早的指导性文件是1963年OECD制定的《研究与试验发展调查标准》（弗拉斯卡蒂手册）。国际上关于R&D资本存量的核算分为两个阶段：第一阶段是《国民账户体系2008》（SNA2008）实施以前，比较有代表性的是采用永续盘存法（PIM）（Goldsmith，1951）[27]和含有滞后期的Griliches法（Griliches，1980）[28]。第二阶段是SNA2008实施之后。2009年，联合国等五大国际组织发布SNA2008，其中关键的修订之一是将R&D支出不再作为中间投入（消耗），而是作为固定资本形成计入GDP。澳大利亚统计局（ABS）在2009年率先采用了SNA2008核算方法。在SNA2008框架下，OECD[29]和欧盟统计局（Eurostat）[30] 分别编制了《知识产权产品资本测算手册》和《ESA2010准则下的R&D测算手册》。2014年，欧盟成员国以《手册》为指导开展了R&D资本化核算。美国、澳大利亚和加拿大等国家建立了R&D卫星账户，如美国经济分析局（BEA）于1994年首次发布R&D卫星账户，并于2010年对其进行扩展和更新，其采用的方法被简称为BEA法。

在国内，我国1995年建立研发统计调查制度，2017年国家统计局在《中国国民经济核算体系（2016）》中指出改进和完善研发资本化核算方法。截至目前，我国已于2000年和2009年开展了两次R&D资源清查。学界对R&D资本存量核算研究可以分为两个阶段，第一个阶段是2016年之前，分别从全国层面（李小胜，2007；刘建翠 等，2015）[31-32]、区域层面（肖敏、谢富纪，2009；王孟欣，2011；席玮、徐军，2014；余泳泽，2015；刘建翠、郑世林，2016）[33-37]和行业层面测算了R&D资本存量。从行业层面看，吴延兵（2006）[38] 测算了大中型工业企业R&D资本存量，王俊（2009）[39] 对制造业R&D资本存量进行了测算，石岿然和赵顺龙（2010）[40] 测算了高技术产业R&D资本存量，叶云等（2020）[41] 对长江经济带工业R&D资本存量进行了测算。此阶段一般用研发经费支出直接测算，有的文献认为，增加值核算已包含劳动力成本，为了避免重复计算，应该从R&D经费支出中扣除人员劳务费。此外，一些文献，如魏和清（2012）[42]、倪红福等（2014）[43]、何平和陈丹丹（2014）[44]、孙静和徐尔含（2017）[45] 以及侯林芳（2018）[46] 基于SNA2008对R&D资本化进行了探讨分析。第二个阶段是2016年之后，在理论层面，许宪春和郑学工（2016）[47]、朱发仓和苏为华（2016）[48] 探讨了研发支出核算方法改革。江永宏和孙凤娥（2016）[49] 从生产法、收入法、支出法三个角度梳理了不同类型的研发活动资本化对GDP核算的影响。高敏雪（2017）[50] 阐述了研发资本化与GDP核算调整。在实证层面，研究者分别从全国、区域和行业层面测算了R&D资本存量。从全国层面，江永宏和孙凤娥（2016）[51] 对1952—2014年R&D资本存量进行了测算。徐蔼婷等（2021）[52] 从财富和生产双重视角探讨了R&D资本存量测算。杨林涛和邱惠婷（2021）[53] 运用兼备财富和生产属性的非传统永续盘存法估算了R&D资本存量。还有一些文献（陈宇峰、朱荣军，2016；侯睿婕、陈钰芬，2018；李颖，2019；陈晨 等，2021）[54-57] 从区域层面对R&D资本存量进行了估算。从行业层面，一些文献对行业（王亚菲、王春云，2018）[58] 和制造业（王亚菲、王春云，2018；陈钰芬、侯睿婕，2019）[59, 60] R&D资本存量进行了测算。

通过梳理R&D资本存量测算方面的相关文献，可以发现尚存在以下几个方面的不足：首先，有的文献认为包含人员劳务费会造成重复核算（刘建翠 等，2015；刘建翠、郑世林，2016）[32, 37]，将扣除人员劳务费的R&D经费内部支出直接作为R&D投资，然后据此测算R&D资本存量，这一做法仍有改进空间；其次，在进行地区R&D资本存量测算时采用了固定的R&D资本折旧率，而忽视了不同省份的差异性；最后，关于基础数据的加工，也有改进空间。如在扣除软件业研发经费时，按软件业所占比例推算软件业研发经费支出，存在测量误差。

而由于R&D资本存量的测算还存在一定的改进空间，导致现有文献测算的区域技术创新效率也不是很真实。为此，针对上述不足，将基于SNA2008核算框架，将R&D经费内部支出通过一系列统计处理转化为R&D投资，从异质性视角入手测算各省份R&D研究资本存量。我们还将依据各省份软件业研发经费支出数据对R&D经费内部支出进行扣除，使得测算结果更合理。

二是关于创新效率的测算。现有文献对创新的研究往往从创新产出、创新水平、创新能力、创新绩效、技术创新效率等方面展开。在对技术创新效率进行分析时，现有文献主要采用参数和非参数两种方法测算技术创新效率。其中，非参数方法以DEA为代表性模型，如余泳泽和刘大勇（2014）[61]基于创新价值链，采用三阶段DEA探讨了区域技术创新效率提升路径；颜莉（2012）[62]综合运用主成分分析和DEA的组合方法测量了中国区域技术创新效率。参数方法以SFA为代表性模型，如史修松等（2009）[63]采用随机前沿模型测算了区域技术创新效率的空间差异；还有一些文献同样采用随机前沿模型测算了区域技术效率（陈青青 等，2011；周国富、王晓玲，2012）[64-65]。上述两种方法的基本假设不同，SFA基于生产函数运用MLE估计参数，且需要设定技术无效率项的分布形式，误差项涵盖技术无效率和随机因素两部分；DEA则运用线性规划方法，不能区分误差项。SFA要求样本量数目大一些，一般用于分析多投入单产出问题，涉及多产出需要合并为综合产出；DEA要求决策单元同质可比，可以分析多投入多产出问题，但决策单元可能存在不完全可比的问题。SFA充分利用样本信息，测算结果不易受极端值影响；DEA容易受极端值影响，测算结果不稳定。

近年来随机前沿分析方面的研究成果丰硕，胡晶等（2007）[66]双边误差项存在空间自相关，用极大似然估计方法估计横截面数据的空间误差自相关随机前沿模型。白俊红等（2009）[67]测算了各区域的研发创新效率。李婧等（2010）[68]运用静态与动态空间面板计量经济模型分析了区域创新的空间相关与集聚。林佳显等（2010）[69]根据空间面板随机前沿模型（SFM），同时考察了空间滞后因变量和空间误差自相关。

张进峰（2014）[70]用2SLS估计空间滞后随机前沿模型。蒋青嫚和韩兆洲（2016）[71]构造了双重滞后随机前沿模型，使用极大似然估计方法和JLMS方法得出了参数和技术效率的估计。蒋青嫚等（2018）[72]基于真实固定效应随机前沿模型（引入了个体效应），引入了因变量和双边误差项的空间滞后项，构建了适用性更佳的真实固定效应空间随机前沿模型，使用贝叶斯方法估计参数和技术效率。蒋青嫚等（2019）[73, 74]分别构建了门限空间SFA模型、空间混合效应随机前沿模型，并研究了内生性随机前沿模型的估计问题。任燕燕等（2019）[75]用系统广义矩估计（GMM）研究动态面板空间随机前沿模型。

依据创新过程可划分为两阶段和三阶段，两阶段划分法将创新过程划分为创新研发和创新应用两个阶段（余泳泽，2009）[76]。赵增耀等（2015）[77]将创新分为知识创新和产品创新两个子阶段。三阶段是在两阶段的基础上进行了延伸，一般将创新活动划分为知识创新、研发创新和产品创新三个阶段（余泳泽、刘大勇，2014）。类似地，从知识创新、科研创新和产品转化分析区域创新活动的空间非均衡性（周迪、程慧平，2015）[78]。还有按照创新主体，从高校、科研机构和企业三个方面展开研究，如李海超和肖瑶（2021）揭示了不同创新主体的ICT对区域技术创新效率的影响，认为ICT的创新溢出效应表现为高校>科研机构>企业的异质性特征。

通过梳理相关文献发现，技术创新效率测算主要采用单一的方法，由于基本假定和测算方法不同，如SFA充分利用了样本信息，区分了误差项，考虑了随机因素的影响，基于不同方法测算结果会有差异，较少文献对不同测算方法得出的结果进行比较分析。为了结果的稳健性，有必要用两种方法分别测算，对比哪一种测算结果会更稳定。针对上述不足，分别运用DEA方法和SFA方法测算技术创新效率，并对测算结果进行对比分析。

### 1.2.3　数字经济和技术创新效率的关系研究

在系统测算了技术创新效率之后，现有文献对创新作用机制方面的研究主要从以下几个方面展开：①创新空间溢出效应方面的研究。余泳泽和刘大勇（2013）[79]运用空间面板模型研究了创新效率的空间外溢效应价值链外溢效应。余泳泽（2015）[80]从创新价值链视角，测算了中国区域创新活动（即基础研究、应用研究和试验发展）的"协同效应"与"挤占效应"，研究发现，创新活动具有空间外溢效应和价值链溢出效应。孙大明和原毅军（2019）[81]从空间维度探究了协同创新对区域产业升级的空间溢出效应。②创新非线性效应方面的研究。邵汉华和钟琪（2018）[82]用门槛面板模型检验了研发要素流动对协同创新效率的影响及非线性调节作用，研究发现，研发人员流动和研发资本流动都能显著提升区域协同创新效率。刘冠辰等（2021）[83]以收入差距为门槛变量，通过建立门槛效应模型，分析了贸易开放、收入差距对区域创新能力的影响机制。③创新中介效应方面的研究。赵滨元（2022）[84]从创新产出角度考察区域创新能力，以数字赋能产业为中介变量进行了中介效应检验，探讨了数字经济核心产业对区域创新能力的影响机制。④创新路径方面的研究。Fiss（2007）[85]在AMR发表的论文中提出定性比较分析法（Qualitative Comparative Analysis，QCA）。龙建辉（2018）[86]认为，外源路径变量和内源路径变量对中国区域创新能力增长存在协同效应。朱桂龙等（2021）[87]基于fsQCA分析了中国各省份创新水平的影响因素和发展路径。

通过梳理现有文献还可以发现，现有文献关于区域创新影响因素的研究主要基于"一步法"和"两步法"两种建模思路。"一步法"模型主要有Battese和Coelli（1995）、Wang（2002）[88]和Schmidt（2002）。但是，国内大部分学者基于"两步法"展开研究。在具体研究区域创新的影响因素时，学者分别就互联网（韩先锋 等，2019）、互联网发展（霍丽、宁楠，2020）[89]、金融发展（罗天正、魏成龙，2021）[90]、高技术服务业集聚（王飞航、本连昌，2021）[91]、外国直接投资（FDI）（王亚飞 等，2021）[92]、社会资本（王志祥、龚新蜀，2019）[93]对区域创新的影响进行了实证研究。董克勤等（2021）[94]选取了创新平台、经济发展水平、创新主体、教育经费和创新政策这五个方面的影响因素。在探究数字经济对技术创新效率影响因素时采用的是两步法，即先测算得到技术创新效率，之后再用计量方法做影响因素分析。

和学者对区域创新的关注角度一致，关于数字经济对区域创新的作用机制，既有文献研究数字经济对区域创新产出（胡艳 等，2022；姚战琪，2022）[95, 96]、区域创新能力的影响（赵滨元，2022；陈治、张少华，2023）[84, 97]，也有文献研究数字经济对创新绩效（赵滨元，2021；唐要家 等，2022；徐向龙、侯经川，2022；李晓钟、毛芳婷，2023）[98-101]和创新效率（安孟、张诚，2021；白俊红、陈新，2022）[102, 103]的影响。但是，不论关于创新的具体衡量指标是什么，这些文献大多是从互联网、ICT等某个方面构造数字经济的代理变量来分析其对区域创新的影响的。比如，陈丛波等（2022）[104]从城市层面提出了ICT重塑创新格局假说，测算了ICT对城市创新产出的影响。韩先锋等（2019）[105]研究了互联网对区域创新效率的影响，发现互联网对区域创新效率的影响表现为非线性特征且呈现边际效应递增，并认为互联网对区域创新效率的促进作用表现为直接和间接两个方面，直接效应大于间接效应。李海超和肖瑶（2021）[106]剖析了ICT对区域创新效率的直接影响和间接影响，发现直接效应大于间接效应。安孟和张诚（2021）[102]从三个维度用熵值法计算了数字经济发展水平综合指数，并通过中介效应模型分析发现数字经济不仅直接提升区域创新效率，还通过人力资本和产业升级等间接提升创新效率。白俊红和陈新（2022）[103]采用面板熵值法和SFA分别测算了数字经济发展水平和区域创新效率，并运用空间计量模型探究了数字经济对区域创新效率的空间溢出效应。

上述文献侧重数字经济对创新的作用机制和影响效应研究，也有文献探讨了二者的耦合关系（王婉，2023）[107]和互动发展关系（韩雪，2023）[108]。但是，上述文献在衡量数字经济与区域创新关系时，方法较为单一，指标选取也不统一，在作用机制研究方面如是否具有空间异质性以及是否存在双向因果关系还有待于进一步探讨。

## 1.2.4 文献述评

综上所述，通过文献梳理我们发现，就本书所研究的问题而言，现有文献至少存在以下不足：一是现有文献对数字经济是如何影响技术创新活动的，尚缺乏系统的理论思考。二是现有文献在测算数字经济规模时，对数字经济的统计分类标准和核算范围界定不统一，基础数据来源和核算方法也不统一，这导致不同的研究机构和学者所得到的数字经济增加值及其占GDP的比重相差较大，导致人们无所适从。三是一部分学者在官方尚不能提供数字经济规模准确数据的背景下，为了实证研究的需要，通过构建指标体系来间接衡量各地区的数字经济发展水平，这一做法本身是可取的，但由于各自对数字经济发展水平评价指标的选取不统一，甚至存在一定的缺陷，加上部分文献在无量纲化方法的运用方面也存在一些缺陷，基于这一做法得到的实证结论也存在不可比等问题，不能准确地刻画数字经济对技术创新效率的实际影响。四是由于R&D资本存量的测算还存在一定的改进空间，导致现有文献测算的技术创新效率也不是很真实。所以，如何探寻比较科学的数字经济和技术创新效率统计测算方法，仍是值得进一步研究的问题。五是由于前述几方面的原因，现有文献对数字经济是如何影响技术创新活动的实证检验，还存在一些改进的空间，有关的分析结论是否可靠仍有待检验。

# 1.3 研究思路与内容

## 1.3.1 研究思路

鉴于现有文献存在的上述不足，本书拟在厘清数字经济的概念和统计分类，以及技术创新效率的核心内涵的基础上，首先，依据相关的理论探究数字经济对技术创新效率的影响机制，并深入思考如何基于现有数据对数字经济发展和技术创新效率进行科学的统计测算，为实证检验二者的关系提供理论支撑和相应的基础数据；其次，实证检验数字经济发展对其技术创新效率的影响机制和内在机理；最后，基于本书的分析结论，对如何发展数字经济进一步提升技术创新效率，给出政策建议。

## 1.3.2 研究内容

和上述研究思路一致，本书共分为8章。各章主要内容如下：

第1章 绪论。主要介绍了选题背景和研究意义，对数字经济和技术创新的统计测度现状、二者关系的研究现状进行了归纳总结，然后基于现有文献存在的不足引出本书的研究思路、基本框架和各章的主要研究内容，最后总结了本书的创新点和不足。

第2章 理论基础。本章首先对数字经济和技术创新效率的核心内涵进行了考察。其次考察了相关理论，包括熊彼特创新理论、国家和区域创新系统理论、创新价值链和数字经济理论等。最后，对数字经济对技术创新效率可能的影响机制和传导路径等进行了理论分析，提出了研究假设。我们预期，数字经济对技术创新效率的提升具有直接的正向作用，但在不同区域或对于不同创新主体这种影响具有异质性。数字经济不仅直接提升中国技术创新效率，还可以通过促进金融发展和人力资本的提升进而间接促进技术创新效率的提升。数字经济对中国技术创新效率的影响具有空间溢出效应。

第3章 数字经济规模与发展水平的统计测算。本章首先基于《数字经济及其核心产业统计分类（2021）》确定数字经济核心产业，并在历年投入产出表的基础上结合历次经济普查数据剥离测算全国的数字经济增加值，然后将其分摊到各省份，得到各省份各年数字经济规模的测算结果；同时，借鉴其他学者的做法，通过构建数字经济发展水平评价指标体系，采用综合评价方法得到各省份数字经济发展指数，间接衡量各省份的数字经济发展水平；并对这两种统计测算方法的测算结果进行了多角度的相互验证（包括将本书依据最新数据的测算结果与国内其他文献的测算结果进行对比，考察本书测算的各省份人均数字经济增加值与数字经济发展指数的相关性等）。其次，基于所得到的各省份数字经济发展指数，通过Dagum基尼系数、Kernel核密度估计、修正的引力模型和社会网络分析方法刻画了中国数字经济的区域差异、演变特征和规律，以及空间网络关联性。

第4章 技术创新效率的统计测算。为使对各省份技术创新效率的测算结果更真实，本章首先依据SNA2008，采用BEA法对各省份的R&D资本存量进行了测算。在测算过程中，首先将各省份的R&D经费内部支出资本化，转化为R&D资本存量。具体测算时，我们充分利用了现有数据，同时充分考虑了各省份的异质性因素，以使其结果更真实。其次，为了确保测算结果的稳健性，同时采用参数方法——SFA和非参数方法——DEA-Malmquist测算技术创新效率，并将两种测算结果进行了对比分析，发现二者的相关性很高。最后，考察了各省份在技术创新效率方面存在的差异。

第5章 数字经济对技术创新效率的影响：基准回归分析。为验证第2章提出的有关假设，本章在前两章统计测算和现状分析的基础上，首先选取各省份技术创新效率为被解释变量，各省份数字经济发展指数为核心解释变量，同时选取其他变量作为控制变量，通过构建省级面板数据模型，实证检验了数字经济对各省份技术创新效率的影响。在模型估计方法上，为缓解潜在的内生性所带来的问题，以1998年每百人固定电话数量和上一年全国互联网用户数构造交互项作为工具变量，利用工具变量法进行估计。其次，为了确保实证结果的稳健性，采用更换核心解释变量、更换被解释变量和剔除直辖市等方式进行了稳健性检验。最后，对东中西地区和各创新主体进行了异质性分析。结果显示，各省份数字经济发展对其技术创新效率的提升有显著的正向促进作用，但存在异质性，东部地区数字经济对技术创新效率的促进作用大于中西部地区；数字经济对不同创新主体的技术创新效率影响也不同，数字经济对高校和企业的技术创新效率高于科研机构。

第6章 数字经济对技术创新效率的影响：中介效应分析。为验证第2章提出的有关假设，本章选取金融发展水平和人力资本水平作为中介变量，运用Sobel系数乘积检验法和Bootstrap法进行了中介效应的显著性检验。

第7章 数字经济对技术创新效率的影响：空间溢出效应分析。为验证第2章提出的有关假设，本章基于邻接权重矩阵、地理距离权重矩阵和经济地理距离空间权重矩阵，在检验确认存在空间相关性的基础上，运用LM检验、Robust LM检验、

Wald检验、LR检验、Hausman检验等方法选择恰当的空间计量模型，并基于整体以及东中西部三大区域进行了空间溢出效应分析。

第8章 研究结论与政策启示。本章首先总结和提炼了各章的主要结论，然后基于这些结论给出了一些政策启示。

总之，本书的研究技术路线图如图1.3所示。

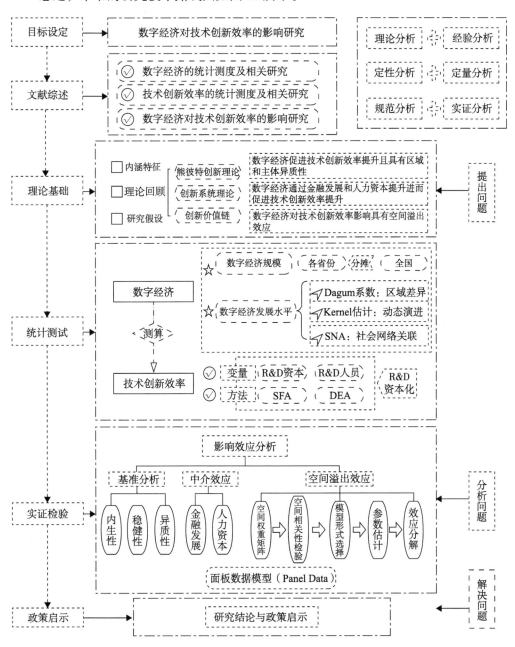

图 1.3　研究技术路线图

# 1.4 创新点与不足

## 1.4.1 创新点

本书力求在以下几个方面对已有的研究工作进行拓展。

一是对数字经济规模的测算做了有益的补充和完善。基于国家统计局发布的《数字经济及其核心产业统计分类（2021）》，结合历次《国民经济行业分类》，在明确投入产出表中的部门分类与数字经济各细分行业的对应关系的基础上，利用官方发布的投入产出表、投入产出延长表、学者编制的时序投入产出表和历次经济普查等数据，在统一的数据口径下测算了全国的数字经济规模。然后，按韩兆安等（2021）测算的中国省级层面数字经济增加值，计算得到2013—2017年各省份数字经济增加值占全国数字经济增加值的比重，按此占比将全国数字经济规模进一步分摊到各省份，采用霍尔特（Holt）线性趋势模型预测了2018—2020年各省份的数字经济核心产业增加值，并对偏差进行修正，得到各省份的数字经济规模。

二是在测算技术创新效率时考虑了各地区的异质性，并采用参数和非参数两种方法测算。在测算各省份的技术创新效率时，为使R&D资本存量的测算结果更真实，在将各省份的R&D经费内部支出资本化，转化为R&D资本存量的过程中，充分利用了现有数据，将基期前置到较早时期，并充分考虑了各省份的异质性因素，使测算结果更真实。之后，进一步采用参数方法——SFA和非参数方法——DEA-Malmquist两种方法测算各省份技术创新效率，并将两种测算结果进行了对比分析。由于两种测算方法各有优势和不足，将SFA测算结果用于进行基准回归，同时将DEA-Malmquist测算结果用于稳健性检验。

三是从理论上系统分析了数字经济对技术创新效率的作用机制，提出了相应的假设，然后逐一进行了实证检验。从理论机制上分析了数字经济对技术创新效率的直接效应、中介效应和空间溢出效应，并提出了相应的假设，然后运用计量模型实证检验了所提假设是否成立，较为全面系统地刻画了数字经济对技术创新效率的作用机制。

## 1.4.2 存在的不足与下一步研究的方向

存在的不足主要体现在以下两个方面：

一是受统计数据可得性的限制，样本期较短。官方统计年鉴在2009年之后才将分省份的R&D内部经费支出按支出用途划分为日常性支出和资产性支出两部分；同时，2009年之后才有省级层面的企业、高校和科研机构R&D经费支出数据，且西藏相关数据缺失。中国互联网络信息中心公开披露的数据有限，数字经济发展水平评价指标方面的数据来源受限。因此，只能基于2013年以来内地30个省份（不含西藏和港澳台）数据进行统计测算和实证分析。此外，在具体研究二者关系时，对二者的双向因果关系探讨不足。

二是在数字经济规模的测算方面，仅测算数字经济核心产业增加值，没有测算产业数字化的规模。在国家统计局《数字经济及其核心产业统计分类（2021）》的基础上，对其中01～04大类数字经济核心产业的增加值进行测算。对于当前数字经济增加值测算面临的关键技术问题和重点难点问题，如05大类融合部分（也即产业数字化）增加值的测算仍有待于进一步深入研究和探讨。

以上不足，将是笔者下一步关注的重点。比如，关于产业数字化的核算，由于需要基于比较严格的经济学假定，如在希克斯中性技术进步生产函数的假定下，采用增长核算账户框架（KLEMS）进行测算分析，目前这一领域尚未见到比较成熟的测算方法。笔者将继续跟踪相关研究动态和最新研究成果，对产业数字化做进一步深入研究和探索。一旦数字经济的测算取得实质性进展，笔者将利用最新数据进一步深入探讨数字经济和技术创新效率二者的因果关系。

# 2　理论基础

以数字经济为切入点，旨在从效率角度探讨数字经济对技术创新效率的影响。因此，本章首先概述数字经济和技术创新效率等概念的内涵和特征，之后阐述相关的理论，包括熊彼特创新理论、创新系统理论、创新价值链理论和数字经济的理论研究进展。其次，借鉴Feder（1983）提出的理论分析框架，探讨数字经济对技术创新效率的作用机制，并结合研究目的，提出相应的假设，进而为后续研究提供理论支撑。

# 2.1　概念、内涵及特征

## 2.1.1　数字经济

### 1. 数字经济的概念及内涵

早在1962年，美国的经济学家马克卢普首次提出了"信息经济"的概念。20世纪90年代以来，全球范围内展开了对"信息经济"概念及理论体系的研究。数字经济是"信息经济"的子集，也是信息经济的延伸，是信息化发展的高级阶段。数字经济概念最早由美国学者Tapscott（1996）[109]在《数字经济时代》一书中提出。随后，1998年美国商务部发布《新兴的数字经济》报告，"数字经济"这一提法正式形成。但是，学界对数字经济的定义看法不一。直到2016年G20杭州峰会召开，并在《二十国集团数字经济发展与合作倡议》中明确给出数字经济的定义，才得到大家的广泛认可（见表2.1）。

从表2.1可以看出，除了G20杭州峰会（2016）给出的定义，美国商务部经济分析局、经济合作与发展组织和国际货币基金组织（IMF，2018）等也都给出过数字经济的定义，但侧重于窄口径，也就是数字经济核心产业；而国家统计局、中国信息通信研究院和上海社会科学院信息研究所等给出的数字经济定义与G20杭州峰会（2016）给出的定义大同小异，但侧重于宽口径。

表2.1 数字经济的内涵

| 类别 | 来源 | 定义 |
|---|---|---|
| 国外 | 美国经济分析局（BEA，2018） | 数字经济包括三个要素：(1) 维持计算机网络存在和运行所需的数字基础设施；(2) 在该系统内发生的数字交易（电子商务）；(3) 数字经济用户创造和获取的内容（数字媒体）[110] |
| | 经济合作与发展组织（OECD，2017） | 数字经济包括所有依赖数字技术、数字基础设施、数字服务和数据等数字投入或通过使用数字投入获得显著增强的经济活动[111] |
| | 国际货币基金组织（IMF，2018） | 数字经济狭义上的定义为网络平台以及基于这种平台的活动，广义上的定义为使用数字化信息的所有活动[112] |
| | 澳大利亚宽带通信与数字经济部（DBCDE，2013） | 数字经济是由数字技术所支持的全球经济和社会活动[113] |
| | 英国下议院（2016） | 数字经济是指商品和服务的数字化接入，以及利用数字技术协助实现的商业活动[114] |
| | G20杭州峰会（2016） | 数字经济是指以使用数字化的知识和信息作为关键生产要素、以现代信息网络作为重要载体、以信息通信技术的有效使用作为效率提升和经济结构优化的重要推动力的一系列经济活动[115] |
| 国内 | 中国信息通信研究院（CAICT，2017） | 数字经济是以数字化的知识和信息为关键生产要素，以数字技术创新为核心驱动力，以现代信息网络为重要载体，通过数字技术与实体经济深度融合，不断提高传统产业数字化、智能化水平，加速重构经济发展与政府治理模式的新型经济形态[116] |
| | 上海社会科学院信息研究所（2017） | 基于《二十国集团数字经济发展与合作倡议》中的定义，数字经济指以使用数字化的知识和信息作为关键生产要素、以现代信息网络作为重要载体、以信息通信技术的有效使用作为效率提升和经济结构优化的重要推动力的一系列经济活动。基于上述定义，将数字经济分为主体产业部分和融合应用部分[117] |
| | 国家统计局（2021） | 数字经济是指以数据资源作为关键生产要素、以现代信息网络作为重要载体、以信息通信技术的有效使用作为效率提升和经济结构优化的重要推动力的一系列经济活动[118] |

限于数据可得性和相关研究所取得的进展，探讨的数字经济为窄口径下的数字经济核心产业，也即数字产业化的发展，并分析其对技术创新效率的影响。

**2.数字经济的特征**

数字经济具有以下几个方面的特征[119]：

第一，虚拟性。与其他经济不一样，数字经济提供的商品和服务主要是数字形式的，不具有实物形态。随着信息技术的快速发展，数字化办公、智能化生产、网络化营销逐渐成为常态，这种无纸化、电子化、高流动性的特征，使得交易可以在一瞬间完成，提高了资源配置效率。

第二，高附加性。信息与通信技术产业是数字经济的基础产业，数字经济核心产业的发展依赖于技术和知识的长期积累，由于技术壁垒的存在，知识和技术等无形资产具有垄断性，且有较高的附加价值。一般而言，知识和技术的含量和附加值成正比，产品和服务的知识和科技含量越高，其附加值就越高。数字经济核心产业越来越数智化，并不断向深、向广、向新发展，进而数字经济也体现为较高的价值附加性。

第三，价值叠加性。数据要素具有无限复制、反复使用和无损耗的特性，随着使用频率的增高和范围的增大，通过使用、补充和改造等方式，还会不断产生新数据。据国际数据集团（IDC）发布的《数据时代2025》[120]报告显示，全球每年产生的数据从2018年的33ZB将增加到175ZB[①]。通过对数据进行交换、传递、整合和分析，数据要素呈指数级增长，整个过程不断赋予数据更多的信息价值，由于其外部性和溢出效应，信息价值进一步向知识价值跃升。这也就是梅特卡夫法则，用户数量越多，网络价值越大，带来的经济效益也就越大。随着互联网用户数量的增长，数字经济的价值增值越来越大。

第四，高渗透性。随着"互联网""云计算""物联网""大数据"等产业模式的兴起，数据要素与其他生产要素不断融合，新产品、新模式和新业态又进一步催生新的产业，传统产业数字化转型加速。随着网络技术和信息技术的发展，数字经济核心产业向一、二产业扩张，三大产业之间的界限变得模糊，产业之间融合趋势加强。据中国信息通信研究院有关数据显示，数字经济在一二三产的渗透率平稳上升，第三产业的数字经济渗透率最高[11]。

第五，边际成本递减。与传统经济不同，"万物皆互联、无处不计算"会是数字经济的常态。随着互联网、传感器和数字化终端设备的普及和升级，数据要素赋能的资本、劳动等生产要素的使用效率得到提升，数字经济的边际成本呈递减趋势，甚至趋近于零。特别是一些高科技产品在早期生产阶段投入大量技术，前期成本高，但后期每生产一单位的产品所花费的成本逐渐减少。

第六，外部经济性。一些数字产品在使用时具有外部性，如视频类网站和软件会在为收费会员提供内容的同时，也会提供免费的片源。还有一些数字产品在使用者之间产生外部性，如购物网站商家和消费者使用越多，用户的外部性越大，交易越容易实现效用最大化。

第七，共享性和融合性。与其他要素不同，数据要素可以在同一时间被不同

---

① 1ZB相当于1.1万亿GB。

人使用，具有非排他性，且不会影响数据容量或降低数据质量。数据开放和软件开源，数据的传播和使用具有跨时空的特征，数据与其他要素组合迭代、交叉融合，使得产业数字化、网络化、智能化进程加速，数据要素与劳动、资本、技术等要素融合，焕发新活力，催生了人工智能等新技术，可以预期还会出现许多新业态和新模式。

第八，确权和定价复杂。数据要素产业链包括数据采集、数据存储、数据处理加工、数据流通、数据分析、数据应用等。数据在使用中不会被损耗，只会在不被使用中失去价值。数据在使用中产生价值，那就应该在使用中先确权。数据确权就是确定数据的权利主体和权利内容，如确定数据资源持有权、数据加工使用权、数据产品经营权等。目前还没有比较成熟的理论和方法对数据资产进行确权，主要是因为数据和其他要素不同，其缺少稀缺性，数据应用的场景越多其价值就越高，且数据的价格在不同场景下也不一样。由于数据资产的交易需要先进行定价，而数据资产的定价和交易机制尚未健全；同时，如何进行数据隐私保护，如何分配数据要素收益等尚未达成共识，这给数字经济治理带来了挑战。

此外，数字经济还具有快捷性、边际效益递增性、可持续性、直接性等基本特征[119]，这里不再一一展开论述。

## 2.1.2　技术创新与技术创新效率

"创新"这一概念由奥地利经济学家熊彼特于1912年最早提出。熊彼特作为创新理论的代表人物，对后人影响深远。熊彼特在《经济发展理论》①中提出，创新是一种生产手段的新组合，也就是将生产要素和生产条件的"新组合"引入生产体系。创新是经济概念，而非技术概念。它包括五种情况：一是产品创新，即采用一种新的产品或一种产品的新质量；二是工艺创新，采用一种新的生产方法；三是市场创新，开辟一个新的市场；四是资源配置创新，获取或控制原材料与半成品的一种新供给来源；五是组织创新，实行一种新的组织形式或打破一种垄断（Schumpeter，1912）。经济合作与发展组织认为，创新必须考虑在经济上的运用，实现其潜在的经济价值，只有当发明创造引入经济领域，才能成为创新；并把创新分为产品创新、工艺创新和与之相适应的技术革新。20世纪60年代，罗斯托将"创新"概念发展为技术创新。有的学者认为，狭义的创新为技术创新。伊诺思

---

① 熊彼特.经济发展理论[M].北京：商务印书馆，1990.

（1962）①在《石油加工业中的发明与创新》首次明确技术创新的定义，认为"技术创新是几种行为综合的结果，这些行为包括发明的选择、资本投入保证、组织建立、制订计划、招用工人和开辟市场等"。美国国家科学基金会（NSF）在报告《1976年：科学指示器》中认为"技术创新是将新的或改进的产品、过程或服务引入市场"。技术创新是以创造新技术为目的的创新或以科学技术知识及其创造的资源为基础的创新。厄特巴克（1974）在《产业创新与技术扩散》中认为"创新是技术的实际采用或首次应用"。缪尔赛（1985）②认为"技术创新是以其构思新颖性和成功实现为特征的有意义的非连续性事件"。

从创新主体来看，可以分为自然人的发明创造和团体、组织的创新，后者的典型代表理论是国家创新体系。区域创新是指"在特定地域范围内发生的所有创新活动和创新成果的总称"。区域创新是国家创新的构成部分，区域创新的发展和提升是创新型国家建设的重要支撑和力量。

不管是国家创新还是区域创新，都是为了提高一国或一个地区的创新能力。创新能力是创新主体在创新性变革活动中表现出来的能力整合。从自然人角度定义的话，创新能力是首次提出新的概念、方法、理论、工具和解决实施方案的能力。创新能力可以划分为国家创新能力、区域创新能力和企业创新能力。其中，区域创新能力是一个地区将新知识转化为新产品、新工艺、新服务的能力。Sterm等（2000）认为，区域创新能力由生产一系列相关产品的潜力确定。Lall（1992）对区域创新能力的定义为"对需要的知识和技能的有效吸收、掌握和改进现有的技术，以及创造新技术的能力"。对区域创新能力的影响因素进行考察时，主要从创新要素、创新环境、创新主体等方面研究。

创新绩效是从新想法的产生到现实实施，最终形成创新产品为企业创造价值的一系列过程。Jimnez从产品创新、过程创新、管理创新三个方面选取指标对创新绩效进行测度。创新绩效可以用产出指标、技能指标、社会影响指标、过程指标、结构指标和效率指标来衡量。而创新效益是指企业通过创新活动所取得的经济和社会效益。

关于技术创新，可以从创新投入和创新产出来衡量创新水平。Leibenstein等

---

① ENOS J L. Invention and innovation in the petroleum refining industry [M]. Princeton：Princeton University Press，1962.

② MUESER R. Identifying technical innovation[J]. IEEE Transaction on Engineering Management，1985：95-98.

（1966）[121]认为，从产出角度定义的技术效率是指在相同的投入下生产单元实际产出与理想的最大可能性产出的比率。Afriat（1972）[122]首次提出技术创新效率的概念，认为"技术创新效率是在给定的创新投入下，被测量单位的创新产出与最大产出的距离。或者，在给定的创新产出的情况下，其创新投入与最小投入的距离"。Farrel（1975）提出效率测度理论，他认为技术效率是指在既定投入下实现最大产出，或既定产出下实现投入最小，体现为实际产出与最优产出之比，或最优投入与实际投入之比。Färe和Lovell（1992）以及Färe和Groosskopf（1994）等对此做了进一步发展和完善。

## 2.2　数字经济演化及其理论研究进展

### 2.2.1　数字经济演化历程

数字经济建立在网络信息技术基础之上，迄今为止大体经历了信息经济、网络经济、新经济和数字经济这几个阶段的演化历程。

首先是信息经济阶段。1946年冯·诺伊曼提出计算机原理，第一台计算机Eniac也于当年诞生于美国宾夕法尼亚大学。20世纪50年代，计算机技术初步发展，尚处于萌芽期。20世纪60年代，计算机开始应用于科学研究和军事领域，随着技术的进一步发展，开始向多元化和普及化方向发展。20世纪70年代，信息技术在企业和家庭普及，在电信、广播电视和出版等领域得到了大力发展。20世纪80年代，信息技术在互联网和移动通信等领域快速发展。1980年，阿尔文·托夫勒在《第三次浪潮中》提出"信息化浪潮"，认为历史上人们主要经历了农业化浪潮、工业化浪潮和信息化浪潮。1982年，约翰·奈斯比特在《大趋势》提出"信息经济"。1992年，美国提出建设"信息高速公路"。总的来看，计算机技术大致经历了真空电子管（1945—1957年）、晶体管（1958—1964年）、中小规模集成电路（1965—1971年）、大规模集成电路（1972—1977年）、超大规模集成电路（1978年至今）等若干个阶段。

接下来是网络经济阶段。网络经济（Network Economy）也称为互联网经济，由约翰·弗劳尔提出，是指"基于网络的，以信息为特征的一种新型经济形态"，主要具有"互动性""共享性""数字性"三大特征。互联网经济是随着互联网技术迅猛发展而兴起的，形成于20世纪80年代末至90年代初，其形式有知识产业、网络产业和电子商务。20世纪八九十年代，互联网商业化得到了大力推广，以互联网为媒介形成了电子商务模式。1999—2001年经历了互联网泡沫，这种非理性繁荣让经济陷入低迷。从20世纪初至今，网络经济给人们带来了诸多便利。互联网经济以信息要素和知识经济为主导，注重合作，传播周期短、速度快，沟通便捷、组织结构扁平化。有的理论认为，网络经济属于信息经济分支学科。

**表2.2　互联网大事记**

| 阶段划分 | 时间 | 重要事件与政策文件 |
| --- | --- | --- |
| 1997年之前 | 1986年 | 北京市计算机应用技术研究所的国际联网项目——中国学术网（CANET）启动 |
| | 1987年9月 | 王运丰教授等在北京向德国发送了一封"越过长城，走向世界"的邮件 |
| | 1989年开始 | 1989年NCFC项目立项，旨在建设NCFC主干网和北大、清华和中科院三个院校网，并于1992年底三个院校网建设完成，1993年底主干网工程完成 |
| | 1990年 | 顶级域名（CN）注册完成 |
| | 1993年 | 启动"金桥工程" |
| | 1994年 | 实现了Internet全功能连接；<br>顶级域名（CN）服务器运回中国并完成设置，开通了BBS站；<br>中国教育和科研计算机网（CERNET）项目立项，旨在实现校园间计算机联网，并与国际学术计算机网络互联；<br>召开第一次亚太网络工作组会（APNG） |
| | 1995年 | 邮电部北京、上海两个节点开通，向社会开放互联网接入业务；<br>中国电信启动"中国公用计算机互联网（CHINANET）工程"；<br>中科院启动"百所联网"工程；<br>国际互联网商业元年 |
| | 1996年 | 国务院信息化工作领导小组及其办公室成立，颁布《中华人民共和国计算机信息网络国际联网管理暂行规定》，1997年对其做了修订；<br>雅虎上市；<br>第一个城域网——上海热线运行；<br>第一个网吧实华开网络咖啡屋 |
| | 1997年 | 通过"国家信息化九五规划和2000年远景目标"；<br>组建中国互联网信息中心（CNNIC），成立中国互联网络信息中心工作委员会，发布第一次《中国互联网发展状况统计报告》；<br>中国四大骨干网[①]实现互联互通 |

---

① 中国四大互联网骨干网包括中国科技网（CSTNET）、中国公用计算机互联网（CHINANET）、中国教育和科研计算机网（CERNET）和中国金桥信息网（CHINAGBN）。

| 阶段划分 | 时间 | 重要事件与政策文件 |
|---|---|---|
| 1998—2000年 | 1998年 | 成立信息产业部；<br>成立中国长城互联网；<br>新浪网成立 |
| | 1999年 | 政府上网工程开通；<br>中国教育和科研计算机网的主干网络全线开通；<br>中国科技网（CSTNET）开通了两套卫星系统；<br>第一个即时聊天软件OICQ出现；<br>首个中国概念网络公司股——中华网在纳斯达克上市 |
| | 2000年 | 国务院公布《中华人民共和国电信条例》，实施《互联网信息服务管理办法》；<br>"十五"计划以信息化带动工业化，大力推进信息化建设；<br>组建"中国国际经济贸易互联网（CIETNET）"；<br>三大门户在纳斯达克上市；<br>中国移动互联网（CMNET）投入运行；<br>中国移动推出"移动梦网计划"；<br>中国电信集团与国家经贸委启动"企业上网工程"；中国联通公用计算机互联网（UNINET）开通；<br>中国电子商务协会成立 |
| 2001—2008年 | 2001年 | 出台《国民经济和社会发展第十个五年计划信息化重点专项规划》；<br>发布《信息产业"十五"规划纲要》、《中国互联网络信息资源数量调查报告》和《中国互联网络带宽调查报告》；<br>中国电信开通Internet国际漫游业务；<br>中国联通建成CAMA移动通信网络；<br>广东和上海国家级互联网交换中心开始运行；<br>中国互联网协会成立；<br>国家自然基金重大联合项目"中国高速互联研究试验网络"通过验收，建成我国第一个下一代互联网学术研究网络；<br>中国教育和科研计算机网"高速主干网建设项目"通过验收；<br>中国电子政务应用示范工程认证通过；<br>中国十大骨干互联网签署互联互通协议；<br>"家庭上网工程"启动 |
| | 2002年 | 召开国家信息化领导小组第二次会议，通过《振兴软件产业行动纲要》等规划纲要；<br>中国互联网协会发布《中国互联网行业自律公约》，主办"第一届中国互联网大会暨展示会"；<br>中国电信南北分拆，启动"互联星空"计划；<br>中国移动推出GPRS业务 |
| | 2003年 | 中国网通集团推出"宽带中国CHINA169"；<br>第一部《中国互联网发展报告》正式出版；<br>国务院启动"中国下一代互联网示范工程（CNGI）"；<br>亚太互联网研究联盟（APIRA）成立；<br>中国互联网络信息中心发布《中国互联网络热点调查报告》；<br>第二届中国互联网大会召开，大会主题为"透视互联网，迈向E时代"；<br>阿里巴巴投资创办淘宝网 |

| 阶段划分 | 时间 | 重要事件与政策文件 |
|---|---|---|
| 2001—2008年 | 2004年 | 开通"中美俄环球科教网络（GLORIAD）"；<br>国家发展改革委等八部委领导的"中国下一代互联网示范工程"项目专家委员会成立；<br>CERNET2主干网正式开通；<br>新的《中国互联网络域名管理办法》施行；<br>CN域名服务器接入IPv6网络；<br>掌上灵通上市，中国互联网第二轮境外上市热潮；<br>腾讯在香港上市；<br>腾讯推出QQ空间 |
| | 2005年 | 召开国家信息化领导小组第五次会议，通过《2006—2020年国家信息化发展战略》；<br>百度在纳斯达克上市；<br>雅虎中国业务交由阿里巴巴经营；<br>搜狐成为2008年奥运会互联网内容服务赞助商；<br>"中国科普博览"和"天府农业信息网"获世界信息峰会大奖；<br>Web2.0概念出现催生了博客等代表性的新媒体；<br>上海电视台获首张IPTV业务经营牌照 |
| | 2006年 | 中华人民共和国中央人民政府门户网站开通；<br>信息部启动"阳光绿色网络工程"系列活动；<br>国家信息化领导小组印发《国家电子政务总体框架》；<br>中国电信等六家运营商建设太平洋直达光缆系统；<br>网络新闻作品首次入选"中国新闻奖" |
| | 2007年 | 《人民日报》正式发行手机报；<br>"十七大"大力推进信息化与工业化融合；<br>百度纳入纳斯达克100 |
| | 2008年 | 北京奥运会助推了中国互联网国际化进程；<br>中国网民总人数达2.53亿人，跃居世界第一；<br>开心网、校内网等SNS网站上线；<br>微博上线 |
| 2009—2012年 | 2009年 | 3G牌照发布；<br>首次规定网络侵权问题 |
| | 2010年 | 团购网站兴起；<br>发布《网络商品交易及有关服务行为管理暂行办法》；<br>将网络支付纳入监管 |
| | 2011年 | 微信上线；<br>百度、土豆网、优酷网因版权问题发生争端；<br>首批支付牌照《支付业务许可证》 |
| | 2012年 | 发布《物联网"十二五"发展规划》；<br>实施宽带中国工程；<br>微博元年，政务微博账户超17万个；<br>手机网民规模4.2亿，超过PC端网民 |

续　表

| 阶段划分 | 时间 | 重要事件与政策文件 |
|---|---|---|
| 2013年至今 | 2013年 | 4G时代，发放4G牌照；<br>大数据元年；<br>腾讯市值超1000亿美元；<br>苏宁电器更名为苏宁云商 |
| | 2014年 | 中央网络安全和信息化领导小组成立；<br>互联网金融兴起；<br>共享单车兴起并迅速发展；<br>社区OTO服务不断发展；<br>众筹、众包新业态 |
| | 2015年 | 中国制造2025；<br>国家互联网+行动计划；<br>首次提出"互联网+"行动计划；<br>美团和大众点评合并 |
| | 2016年 | 中国人民银行加强比特币等虚拟货币的监管；<br>北京首个智能汽车与智慧交通示范区；<br>网红经济风口；<br>分答和知乎知识付费平台兴起；<br>Uber中国与滴滴出行合并 |
| | 2017年 | 世界首台光量子计算机诞生；<br>"互联网+"和大数据国家工程实验室名单公布；<br>发布人工智能与工业互联网发展规划；<br>推进IPv6规模部署行动计划；<br>校园贷、现金贷规范措施相继落地 |
| | 2018年 | 移动支付成为主流支付方式；<br>短视频爆发年；<br>互联网金融纳入金融业综合统计体系和宏观审慎监管；<br>P2P网贷整治；<br>数字货币监管 |
| | 2019年 | 5G实现商用元年 |
| | 2020年至今 | 腾讯会议等远程办公和远程教育；<br>启动"人工智能驱动的科学研究"专项部署工作；<br>十七部门印发《"机器人+"应用行动实施方案》，人工智能和区块链等新技术与互联网领域不断融合；<br>发布第51次《中国互联网络发展状况统计报告》 |

由表2.2可知，在国内，中国互联网经济大致分为五个阶段[123]：第一个阶段是1997年之前，处于萌芽期。第二个阶段是1998—2000年，互联网的商业化应用，搜狐、新浪和网易三大门户网站的出现，百度、腾讯和阿里等互联网企业成立。第三个阶段是2001—2008年，中国互联网蓬勃发展，迎来了互联网企业上市潮，到

2008年，中国网民数量首超美国，拥有世界最大的互联网市场。2007年，国内首家P2P网络借贷平台"拍拍贷"于上海成立。第四个阶段是2009—2012年，随着互联网技术的不断发展，互联网从PC端逐渐向手机端过渡，移动互联网崛起并发展壮大。2012年互联网金融进入爆发期。2012年，P2P兴起，国内很多学者开始关注互联网金融的借贷、融资、金融监管和风险等方面的问题。第五个阶段是2013年至今，随着大数据概念的提出，互联网经济蓬勃发展，互联网经济与传统经济不断融合，特别是在疫情期间，很多生产生活都转为线上，对我国经济产生了积极影响，在抗击疫情中做出了很大贡献。互联网经济研究也是伴随着互联网的发展，如随着互联网企业的崛起，相关学者从事互联网行业和平台垄断问题的研究。

然后是新经济阶段。值得注意的是，信息经济、网络经济和新经济不是割裂看待的，其形成往往是交叉融合发展起来的。在新经济阶段，随着大数据、区块链、人工智能、云计算等新技术的兴起，新一轮科技革命给生产和生活方式带来了种种变革。自大数据概念出现以来，新产业、新业态、新商业"三新"经济成为引领经济的新动能。在人类发展过程中，知识积累到一定程度，孕育了信息技术和互联网。反过来，信息技术和互联网的广泛应用也进一步促进人类知识的爆发式积累，进而过渡到数字经济。

最后是数字经济阶段。早在2000年，中国共产党第十五届中央委员会第五次全体会议通过了《中共中央关于制定国民经济和社会发展第十个五年计划的建议》，提出"信息化带动工业化"，之后历次代表大会都非常重视信息化、互联网和数字经济等的发展。但"数字经济"被写入政府工作报告是在2017年，数字经济领域发文量陡增，数字经济、数字化转型、数据要素、数据资产、平台经济、数字技术、数字普惠金融、数字金融、数字治理、国际税收和数字贸易等成为研究热点。

综上所述，知识经济、信息经济、互联网经济、新经济和数字经济这些概念在同一个时代提出，并不相互矛盾或重复，而是从不同视角看待处于变化中的世界。它们之间的关系可概括为"基础内容—催化媒介—结果形式"，即知识是基础内容，信息技术和互联网是催化媒介，数字化是结果表现形式。它们之间相辅相成。

## 2.2.2　数字经济对传统经济理论的挑战

从科学研究的演化路径来看，图灵奖得主吉姆·格雷提出，科学研究范式主要有经验范式（Empirical Science）、理论范式（Theoretical Science）、计算范式

（Computational Science）和数据驱动范式（Data-driven Science）。经验范式主要基于经验观察总结规律，不具有预测能力；理论范式运用数学工具，对实验现象进行了描述和推演；计算范式运用计算机能力求解数学方程；数据驱动范式运用机器学习工具，从海量实验数据中发现规律。随着数字经济的发展，科学研究范式面临新的变革，即 AI for Science，人们称之为第五范式。

数字经济领域还比较新，相关研究仍处于起步阶段，尚未形成系统的、国际公认的完整理论体系。

学界普遍认为，数字技术对新古典经济学和新制度经济学等传统经济理论的方法体系在理论假设、具体内容和边界拓展等方面可能产生影响，如数字技术可能会引起供求理论、边际理论、垄断和竞争理论方面的方法体系出现变革。数字经济的影响涉及经济学基本假设、消费者理论、厂商理论、均衡理论、产权理论、市场理论等方面。从新古典经济学来看，在宏观层面，经济增长理论从索洛模型逐渐演变到内生增长理论。在数字经济的冲击下，经济增长的要素条件、要素的组合方式和要素的配置效率等可能会面临变革，探讨数字经济对经济增长影响的作用机制、路径和原动力，数字经济对实体经济的冲击、风险和化解方法，数字经济能否克服鲍莫尔成本病和增长病，是当前经济领域的研究动态。在中观层面，"数字鸿沟"和"数字孤岛"引致的收入、就业、产业、区域等方面的结构性失衡和不均衡发展，也是有待进一步探讨的问题。在微观层面，数字经济如何影响资源配置，也是有待研究的课题。从新制度经济学来看，数据产权界定、数字经济信用关系、数据要素定价机制和配置正成为相关领域研究的一个重要方面。

有学者指出，数字技术将从价值观和方法论两个层面对传统经济学产生影响。由此，数字技术对经济学的变革可以从研究思想和研究方法两个方面来看待（陈晓红 等，2022）。从研究思想来看，每一次技术革命都会使人们对经济理论的认知和思维发生变化，人们会进一步思考在新的技术变革中怎样看待数字经济，在数字技术的冲击下是否可以演化出新的理论，研究范围是否需要延伸，研究视角是否需要转变；从研究方法来看，主要有逻辑分析、规范分析、定性分析、定量分析等（陈晓红 等，2022），数字经济打破了传统产业边界，大数据和人工智能等数字技术的发展使得各领域的高频高维数据分析研究有了质的突破和进展，物联网、机器学习、深度学习和大数据分析建模与预测得到了快速发展，进而催生了数字孪生模型，运用大数据等手段进行分析研究成为经济管理研究的热门方法，而新的研究方法的应用可能进一步促进和产生理论的新洞见。在此背景下，经济学、管理学、数学、计算机等各学科交叉融合成为必然，并会产生新学科和新方法（洪永淼、汪寿阳，2020）[124]。

## 2.2.3 数字经济的理论研究进展

早期，在信息化浪潮下，信息经济理论伴随着信息经济的发展而不断完善，信息经济理论的形成和发展大致为[125]：起源于20世纪40—50年代，发展于20世纪50—60年代，到20世纪70—80年代为成熟期。早期的代表人物为信息经济学创始人G.J.Stigler和宫泽，前者提出信息搜寻理论，侧重于信息的成本和价值以及信息对各生产因素的影响，后者侧重于信息系统评价及其原理和方法。1962年，马克卢普出版《美国的知识生产和分配》，对1958年美国知识产业的生产进行统计测度，并于20世纪80年代又进一步扩展和完善了相关理论。波拉特在马克卢普研究的基础上运用投入产出技术进一步对信息经济进行统计测度。除此之外，1963年，日本学者梅棹忠夫提出了"信息化"的概念。

20世纪70年代，阿克洛夫提出"柠檬"理论、斯彭斯提出"信号"理论、赫什雷弗提出"信息市场"理论、格罗斯曼和斯蒂格利茨提出市场信息效率和市场效率"悖论"等。此外，还有一般均衡理论的集大成者阿罗、维克里和莫里斯等人也在该领域颇有建树，如阿罗对信息经济的开拓性研究，并于1984年著有《信息经济学》论文集。在信息经济理论成熟期，比较典型的著作有美国霍洛维茨的《信息经济学》、英国威尔金森的《信息经济学》、日本增田米二的《信息经济学》、美国霍肯的《下一代经济》等。1976年，经济学分类正式出现信息经济学；1979年首次召开信息经济学国际学术会议；1983年，《信息经济学和政策》创刊。信息经济理论主要研究非对称信息下的契约理论，着重探讨非对称信息博弈论，以及可能发生的逆向选择和道德风险。此外，知识经济理论①形成于20世纪80年代初期，1990年联合国研究机构提出"知识经济"。OECD首次使用"Knowledge based Economy"概念并对其进行定义，它的特征表现为信息化、智能化、全球化、创新性、可持续发展[126]。

国内信息经济学起源于20世纪80年代，最早在1986年国家哲学社会科学和国家经济信息系统科研项目中探索信息经济问题，之后两年召开信息经济理论研讨会，1989年于北京成立中国信息经济学会，并于1992年赴美考察[125]。20世纪90年

---

① 吴季松.知识经济学[M].北京：首都经济贸易大学出版社，2007.

代，信息经济理论研究蓬勃发展，代表著作有乌家培的《经济信息与信息经济》①、张守一的《信息经济学》②、张远的《信息与信息经济学的基本问题》③等。1996年，我国应用经济学列示了"信息经济学"这一学科。随着研究的深入，我国信息经济理论趋于成熟。在信息产业方面，2004年国家统计局制定了《统计上划分信息相关产业暂行规定》，界定了信息相关产业的统计范围。

1994年，袁正光[127]发表《数字革命：一场新的经济战》。早期研究中国互联网经济理论的代表人物是姜奇平，其于1998年翻译了《浮现中的数字经济》一书，1999年胡曙光对此书进行了评介。同年涂勤发文介绍了美国BEA发布的《新兴的数字经济Ⅱ》。早期康铁祥（2008）对中国数字经济规模进行了测算研究。直至2016年，G20杭州峰会对数字经济进行了明确定义。2017年，国家统计局印发了《中国国民经济核算体系2016》，对新兴经济的核算口径、范围和分类标准进行了界定。2018年，国家统计局印发《新产业新业态新商业模式统计分类（2018）》和《战略性新兴产业分类（2018）》，对"三新"和"战略性新兴产业"进行了统计分类。一些文献开始关注分享经济、共享经济、知识经济等新经济的研究。2021年5月，国家统计局公布《数字经济及其核心产业统计分类（2021）》[118]，界定了数字经济的概念和范围。自G20杭州峰会以来，人们对数字经济相关方面的研究高度关注。一些文献对数字经济的内涵（魏江 等，2021）[128]、数字经济的界定与分类（关会娟 等，2020；吴翌琳、王天琪，2021）[129, 130]、数字经济的理论体系（陈晓红 等，2022）[131]进行了探索。

数字经济具有数据支撑、融合创新和开放共享的特征（陈晓红 等，2022），相关的理论研究不是对传统理论的颠覆，而是需要在传统经济理论的基础上，在新视角下探索新的方法体系，修正和完善现有理论并实现理论创新。在疫情时期，数字经济得到了迅猛发展；在后疫情时代，数字技术对传统经济理论的挑战，将不仅使得研究范围拓展，也将促进学科之间的跨领域融合。数字经济理论体系将围绕经济增长理论、厂商理论——垄断与竞争、消费者行为理论——网络外部性和长尾效应、新制度经济学——产权与成本理论、创新理论——创新管理、收入分配理论、产业组织理论、政府规制理论和国民经济核算理论等方面构建，并遵循综合集成方法论体系框架，结合实践探索，不断验证、发展和完善这一理论体系[131]。例如，新

①乌家培.经济信息与信息经济[M].北京：中国经济出版社，1991.
②张守一.信息经济学[M].沈阳：辽宁人民出版社，1991.
③张远.信息与信息经济学的基本问题[M].北京：清华大学出版社，1992.

产业组织理论的早期代表是哈佛学派和芝加哥学派，被称为第一代产业组织理论，其主要基于市场结构（Structure）、市场行为（Conduct）、市场绩效（Performance）（简称SCP框架）。后期代表为科斯和威廉姆森，主要是在新制度经济学方面的突破。第二代现代产业组织理论引入博弈论，侧重研究竞争和垄断以及政府规制等方面。二者研究范式分别为静态分析和推理演绎，数字经济促进了两种研究范式的融合。

总之，通过梳理发现，数字经济基本理论体系由数据确权、数据资产定价、数字技术、数字创新、数字金融、数字贸易和数字治理等方面构成。

# 2.3　创新的理论研究进展

## 2.3.1　熊彼特创新理论

熊彼特（1912）在《经济发展理论》一书中提出创新理论，他认为创新是把前所未有的生产要素和生产条件新组合引入生产体系进而建立一种新的生产函数。创新的本质是创造性破坏，创造性破坏观点可以概括为以下三点：一是经济增长来源于创新；二是在竞争中获取垄断利润是创新的动力；三是创新是创造性破坏的过程，新的创新产物代替旧的产品和技术，并将其淘汰出市场。熊彼特认为，企业的创新活动是经济增长最主要的动力，也是最根本的源泉。创新在经济增长中起着举足轻重的作用。若没有创新，经济则处于一种"循环流转"的均衡状态。这时，经济只是数量的变化，不管如何累计，都不能实现经济质的飞跃。只有通过"创造性破坏"经济运行的惯行轨迹，都才能从经济内部进行革命性的变革，经济才有质的提升。熊彼特的创新理论涵盖以下主要论点[①]：一是创新是从系统内部自行发生的一系列变化，是从生产过程中内生而来的；二是创新是一种"革命性"变化；三是创新同时意味着毁灭；四是创新必须能够创造出新的价值；五是创新是经济发展的本质规定；六是创新的主体是"企业家"。

熊彼特（1939）基于创新理论，在《经济周期循环论》一书中阐述了经济周期，认为由于创造性破坏，原有均衡打破和新的均衡出现进而产生了经济周期。熊彼特认为，经济是在繁荣—衰退—萧条—复苏的周期性运动中不断前进，而形成经济

---

① 熊彼特.经济发展理论[M].北京：华夏出版社，2015.

周期性波动的原因在于创新这一活动的非连续性和非均衡性。起初，创新使企业存在盈利预期，而创新带来的超额利润容易引起其他企业模仿，模仿将会打破原企业的垄断，之后大规模的投资会带来经济繁荣，当这种创新被多数企业普及后，盈利机会减弱直至消失，经济进入衰退。在创新过程中，不同的创新活动对经济发展的影响不同，进而形成时间长短不一的经济周期。熊彼特[132]不仅以此来解释经济周期中繁荣和衰退的交替，还用创新引起的"第二次创新浪潮"来解释经济周期的四个阶段。一般而言，创新来自系统内部，创新的动力在于市场需求和市场竞争。当创新可以带来超额利润时，其他企业争相效仿，形成第一次创新浪潮，对银行信用和资本品的需求增加，生产资本品和消费品的部门扩张，物价和投资机会增加，投机现象显现，经济走向繁荣。随着创新的不断普及，超额利润大幅减少，经济步入衰退。而经济想要再次从复苏走向繁荣就需要创新的再次出现。

熊彼特将创新周期划分为三个长周期，第一个长周期从18世纪80年代到1842年，是"产业革命时期"，水力发挥重要作用，纺织品的进步出现了首批工厂；第二个长周期从1842年到1897年，是"蒸汽和钢铁时期"，铁路影响了很多行业；第三个长周期从1897年以后，是"电气、化学和汽车时期"。康德拉季耶夫（1922）在《大经济循环》提出长波概念，人们将其命名为康波周期或长周期。经济周期性波动大约为55年，熊彼特在此基础上，对长波进行了进一步的划分，在每个长周期中，由中等创新所引起波动，会形成若干个中周期，中周期为9~10年，每个长周期大约有6个中周期。在每个中周期中，还有小创新所引起波动，形成若干个短周期，短周期约为40个月，每个中周期大约有3个短周期。

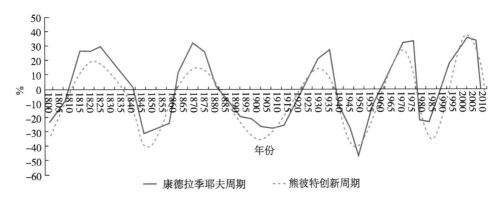

**图2.1　长周期**

Mensch（1975）在《技术的僵局》一书中提出"技术僵局"，把迫使社会通过创新寻求出路的窘境称为技术僵局。他继承和发展了熊彼特的长波技术论，将技术创新作为经济长波变动和发展的内生动力，认为经济不景气时，通过技术创新才能摆脱困境。Van Duijn（1983）在《经济生活中的长波》一文中，基于熊彼特技术创新长波论和技术僵局，提出创新生命周期理论。技术创新要经历引入、扩散、成熟和衰落四个阶段，引入和扩散阶段各自要历时20年左右，成熟和衰落阶段一般分别历时10年左右，整个创新生命周期为50年到60年左右。在创新生命周期初始，长波上升期，消费部门的耐用消费品增加，资本部门增加投资，企业增加生产，等到饱和后，经济下行并进入长波下行期，容易陷入"技术僵局"，产能过剩，失业率增加，未来经济发展不确定性增加，激进派尝试寻求新技术，引进新生产方式来度过寒冬，消费者通过萧条期的积累，具备消费潜力，金融加大产业扶持力度，新产品出现，技术僵局攻破，长波再次步入上升阶段，依次循环往复。Rosenberg和Frischtak（1983）进一步补充了熊彼特技术创新长波论。Bresnahan 和 Trajtenberg（1995）首次提出一般通用技术（GPT）理论，该理论关注重大技术进步，即能广泛应用并推动其他部门技术升级的特大技术进步。Dinopoulos 和 Segerstrom（1999）拓展了无规模效应的熊彼特增长模型。以无规模效应为假设，Petsas 和 Iordanis（2003）分析了此假设下的GPT动态效应。一些文献认为康波是由GPT驱动的，它是长波上升的一个重要因素（Coccia，2017）。

从古典经济学开始，经济学家一直在寻找经济增长的源泉、机制和方法。经济增长理论在索洛（1957）、丹尼森（1962）、乔根森（1989）等人研究的基础上，目前形成了比较完善的经济增长理论和新经济增长理论。1951年，索洛在《在资本化过程中的创新：对熊彼特理论的评论》一文中首次提出技术创新成立的两个条件，他认为技术创新的实现需要"新思想来源"和"以后阶段发展"两步，并把技术进步纳入经济学分析框架，用生产函数分析技术进步对经济增长的作用，促进了技术创新理论的完善。其中，内生增长理论把技术进步内生化拓展为索洛模型。内生增长理论以罗默（1986）[①]和卢卡斯（1988）为代表。新增长理论的代表人物罗默认为，技术进步是经济增长的主要动力（Romer，1986）。1992年，阿吉翁和豪伊特建立了熊彼特增长模型，并用熊彼特范式审视和分析经济问题。

罗默从研发和"干中学"等角度，而格罗斯曼和赫尔普曼则侧重从技术互补、技术传播的角度来看待技术进步，阿吉翁和豪伊特将"创造性破坏"引入模型，从数理角度阐释了熊彼特的"创造性破坏"假说。阿吉翁和豪伊特（1992）[134]建立了

---

① ROMER P M. Increasing return and long-run growth[J]. Journal of Political Economy, 1986（94）: 1002-1037.

基于"创造性破坏"的阿吉翁—豪伊特模型（A-H 模型），也被称为"新熊彼特"（neo-Schumpeterian）框架。罗默（1990）的经济增长模型为水平创新模型，阿吉翁—豪伊特模型被称为垂直创新增长模型，即产品质量升级增长模型。该模型把经济增长过程看作具有不确定性的创造性破坏过程的不断重复；动态均衡可能表现为平衡增长路径，也可能是非增长陷阱；在对外部效应的考察方面，正的外部效应存在跨时溢出效应和占有效应，均衡增长率小于最优增长率；负的外部效应则存在商业偷窃效应和垄断扭曲效应，均衡增长率大于最优增长率[134]。

阿吉翁—豪伊特模型有三个重要理念①，分别是（1）创新与知识传播是增长过程的核心；（2）创新依赖激励和财产权利保护；（3）"创造性破坏"，新的创新让以往的创新变得过时。该模型利用让·梯若尔建立的微型模型刻画厂商和市场结构，将熊彼特倡导的微观创造性破坏机制和宏观上的生产率表现联系起来，探讨创造性破坏和经济增长之间的关系，使熊彼特的"创造性破坏"思想具有"可操作"。

在熊彼特创新周期理论的基础上，阿吉翁和豪伊特用通用技术（GPT）来解释经济波动和经济增长。通用技术的特征可概括为普遍性、改进的余地和创新跨越（易兰 等，2018）[135]。该模型有研发和生产两个阶段，利用通用技术发明中间品，劳动力从事生产，产出增加，经济繁荣；然后，随着市场渐趋饱和，产出下降，经济转为萧条；直至通用技术再次有新中间品被发明，经济增长呈现出明显的周期性。

## 2.3.2 创新系统理论

### 1. 弗里曼等的国家创新体系理论

国家创新体系的代表人物是弗里曼和纳尔逊。弗里曼（1987）最早提出国家创新体系（National Innovation System，NIS）。国家创新体系是指一个国家公共和私营部门中各个机构互相作用形成的网络，网络间的活动、交流和互动可以激发和扩散新的技术②。它体现了一国扩散技术和传播知识的能力，深刻影响了这个国家的创新水平。弗里曼认为，国家创新体系由企业研究开发、教育培训、产业结构、政府政策四个要素组成[136]，具体如图 2.2 所示。

---

① 阿吉翁.创造性破坏的力量：经济剧变与国民财富 [M]. 余江，赵建航，译.北京：中信出版集团，2021.

② FREEMAN C.Technology policy and economic performance：lessons from Japan [M].London：Pinter，1987.

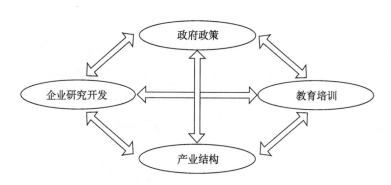

**图 2.2　弗里曼国家创新体系结构**

纳尔逊（1993）[①]在《国家创新系统》中指出，"国家创新系统是行动者相互作用决定着创新绩效的一整套制度"。他认为，在国家经济发展中，创新起着核心动力性作用，并提出国家创新体系是在科学技术发展进程中，由政府、企业、科研院所和中介机构等多个创新主体组成的弹性体系。

**2. 波特的国家竞争优势理论**

波特（1990）[②]对国家创新体系做了进一步的研究，并提出了国家竞争优势理论——钻石理论。该理论强调四大要素的相互作用（见图2.3），分别为生产要素、需求条件、相关支撑产业以及企业战略、产业结构和同业竞争。他认为，国家创新体系以企业技术创新为基础，政府的功能在于提供创新发展的外部环境[136]。

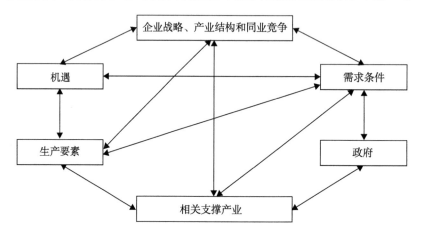

**图 2.3　波特国家创新体系结构**

--------

①NELSON R. National system of innovation：a comparative study[M].Oxford：Oxford university Press，1993：45-46.

② PORTER M. The competitive advantage of nations[M]. London：The MacMillan Press，1990.

### 3.库克的区域创新体系理论

库克（1992）首次在《区域创新体系：新欧洲的竞争规则》中提出了区域创新体系（Regional Innovation System，RIS）。库克[137]认为，区域创新体系是地理上相互关联且存在分工的主体（如企业、高校、科研机构、中介服务机构和地方政府等）形成的区域性组织体系或系统。产学研一体化是区域创新体系的核心。它涵盖三个要素，即主体要素、功能要素和环境要素。最为典型的例子是美国硅谷的崛起，受此影响区域创新体系成为研究热潮。

## 2.3.3　创新价值链理论

随着区域创新体系理论的进一步发展和完善，Morten Hansen 和 Julian Birkinshaw（2007）[138]提出了创新价值链理论。

创新价值链包括创意产生—创意转化—创意扩散三个阶段六个活动过程[139]，具体如图2.4所示。在创意产生阶段，内部导入比较容易实现，而跨部门导入需要各个部门的协调与整合，容易受组织结构和地域因素的限制。外部导入是从需求方、竞争者、高校、研发机构等外部获取创意。在创意转化阶段，在资金支出和制度保障下，主要进行创意筛选和创意开发。创意筛选主要是选出有可操作性的、迎合市场需求且与组织战略一致的创意。最后是创意扩散阶段，将其扩散到其他区域和渠道。

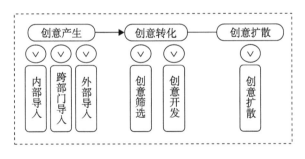

**图 2.4　创新价值链的三个阶段**

创新价值链是一个完整的循环链条，若有的环节存在信息缺失或失灵，下游阶段就会因为获取不到知识源而中断创新过程。正因为如此，知识网络理论进一步强调知识流动的重要性。高校、企业、科研机构、政府等创新主体关联密切，形成一个紧密的创新网络，各个网络节点会产生知识溢出效应，通过知识流动，各创新主体获取到前沿知识和互补知识，既能获得显性知识，更能获得隐性知识，这些信息资源在系统内进行有效资源配置和高效利用。正是知识流动这一媒介，让信息和知识资源在知识网络内实现共享、转移、转化和扩散，也让创新资源得到有效配置，推动创新成果转化为现实生产力，并确保创新系统的良性运转。为了促进知识流动，政府实施配套的区域创新政策和产业集群政策。政府通过创建创新平台，以各创新主体为内在支撑，同时以国际国内市场为外在承接，形成国际国内双循环有效联动，以产业集群提升区域竞争优势，通过产业集群效应提升区域创新体系的效能。

进一步地，区域创新价值链可以概括为五个过程[139]。一是创新动力。创新源于创新动力，其由市场需求，技术，政策，企业家偏好，经济、社会、技术三方的自组织作用这几个方面相互作用形成。其中，市场需求是根本动力，其余四个起支撑作用。二是创意产生。这与创新价值链的第一个环节相同。三是创意转化。这个过程对应的是创新价值链的第二个环节。科研机构、企业、高校等创新主体对创意实施筛选和开发。四是创新实现。创新最终目的是创新实现。从微观层面看，创新有利于企业效率提升和产业升级；从宏观层面看，创新不仅产生经济效益，还有社会效益和生态效益。五是创新反馈。创新活动是一个循环往复的过程。创新成果进入市场后，对市场需求及时反应，根据用户和市场的反馈及时修正，不断测试并改进创新技术，使得创新形成良性循环进而有序运行。

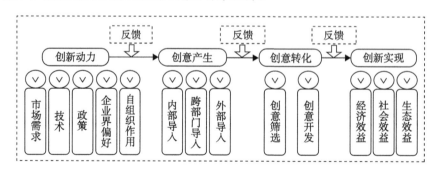

**图 2.5　区域创新价值链的五个过程**

### 2.3.4　其他学派的创新理论

除了上述经典理论，创新理论还有以下学派[140]：以科斯（1931）、舒尔茨（1968）、戴维斯（1971）、诺斯（1989）等学者为代表的制度创新理论。受熊彼特的影响，罗森伯格、纳尔森、弗里曼、多西、帕维特等人追随并坚持熊彼特的观点，被称为新熊彼特学派。有关创新发展的演化经济学理论，以博尔丁于1981年出版的《进化经济学》和尼尔森等于1982年出版的《经济变迁的进化理论》为代表。弗里德曼于1994年提出的创新地理学，将创新和经济增长的空间研究作为经济地理学的核心内容。20世纪90年代，克鲁格曼（1991）的《收益递增和经济地理》和藤田（1988）的《空间集聚的垄断竞争模型：细分产品方法》被认为是新经济地理学的开山之作，其贡献在于对D-S模型做了空间意义的解释。新经济地理学的理论基石是收益递增—不完全竞争模型和运输成本，借助迪克西特—斯蒂格利茨的垄断竞争模型（D-S模型），核心是空间经济学，重点研究经济活动的区位问题和经济空间过程。克鲁格曼在《新经济地理学：城市、区域和国际贸易》和《经济地理和公正政策》完整阐述了新经济地理相关理论。新经济地理学采用收益递增—不完全竞争模型建模并反映空间经济结构和经济活动地理集聚现象，从理论层面探讨空间集聚和全球化等。新经济地理学发展成熟，其理论体系基本完善，主要包括：中心—边缘理论；城市演进理论；产业集聚与贸易理论。中心—边缘理论以核心和边缘作为基本的空间要素，探讨空间的相互作用和扩散；城市演进理论侧重研究空间分布的集聚性；马丁认为，新经济地理学的两个主要研究主题是经济活动的空间集聚和区域增长集聚的动力分析。此外，还有管理学大师德鲁克的代表作《创新与企业家精神》。上述理论为我们进行创新研究奠定了坚实的理论基础。

# 2.4 数字经济影响技术创新效率的理论分析与研究假设

## 2.4.1 数字经济对技术创新效率的影响：基于两部门模型的理论分析

为系统分析数字经济对技术创新效率的影响，下面借鉴Feder（1983）[141]的两部门模型，假定是不含政府与国外的两部门经济，两个部门分别为数字经济生产部门（D）和数字经济应用部门（S）。

第 $i$ 部门的创新产出为

$$Y_i = B_i \left( K_S \right)^{\alpha} \left( K_D \right)^{\beta} \left( hH_S \right)^{1-\alpha-\beta}, \quad 0 < \alpha, \quad \beta < 1, \quad \alpha + \beta < 1 \qquad (2.1)$$

其中，$Y$ 为创新产出；$K_S$ 和 $K_D$ 是分别用于数字经济生产部门（D）和数字经济应用部门（S）的资本投入；$H_s$ 为数字经济应用部门（S）的工作时间；$h$ 为以一定速率增长的人力资本；$\alpha$ 和 $\beta$ 为产出弹性。

第 $i$ 部门的创新效率为

$$u_i = \dot{B}_i = \frac{\dot{Y}_i}{Y_i} - \alpha\left(\frac{\dot{K}_S}{K_S}\right) - \beta\left(\frac{\dot{K}_D}{K_D}\right) - (1-\alpha-\beta)\left(\frac{\dot{H}_i}{H_i}\right) - (1-\alpha-\beta)\dot{h} \qquad (2.2)$$

第 $i$ 部门的单位时间创新产出为

$$\mathbf{y}_i = \frac{Y_i}{H_i} = B_i h^{1-\alpha-\beta} \left(k_S\right)^{\alpha} \left(k_D\right)^{\beta} \qquad (2.3)$$

其中，$k_S$ 和 $k_D$ 分别为数字经济生产部门（D）和数字经济应用部门（S）的单位时间资本投入。其他符号的含义同上。

对式（2.3）求导，即得第 $i$ 部门的创新产出增长率

$$\dot{y}_i = u_i + (1-\alpha-\beta)g_h + \alpha\dot{k}_S + \beta\dot{k}_D \qquad (2.4)$$

其中，$\dot{y}_i$、$u_i$、$g_h$、$\dot{k}_S$ 和 $\dot{k}_D$ 分别为第 $i$ 部门单位时间创新产出 $\mathbf{y}_i$、技术水平 $B_i$、以一定速率增长的人力资本 $h$、数字经济生产部门的单位时间资本投入 $k_S$、数字经济应用部门的单位时间资本投入 $k_D$ 等各变量的增长率。

**1.数字经济应用部门创新产出的稳态增长率**

根据利润最大化原则，数字经济应用部门的资本边际收益为

$$\frac{\partial Y_S}{\partial K_S} = \alpha\frac{y_S}{k_S} \qquad (2.5)$$

对于数字经济应用部门，资本的边际成本受实际利率（$r$）和折旧率（$\delta$）的影响，边际收益等于边际成本，可得稳态增长

$$r + \delta = \alpha\frac{y_S}{k_S} \qquad (2.6)$$

假定实际利率和折旧率不变，等式左边为常数，故而数字经济应用部门单位时间创新产出的稳态增长率等于其资本投入的稳态增长率

$$\dot{y}_S^{\,*} = \dot{k}_S^{\,*} \qquad (2.7)$$

进一步研究数字经济应用部门使用资本情况，根据 Hall-Jorgenson 公式，考虑利润最大化，则

$$\left[r + \delta_D - \left(\dot{P}_D - \dot{P}_S\right)\right]\left(\frac{P_D}{P_S}\right) = [r + \delta_D - \dot{p}]p = \beta\frac{y_S}{k_D^S} \qquad (2.8)$$

其中，$r$ 为实际利率；$\delta_D$ 为数字经济应用部门折旧率；$p$ 为相对价格；$\dot{p}$ 为相对价格速率。

假定实际利率（$r$）和相对价格速率（$\dot{p}$）保持不变，相对价格（$p$）以一定速率

下降的话，上式右边也以相同速率下降，则

$$\dot{y_S}^* - \dot{k_D^S}^* = \dot{p} \tag{2.9}$$

进一步根据投入—产出等式，可得

$$P_i Y_i = R_S K_S + R_D K_D + W H_i \tag{2.10}$$

其中，$R_S$ 和 $R_D$ 为名义租赁价格，$W$ 为名义小时数。

对工作时间（H）求导，可得

$$\dot{p} = u_S - u_D \tag{2.11}$$

其中，$u_S$ 和 $u_D$ 分别为数字经济生产部门和数字经济应用部门相对创新效率。

式（2.11）表明，相对价格增长率等于相对创新效率增长。

随着数字经济资本要素投入的增加，相对价格增长率下降，即 $u_S - u_D < 0$，这说明不同部门的创新效率存在差异，数字经济生产部门的创新效率相对于数字经济应用部门的创新效率更高。

将式（2.8）、式（2.9）和式（2.11）代入式（2.4），可得

$$\dot{y_S}^* = u_S + (1-\alpha-\beta)g_h + \alpha \dot{y_S}^* + \beta(\dot{y_S}^* - \dot{p}) = \frac{u_S - \beta p}{1-\alpha-\beta} + g_h \tag{2.12}$$

**2. 数字经济生产部门创新产出的稳态增长率**

同理，数字经济生产部门创新产出的稳态增长率为

$$\dot{y_D}^* = \dot{y_S}^* - \dot{p} = \frac{u_S - \beta p}{1-\alpha-\beta} + g_h - \dot{p} = \frac{u_S - \beta p}{1-\alpha-\beta} + g_h \tag{2.13}$$

数字经济生产部门的单位时间产出稳态增长率比数字经济应用部门的单位时间产出稳态增长率高。

**3. 整体的创新效应**

$$\dot{Y}^* = \left(1 - w_D^*\right)\dot{Y_S}^* + w_D^* \dot{Y_D}^* = \left(1 - w_D^*\right)\hat{y_S}^* + \hat{w_D^*}\hat{y_D}^* + n = \dot{y_S}^* - w_D^* \dot{p} + n$$

$$= \frac{u_S - \left[\beta + (1-\alpha-\beta)w_D^*\right]\dot{p}}{(1-\alpha-\beta)} + g_h + n \tag{2.14}$$

其中，数字经济生产部门所占比重为 $w_D = \beta\left[\dfrac{\delta_D + \dot{K_D}}{r + \delta_D - \dot{p}}\right]$。

由此可见，数字经济促进创新的理论机制为，首先，数字经济的要素投入，会促进数字经济基础部门的技术创新，一般通用技术（GPT）如蒸汽机、电力、信息技术的发明和应用，对传统技术的革新，数字技术的应用加速了生产部门要素流动，技术的突破缩短了研发周期，促进了该部门更为广泛的创新。其次，随着资

本的不断累积，技术的不断更新迭代，生产部门的数字技术向其他部门渗透和扩散，由于要素密集程度和利润差异，数字技术的渗透和扩散效应会在不同部门有所差异，故而创新效应会因部门不同而不同。数字应用部门用数字化技术与本部门融合，不断重组组织架构，实现传统产业与数字经济的融合，促进传统产业转型升级。最后，数字技术在部门之间具有扩散效应和溢出效应，数字经济应用部门将产品使用效果反馈给生产部门，反过来会改进生产部门的技术研发，促使生产部门技术迭代和新一轮的创新，以此循环往复，进而推动技术的迭代更新。

## 2.4.2 数字经济对技术创新效率的影响：作用机理与研究假设

结合前述理论基础及两部门模型的理论分析，对数字经济对技术创新的作用机理展开论述，然后提出研究假设。

**1.数字经济对技术创新效率提升的直接作用机制**

数字经济对技术创新效率的直接影响，可以从以下三个方面展开论述。

首先，数字经济可以提升创新要素的协同创新效率。数字经济在创新主体协同过程中以协同自发和协同响应的交互方式呈现（阮添舜 等，2023）[142]。协同自发包含两个方面，一是通过高层次人才引进主导的人才驱动方式；二是组织开放度主导的文化引领方式。而协同响应主要是需求推动和政策拉动两种方式。关于创新主体协同方面，刘友金等（2017）[143]发现政府支持、企业内部协同、科研机构内部协同均对地区创新绩效产生显著的、较大的促进作用，但产学研全面协同、高校内部协同对地区创新绩效影响较弱，协同效果不理想。关于创新环境协同方面，贺灵等（2012）[144]发现，创新网络要素间协同对地区创新绩效均具有显著促进作用，且创新网络所处的硬环境和软环境对地区创新绩效也具有显著的正向影响。

基于TOE框架①，数字经济促使创新主体内部和创新主体之间高水平和高效率的协同，创新要素可以自由地在区域内共享知识和研发成果，还可以进一步加深分工与合作，打破体制或机制方面的因素可能造成的壁垒。数字经济可以加强上下游产业链和供应链高效协同，共建具有竞争力的产业集群。数字经济为创新提供了共享资源和成果的平台与渠道，帮助创新主体实现高效、协调、统一的联动，知识和信息在区域内和区域间的自由流动，降低了搜寻成本和信息摩擦。一方面，数字经济

---

① TOE框架由Tomatzky和Fleischer（1990）提出，信息技术创新影响因素归纳为技术、组织和环境三个方面。

让创新主体更快速、便捷地获取创新知识和技能；另一方面，数字经济可以实现创新主体的深度融合，减少信息不对称，打破信息障碍和壁垒，快速有效地开展研发活动和技术创新活动。数字经济为区域各类创新主体协同创新提供平台。借助数字经济，依据技术战略、创新氛围、创新流程、创新人才和资源保障等创新要素，注重知识生产、创新人才培育、制度政策需求，通过创新溢出效应获取新知识和新技术，进而提升技术创新效率。

其次，数字经济可以提升创业活动效率。创新效率的一个重要体现是创业活动效率的提升。数字经济可以激发区域新的知识和新的技术的产生，实现科技成果的商业化迅速转化。它直接对产业结构升级、企业家精神强化、创业环境优化产生显著的正向影响。数字经济为创业团队提供信息获取与信息交流平台，各大主体（如竞争者、合作者、创业者、消费者等）可以实现无障碍交流和沟通，沟通效率和质量得到提升。同时，创业团队通过数字技术平台便捷地获取商业信息，高效地利用创业资源，这些信息辅助其对行业发展态势进行准确研判，并敏锐地识别创业机会和风险。此外，数字经济促使社会资本纷纷介入，创业团队更容易获得资本支持。由于数字技术提供了创业平台，创业者和消费者入驻平台后，商家和用户对平台依赖性加强。对于创业者来说，他可以快速吸引资本，找到更好的创业合作伙伴，可利用的创业资源也更丰富。根据消费群体的好友定律，创业团队能精准定位和精准画像，快速引爆流量，吸引消费者眼球，短期即可获得最大关注点，热点比以往更容易引爆，创业成功的机会大大提高，例如李子柒、新东方的东方甄选等都是典型的成功案例。可见，数字经济为创业团队提供平台，丰富的创业活动促使良好创业氛围的形成，进而提升创业活动效率。

最后，数字经济可以提升创新要素流动效率。在区域创新系统内，创新要素包含技术战略、创新氛围、创新流程、创新人才和资源保障。创新依赖于平台、企业、服务、政策、人才，企业是创新的树苗，平台为创新提供土壤，服务为创新提供养分，政策为创新提供空气，人才为创新提供阳光，共同打造创新的生态系统[145]。以企业、高校或科研机构等创新主体为依托，内承外引，畅通科技、人才、资本等要素集聚渠道，推动"政产学研"高效集聚和优化配置。由于创新要素分布不均衡，不同创新主体的需求强弱有别，需求弱的主体可能存在要素闲置。数字经济通过联通功能联结供需，打破要素流动壁垒，强化市场配置资源机制，有效促使创新要素在区域间自由流动，提高创新要素的市场化配置效率。数字经济不仅助推了人才要素的自由流动，还可以突破经济、地理、时间等流动障碍，通过在线培训、远程技术培训等方式，提升人才的知识和技能，实现知识和技能的跨区域转移和流动。同时，数字经济促进了互联网普惠金融的发展，金融与互联网的深度融合，使得投融资需求实现了网络化对接，提高了资质审核的质量和业务流转效率，有效规避了投融资风险。可见，数字经济促进了金融信息化，很好地解决了信息流和资金流的交换，有效提高了产品流、信息流和资金流的交换效率[145]。

综上，提出假设1：数字经济对技术创新效率的提升具有直接的正向作用。

**2. 数字经济对技术创新效率的影响具有区域异质性和主体异质性**

当前我国各地区数字经济发展水平和创新效率水平处于不同阶段，区域差异比较明显，各地区之间存在不同程度的"数字鸿沟"和"数字割裂"；同时各地区对知识、信息和技术的运用能力存在差异，在数字经济作用下，各地区的创新过程随着要素流动而呈现出网络化，使得数字经济对区域技术创新效率的影响存在区域异质性。

随着数字技术的广泛使用，其应用范围和应用深度存在地区和主体差异。在创新系统中，高校、企业和研发机构是其子系统，创新主体致力于将知识进一步转化为新技术，进而创造新产品。由于各地区的资源禀赋、政策制度不同，数字经济的发展水平不同，数字经济对技术创新效率的影响在不同创新主体表现不同，溢出强度不同，进而数字经济对各创新主体的提升作用效果也不尽相同。即资源禀赋等区位差异使得不同创新子系统的补偿性投入不同，创新子系统的数字经济发展水平不一，在发挥提升作用时效果不一。不同创新主体的功能定位、要素资源配置和投入强度不同，以及创新偏好和风险规避不同，数字经济对技术创新效率的知识和技术溢出效果也不同。而且在各种因素的综合作用下，这些差异会被放大和更加凸显，故而企业、高校和科研机构这些创新主体的创新差异会更加明显。

创新活动按创新价值链分为基础研究、应用研究和试验发展。不同创新主体对这些创新活动都有涉及，但侧重不同。高校和科研机构主要侧重于基础研究，而企业更偏向于应用研究和试验发展。前者主要从事知识和信息的加工、生产和传播，后者则主要是技术的应用与扩散。数字经济的发展使各创新主体的功能定位更清晰明确，但由于先天的资源禀赋和发展程度差异，比较优势和溢出效果不一，创新主体在创新价值链上的侧重点会有所不同，考虑到数字技术的供需方式、网络信息技术进程快慢不一，各主体信息获取的范围、类型与方式不同，进而数字经济在不同创新主体的技术创新效率提升作用方面具有异质性。

综上，提出假设2：数字经济对中国技术创新效率的影响具有区域异质性和主体异质性。

**3.数字经济通过金融发展促进技术创新效率的提升**

金融体系一方面以提供产品和服务满足投资和消费需求；另一方面以中介的特性聚合资源为实体经济服务。而数字经济可以促进金融机构的中介作用，使得借贷双方信息交流更便捷，以其信息和技术优势降低经营成本；数字技术还使得金融产品和服务更加多样化，有效降低了金融服务的门槛，极大地发挥金融中介的作用。因而，数字经济可以通过促进金融中介的发展进而对实体经济发展和技术创新效率的提升产生积极作用。

数字技术的发展在降低金融服务的门槛和经营成本的同时，还会改善资源配置。金融机构为了实现资本增值的目标，需要避免盲目投资，提高资源配置的导向性和有效性。数字技术的发展有助于金融机构尽力利用其信息优势，减少金融资源错配，使得金融资源在各产业间的配置更加合理。此外，数字经济为金融资源的跨地区配置提供了技术支持，可以突破地区障碍和时空边界，提高金融资源的流动性，并显著降低信息成本和流动成本。显然，金融机构资源配置的改善又会进一步提升技术创新效率。

由此可见，数字经济的发展将有效地提升金融中介服务的信息化和智能化水平，使资本配置效率、资金流转速度和金融供需规模进一步提升。而金融发展规模的扩大和资本配置效率的提升对技术创新效率有显著的正向影响。

综上，提出假设3：数字经济不仅直接提升中国技术创新效率，还可以通过促进金融发展促进技术创新效率的提升。

**4.数字经济通过人力资本促进技术创新效率的提高**

众所周知，人力资本作为知识和技能的载体，既是技能、知识和能力素质的综合体，也是技术进步和国家创新的关键要素。而教育是提升人力资本的重要途径。近年来，特别是疫情期间，腾讯会议、钉钉、Zoom等数字会议App蓬勃发展，劳动者可以通过在线继续教育和在线教育培训等方式提高劳动技能和素质，科研人员可以通过互联网方便快速地掌握新知识并积累新技能，提升人力资本。而劳动者素质的提高，人力资本水平的提升，会带来劳动生产率的提高，进而促进产业升级。知识和信息的外溢，还会推动人才的高技术化和高知识化，提升人力资本质量。同时，人力资本结构的转变，会推动产业由劳动和资本密集型向知识和技术密集型转变，人力资本的高级化会进一步促进技术创新效率的提升。人力资本的提升不仅有利于吸引外商投资，也可以促进先进技术的引进和吸收，进而提升自主创新水平。

在数字经济时代，人力资本高级化从产业、就业和需求结构三个方面影响区域创新。首先，数字经济增加了对高技能人才的需求，高技术人才在薪酬和待遇的激励下进行跨产业或跨区域流动。其次，人力资本高级化伴随着低技能的人被挤出劳动力市场，改善了就业结构，高技术企业对高层次人才的需求得到满足，更有利于企业创新。最后，数字经济加速了劳动力的流动，破除了人才流动障碍，改善了劳动要素的配置效率。高层次人才的聚集和在线实时交流，提高了协同研发能力和水平，通过人才集聚产生知识溢出效应，从而提升区域创新。综上所述，数字经济提高了人力资本水平和质量，进而促进了技术创新效率的提升。

综上，提出假设4：数字经济不仅直接提升中国技术创新效率，还可以通过提升人力资本水平和质量促进技术创新效率的提升。

**5.数字经济对技术创新效率的影响具有空间溢出效应**

数字经济的渗透性比较强，并具有正外部性。数字经济一方面加速了要素的集聚；另一方面促进了要素自由流动。要素的集聚有利于知识、信息和技术的溢出，并推动了要素在深度和广度层面的关联，促进了要素的跨区域合作交流。要素的传播速度变快，辐射范围更广。数据与信息具有非排他性和非竞争性的特征，要素不受时间和地域限制，还可以分享，重复利用率高。要素的自由流动，可以有效缓解资源错配，加强本地区和相邻地区的知识和信息的交流，并为各地区创新提供数据要素支撑。

一般认为，数字经济对技术创新效率的影响可以从存量效应和增量效应两个方面考察[146]。数字经济对区域创新的存量效应表现为，数字经济促使信息化水平不断提高，改变了传统的信息获取方式和手段，破除了要素流动壁垒，并通过前向和后向关联效应提升了整个产业链的创新水平。由于改善了区域间的信息不对称，降低了信息交流成本、生产成本、融资成本和技术研发成本，而知识和技术的溢出加快了区域的技术创新速度，这些都有助于形成产业集聚效应和规模经济效应，加快知识和技术的吸收利用，促进技术创新的良性循环。数字经济对区域创新的增量效应表现为，数字经济打破了物理时空桎梏，克服了空间限制，各要素跨区域的流动性显著提高，加强了空间关联，而资金、技术人才等的要素集聚，有助于形成高效的技术创新网络。此外，基于数字平台和数字技术，通过构建数字化生态，与传统行业不断融合，衍生出新产业、新业态和新商业模式，在促进传统行业数字化转型的同时，也会倒逼其不断创新。创新的溢出效应则会激发相邻地区的创新活力，促进相邻地区技术创新效率的提升。综上所述，由于突破了地理和空间边界，数字经济对技术创新效率的提升作用具有空间溢出效应，即数字经济不仅可以提高本地区的技术创新效率，还对相邻地区的技术创新效率提升产生正向作用。

综上，提出假设5：数字经济对中国技术创新效率的积极影响具有空间溢出效应。

# 2.5　本章小结

本章首先概述了数字经济、技术创新和技术创新效率等概念的内涵和特征，梳理了数字经济演进历程、对传统经济理论的挑战和数字经济的理论研究进展；其次，回顾了熊彼特创新理论、创新系统理论、创新价值链理论等相关理论；最后，对数字经济提升技术创新效率的影响机制进行了理论分析，并提出了研究假设。总的来讲，我们倾向于认为，数字经济对技术创新效率的提升具有直接的正向作用；数字经济对我国技术创新效率的影响具有区域异质性和主体异质性；数字经济不仅直接提升技术创新效率，还通过促进金融发展和人力资本的提升促进技术创新效率的提升；数字经济对技术创新效率的影响具有空间溢出效应。

本章的上述理论分析为后续章节的实证研究奠定了理论基础。后续章节将构建计量模型对这些假设逐一进行验证。

# 3　数字经济规模与发展水平的统计测算

第2章，对数字经济影响技术创新效率的影响方式、传导路径等进行了理论分析，并提出了几条研究假设。为了实证检验这些影响机制是否成立，将分两章对各省份数字经济规模与发展水平的统计测算方法及发展现状，以及技术创新效率的统计测算方法和发展现状做一个系统的考察，以使实证分析结论建立在科学的统计测度基础之上。本章将着重对各省份数字经济规模与发展水平的统计测算方法及发展现状做一个系统的考察。

# 3.1　数字经济规模的测算方法

在测算全国数字经济规模的基础上，进一步分摊得到各省份的数字经济规模。对数字经济的规模进行统计测算，首先要解决如何合理划分数字经济的核算范围。本节将首先讨论数字经济的统计分类与核算范围；在此基础上，给出全国数字经济规模具体的测算方法，以及将其分摊到各省份的具体方法。

## 3.1.1　数字经济统计分类与核算范围

美国商务部经济分析局于2018年在《数字经济的定义和衡量》中测算了数字经济规模，之后每年修正更新，迄今已发布了5份年度报告。BEA认为，数字经济是基于互联网及相关ICT的经济活动，具体为：（1）计算机网络存在及运行所需的数字化基础设施；（2）使用计算机系统进行的数字交易；（3）用户创建和访问的数字内容。BEA曾于2018年将数字经济划分为基础设施、电子商务和数字媒体三类，2020年8月引入付费数字服务，2021年6月调整为基础设施、电子商务和付费数字服务，其中付费数字服务在云服务、数字中介服务、其他付费数字服务3个小类的基础上新增通信服务、互联网和数据服务2个小类[147]。目前，美国数字经济分成以下3个大类、10个小类：（1）基础设施，分为硬件、软件和设施；（2）电子商务，分为B2B电商和B2C电商；（3）收费数字服务，分为云服务、电信服务、互联网和数据服务、数字中介服务和其他收费数字服务。

经济合作与发展组织从20世纪90年代末便开始了数字经济的测算。OECD认为数字经济包括所有依赖数字技术、数字基础设施、数字服务和数据等数字投入或通过使用数字投入获得显著增强的经济活动，并于2017年将数字经济划分为数字化赋能产业、数字平台、区分住户与企业类型的数字产业等三类，2018年又将其调整为数字化赋能产业、数字中介平台产业、依赖中介平台的数字化部门、电子销售产业、只提供金融服务的公司、其他数字产业等六类，之后又进行了更新和扩充[147]。可见，国外对数字经济的核算范围一直在调整和完善中。

中国信息通信研究院认为，数字经济由数字产业化和产业数字化组成（有文献将其简称为"两化"），后来又拓展为数据价值化、数字产业化、产业数字化、数字化治理等"四化"，但具体测算时只测算"两化"，即数字产业化和产业数字化。国家统计局发布的《数字经济及其核心产业统计分类（2021）》将数字经济分为数字产品制造业、数字产品服务业、数字技术应用业、数字要素驱动业和数字化效率提升业等五个大类。其中，前四个大类对应的是数字产业化，而数字化效率提升业对应的是产业数字化。

综合借鉴国内外文献的做法，测算数字经济规模时，将基于国家统计局最新发布的《数字经济及其核心产业统计分类（2021）》，同时结合《国民经济行业分类》（GB/T 4754—2017）①的97个二级分类，将数字经济分类标准中的各细分行业与投入产出表中的产品部门分类对应起来，以便将数字经济各细分行业的增加值从投入产出表中的各产品部门剥离出来。但是，受数据所限，只测算其中的数字产业化部分，暂不测算数字化效率提升业，即产业数字化的规模。换言之，仅测算数字经济核心产业的规模。

### 3.1.2 全国数字经济规模的测算方法

测算全国数字经济规模的总体思路：首先，基于《数字经济及其核心产业统计分类（2021）》，结合《国民经济行业分类》（GB/T 4754—2017），将数字经济各细分行业与投入产出表中的产品部门分类进行对应（具体可参见附表）；其次，在确定数字经济的各细分行业分别包含在投入产出表中哪些产品部门之下后，再基于官方发布的投入产出表、投入产出延长表和张红霞等（2021）[148]编制的时间序列投入产出表，以及历次经济普查数据，根据具体情况分以下四种情形对数字经济各细分行

---

① 《国民经济行业分类》（GB/T 4754—2017）于2017年10月1日实施，行业分类共有20个门类、97个大类、473个中类、1380个小类。

业的增加值分别进行测算；最后，汇总数字经济各细分行业增加值，即可得到全国整个数字经济的规模。具体测算方法如下。

**1.测算方法**

借鉴许宪春和张美慧（2020）、鲜祖德和王天琪（2020）的做法，在投入产出表的基础上将各年份的数字经济核心产业的规模剥离出来。但是，与这些文献不同的是，我们还将利用张红霞等（2021）[148]最新编制的时间序列投入产出表以及中国历次经济普查年鉴，将非编表年份的数字经济核心产业规模也推算出来。具体剥离方法又分为如下四种情形：

第一种情形：投入产出表（包括投入产出延长表及时间序列投入产出表）中某个产品部门整体属于数字经济核心产业的某个细分部门，这时只需直接将该产品部门的增加值视为对应的数字经济细分部门增加值。

第二种情形：投入产出表中某个产品部门包括了数字经济核心产业的一个或几个数字经济细分部门，这时需要将其中的这一个或几个数字经济细分部门的增加值剥离出来。具体做法是，先计算得到投入产出表编表年份的如下数字经济细分部门的增加值结构系数 $S_i^d$：

$$S_i^d = \frac{V_i^d}{V_i} \tag{3.1}$$

其中，$V_i$ 为投入产出表中第 $i$ 部门的增加值，$V_i^d$ 为第 $i$ 部门所含数字经济细分部门的增加值。

然后，假定其他相近年份的增加值结构系数与编表年份的增加值结构系数一致，就可以利用该结构系数推算其他相近年份该数字经济细分部门的增加值：

$$V_i^d = V_i S_i^d \tag{3.2}$$

第三种情形：数字经济核心产业的某些数字经济细分部门分属于投入产出表中的几个产品部门，这时需要利用经济普查数据，先得到这几个产品部门所属大类行业的增加值，并计算这几个产品部门的增加值在所属大类行业增加值中的占比 $S_{ij}$，即

$$S_{ij} = \frac{V_{ij}}{V_j} \tag{3.3}$$

其中，$V_j$ 为第 $j$ 个大类行业的增加值，$V_{ij}$ 为属于第 $j$ 个大类行业的第 $i$ 产品部门（可简称为与数字经济核心产业相关的部门）的增加值。

然后，利用编表年份投入产出表及类似于式（3.1）的数字经济细分部门增加值结构系数，得到这些数字经济核心产业的这些细分部门的增加值。

第四种情形：根据普查年份的营业收入，计算某数字经济部门的总产出，之后再计算该数字经济核心产业部门的增加值。具体步骤如下：

首先测算第 $i$ 部门中的数字经济核心产业总产出。办法是先根据经济普查数据测算第 $i$ 部门营业收入中某数字经济核心产业部门的营业收入的占比，即数字经济营业收入结构系数 $C_i^d$：

$$C_i^d = \frac{R_i^d}{R_i} \tag{3.4}$$

其中，$R_i^d$ 为第 $i$ 部门中的某数字经济核心产业部门的营业收入，$R_i$ 为第 $i$ 部门的营业收入。

然后，将编表年份第 $i$ 部门的总产出 $G_i$ 乘以上述结构系数 $C_i^d$，得到第 $i$ 部门中的该数字经济核心产业部门总产出 $G_i^d$：

$$G_i^d = G_i \cdot C_i^d \tag{3.5}$$

其次测算第 $i$ 部门中该数字经济核心产业部门的增加值率。办法是假定数字经济核心产业的中间消耗率等于与数字经济核心产业相关部门（即第 $i$ 部门）的中间消耗率，则该数字经济核心产业的增加值率等于其所属第 $i$ 部门的增加值率。令编表年份第 $i$ 部门的增加值率 $M_i = V_i/G_i$，第 $i$ 部门中的某数字经济核心产业部门的增加值率 $M_i^d = V_i^d/G_i^d$，则二者的关系为：

$$M_i^d = M_i \tag{3.6}$$

最后将上述两步结果相乘，得到第 $i$ 部门中的数字经济增加值：

$$V_i^d = G_i \cdot M_i^d \tag{3.7}$$

通过上述方法测算得到数字经济核心产业各细分行业的增加值后，再加总，就可以得到整个数字经济增加值：

$$V^d = \sum_i V_i^d \tag{3.8}$$

其中，$V^d$ 为数字经济核心产业增加值，$V_i^d$ 为数字经济核心产业各细分行业的增加值。

**2.数据来源与具体测算过程**

可利用的基础数据包括：官方发布的投入产出表和投入产出延长表，张红霞等（2021）[148]编制的时间序列投入产出表以及中国各次经济普查年鉴。下面基于所能获得的基础数据，说明数字经济核心产业的每个细分行业增加值的测算过程。

（1）数字产品制造业增加值的测算。数字产品制造业包含计算机制造、通信及雷达设备制造、数字媒体设备制造、智能设备制造、电子元器件及设备制造和其他数字产品制造，对应投入产出表部门分类中的如下小类：计算机、通信和其他电子设备制造业，其他电气机械和器材，电线、电缆、光缆及电工器材，印刷和记录媒介复制品。编表年份的这些产品部门增加值可以从投入产出表和投入产出延长表中直接获得。其他年份的"计算机、通信和其他电子设备制造业"的增加值可直接取自张红霞等（2021）编制的时间序列投入产出表。而其他年份的"其他电气机械和器材与电线、电缆、光缆及电工器材"的增加值则可根据张红霞等（2021）编制的时间序列投入产出表推算得到，比如，为测算其他年份的"其他电气机械和器材""电线、电缆、光缆及电工器材"两个部门的增加值，可依据式（3.1）先计算得到编表年份二者增加值占电气机械和器材制造业增加值的比重，即增加值调整系数，然后用所得增加值调整系数乘以张红霞等（2021）的时间序列投入产出表中电气机械和器材制造业的增加值，即可得到其他年份的"其他电气机械和器材"与"电线、电缆、光缆及电工器材"的增加值。"印刷和记录媒介复制品"属于制造业大类，其他年份该部门的增加值也可通过类似的方法测算得到。将测算得到的上述各细分部门产品增加值加总，即为数字产品制造业增加值。

（2）数字产品服务业增加值的测算。数字产品服务业包含数字产品批发、数字产品零售、数字产品租赁、数字产品维修及其他数字产品服务业。考虑到数据的可得性以及数字产品维修和其他数字产品服务业占比不大，几乎可以忽略不计，这里只着重测算数字产品批发、零售和租赁增加值。

以数字产品批发和零售增加值的测算为例，具体做法如下：首先，收集批发和零售业增加值。其中，编表年份的批发和零售业增加值来源于投入产出表及投入产出延长表，其他年份的增加值来自张红霞等（2021）编制的时间序列投入产出表。其次，根据经济普查数据测算批发和零售业的营业收入结构系数，也就是数字产品批发和零售营业收入占批发和零售业营业收入的比重。这里的"数字产品批发和零售"包括计算机、软件及辅助设备的批发和零售，通信设备的批发和零售，广播影视设备的批发和零售。之后，将前两步的结果结合起来，也就是用批发和零售业的营业收入结构系数与批发和零售业增加值相乘，得到数字产品批发和零售增加值。

同理，可以得到数字产品租赁增加值。但鉴于租赁和商务服务业是2002年国民经济行业分类的新增门类，故只测算2002—2020年的数字产品租赁增加值。

最后，加总数字产品批发、零售和租赁增加值，得到数字产品服务业增加值。

（3）数字技术应用业增加值的测算。数字技术应用业包含软件开发，电信、广播电视和卫星传输服务，互联网相关服务，信息技术服务和其他数字技术应用业，对应投入产出表中的电信、广播电视和卫星传输服务业。这些产品部门的增加值可以从投入产出表、投入产出延长表以及张红霞等（2021）编制的时间序列投入产出表中直接获得。但需要注意的是，投入产出表中的电信、广播电视和卫星传输服务业中的"互联网相关服务和信息技术服务"有一小部分属于数字要素驱动业中的互联网平台，需要按比例进行拆分。具体方法为：

第一，根据式（3.1），估算投入产出表编表年份"互联网和相关服务"以及"信息技术服务"增加值占电信广播电视和卫星传输服务业增加值的比重，得到该子部门产品增加值调整系数。用该系数和电信、广播电视和卫星传输服务业增加值相乘，得到互联网和相关服务以及信息技术服务增加值。

第二，在测算得到互联网和相关服务以及信息技术服务增加值之后，对互联网和相关服务以及信息技术服务增加值进行拆分，也就是将其中属于数字要素驱动业的"互联网平台"增加值剥离出去。许宪春和张美慧（2020）一文也曾对此进行了拆分，该文提到："'相关支持服务'中的各小类同时包含在数字化赋权基础设施和数字化媒体中，按照 BEA 的处理方法[149]，它们在数字化赋权基础设施和数字化媒体两者间的份额分别是 90% 和 10%。"这里提到的"相关支持服务"，从其细分行业来看正是"互联网和相关服务以及信息技术服务"；而"数字化赋权基础设施"和"数字化媒体"则分属于"数字技术应用业"和"数字要素驱动业"。鉴于此，借鉴许宪春和张美慧（2020）一文的做法，也按9∶1的比例将互联网和相关服务以及信息技术服务增加值的90%计入数字技术应用业，而将其余的10%作为互联网平台的增加值计入数字要素驱动业。

（4）数字要素驱动业增加值的测算。数字要素驱动业包括四个部分：广播、电视、电影和录音制作业；音像制品出版、电子出版物出版、数字出版；互联网批发零售；以及软件开发，电信、广播电视和卫星传输服务中的一部分（即"互联网平台"）。前两个部分都属于文化、体育和娱乐业。可依据张红霞等（2021）的时间序列投入产出表中的文化教育和卫生增加值，对该部门增加值进行拆分，即先根据式（3.3）计算投入产出表编表年份这些小类在文化、体育和娱乐业以及教育、卫生增加值所占比重。之后利用此增加值调整系数乘以张红霞等（2021）的时间序列投入产出表中的文化教育和卫生增加值，计算得到各年份文化、体育和娱乐业增加值。然后，对其拆分，测算每个部分的增加值。每个部分具体的测算方法为：

第一，根据式（3.3）计算投入产出表编表年份的广播、电视、电影和录音制作业增加值在文化、体育和娱乐业大类中所占比重，按此结构系数，再结合前面测算得到的各年份文化、体育和娱乐业增加值，就可测算得到各年份的广播、电视、电影和录音制作业的增加值。

第二，借鉴许宪春和张美慧（2020）的做法，先根据各次经济普查年鉴计算音像制品出版、电子出版物出版、数字出版3个小类营业收入占文化、体育和娱乐业的比重，即营业收入结构系数。然后用此结构系数和前面测算得到的各年份文化、体育和娱乐业增加值相乘，就可得到各年份这3个小类的增加值。

第三，互联网批发零售增加值。先根据各次经济普查年鉴计算互联网批发零售营业收入占批发和零售业的比重，即营业收入结构系数。然后用此结构系数和前面测算得到的各年份批发和零售业增加值相乘，就可得到各年份的互联网批发零售增加值。

第四，互联网平台增加值。它属于电信广播电视和卫星传输服务业增加值中的一小部分，也就是上文中提到的需要从"互联网相关服务和信息技术服务增加值"中剥离出来的那一部分。对照《国民经济行业分类》（GB/T 4754—2017），数字要素驱动业包含3个方面共计6个小类：一是互联网和相关服务（I 64）中的中类——互联网信息服务（I 642）的3个小类，即互联网搜索服务（6421）、互联网游戏服务（6422）、互联网其他信息服务（6429）。二是软件和信息技术服务业（I 65）中的2个小类，即信息系统集成和物联网技术服务（I 653）中类的信息系统集成服务（I 6531）、信息处理和存储支持服务（I 6550）。三是其他互联网服务（I 6490）。如前所述，将互联网和相关服务以及信息技术服务增加值的10%计入数字要素驱动业。

最后，将以上四个部分（数字产品制造业、数字产品服务业、数字技术应用业和数字要素驱动业）的增加值相加，就得到全国数字经济核心产业的增加值。具体地，测算了1993—2020年全国数字经济核心产业的增加值。下文还将会对测算结果的真实性，进行多角度的相互验证。

### 3.1.3　各省份数字经济规模的测算方法

关于省级数字经济规模的测算，迄今鲜有学者进行尝试，韩兆安等（2021）[7]基于投入产出表对省级数字经济规模的测算比较有代表性，其数字经济二级分类主要包括软件和信息技术服务业，计算机、通信和其他电子设备制造业，互联网和相关服务，电信、广播电视和卫星传输服务，新闻和出版业，互联网批发、贸易代理和互联网零售。其关于省级数字经济规模的测算方法与上一节关于全国数字经济增加值的测算方法大同小异，都是基于投入产出表，借鉴BEA方法，利用工具系数，对不能直接加总的数字经济各类进行拆分剥离，将各细类汇总得到数字经济增加值。但是该文仅测算了2012—2017年各省份的数字经济增加值。所以，为满足实证分析的需要，仍需将全国数字经济核心产业的增加值分摊到各省份。

首先，依据韩兆安等（2021）文中的2013—2017年各省份数字经济增加值数据，计算其占全国数字经济增加值的比重，将测算得到的全国数字经济核心产业增加值按此占比分摊到各省份，得到2013—2017年各省份数字经济核心产业增加值。

其次，对2018—2020年的各省份数字经济核心产业增加值做预测。由于样本量不是充分大，且具有线性趋势，接下来采用霍尔特线性趋势模型进行预测，该方法有2个平滑方程和1个预测方程，具体为：

水平平滑方程：$S_t = \alpha y_t + (1-\alpha)(S_{t-1} + b_{t-1})$ (3.9)

趋势平滑方程：$b_t = \beta(S_t - S_{t-1}) + (1-\beta)b_{t-1}$ (3.10)

预测方程：$\hat{y}_{t+h} = S_t + hb_t, \ h = 1, \ 2, \ \cdots$ (3.11)

其中，$y_t$为实际值；$\hat{y}$为预测值；$\alpha$和$\beta$为平滑参数，取值为$0 \sim 1$；$b_t$为趋势的平滑值；$h$为预测步长。

再次，用全国的数字经济核心产业增加值的实际值与其理论预测值相比得到修正系数，进而对偏差进行修正，得到2013—2020年各省份的数字经济核心产业增加值。

最后，采用均方根误差（RMSE）、平均绝对误差百分比（MAPE）和平均绝对误差（MAE）评价预测效果好坏。

## 3.2　数字经济规模的测算结果与分析

上一节对如何测算全国及各省份数字经济规模进行了详细的探讨，接下来将根据上一节给出的测算方法进行具体测算，并从规模和结构两个方面对全国及各省份数字经济的发展现状进行时空格局分析。

虽然"数字经济"的概念提出时间较晚，但是依据数字经济的定义，在"数字经济"的概念提出之前的年份，在人类的经济活动中实际上已经存在数字经济，比如前文提及的计算机制造、通信及雷达设备制造、电子元器件及设备制造、软件开发、电信广播电视服务等，在现实生活中早就存在，只是在早期数字经济的占比很小，对社会经济生活的影响没有今天这样广泛和深入。所以，从这个意义上讲，对"数字经济"的概念提出之前的年份测算数字经济的规模，并观察其结构演进情况，对于人们理解今天的数字经济是怎样发展起来的，有重要的参考价值。据考证，迄今已有学者对中国1990年以来的数字经济规模进行过测算（蔡跃洲、牛新星，2021），但是本书的测算方法和所依据的基础数据均不同于该文献。根据上述测算方法，对1993—2020年的数字经济核心产业的增加值进行了测算。下面，将基于测算结果做一个对比分析。

### 3.2.1 全国数字经济规模的测算结果与分析

从表3.1可以看出，改革开放以来全国数字经济核心产业的增加值呈指数增长，从1993年的1116亿元增加至2020年的76784亿元。全国数字经济核心产业的增加值占GDP的比重由1993年的3.13%增加至2020年的7.58%。分阶段看，第一阶段是1993—1999年。其标志性事件是1993年"三金工程"①正式启动，这标志着中国信息化开始规模化应用。1994年我国接入国际互联网，开启了中国互联网时代。1996年国务院成立信息化领导小组，并于1997年提出24字方针②。该阶段为信息基础设施全面建设时期，随着互联网的兴起和发展，数字经济发展初具规模，数字经济核心产业增加值由1993年的1116亿元增加至1999年的4953亿元。第二阶段是2000—2010年。2000年全球互联网泡沫破灭，我国互联网在此期间也有过短暂的低迷，但随着金字工程的蓬勃发展，2000年国务院印发《鼓励软件产业和集成电路产业发展若干政策的通知》（国发〔2000〕18号，简称国发18号文件），之后2002年又制定了《振兴软件产业行动纲要（2002年至2005年）》（国办发〔2002〕47号，简称国发47号文件），这些政策促进了软件和信息技术服务业的发展。这一阶段的数字经济规模不断壮大和发展，进入规模化发展阶段，数字经济核心产业增加值由2000年的6412亿元增加至2010年的24122亿元。第三阶段是2011—2015年，中国进入移动通信和手机互联网时代。2011年，国务院印发《进一步鼓励软件产业和集成电路产业发展若干政策》（国发〔2011〕4号，又称新18号文）。2015年，政府工作报告中首次提出"互联网+"行动计划。这一阶段的数字经济不断蓬勃发展，数字经济核

---

①"三金"为"金桥""金关""金卡"工程。"金桥"工程是经济信息通信网工程；"金关"工程是海关联网工程；"金卡"工程是电子货币工程。

②24字方针具体为统筹规划、国家主导、统一标准、联合建设、互联互通、资源共享。

心产业增加值由2011年的27996亿元增加至2015年的45039亿元。第四阶段是2016年至今。其标志性事件是2016年G20杭州峰会发布《二十国集团数字经济发展与合作倡议》，数字经济发展迎来全新时代。2017年数字经济首次被写入政府工作报告。此阶段为数字经济赋能高质量发展阶段，数字经济核心产业增加值由2016年的50251亿元增加至2020年的76784亿元，增长了1.53倍。

表3.1　全国数字经济核心产业的增加值

单位：亿元，%

| 年份 | 数字产品制造业 | 数字技术应用业 | 数字产品服务业 | 数字要素驱动业 | 数字经济核心产业增加值合计 | 数字经济核心产业增加值占GDP比重 |
|---|---|---|---|---|---|---|
| 1993 | 669 | 258 | 85 | 104 | 1116 | 3.13 |
| 1994 | 1022 | 429 | 113 | 143 | 1707 | 3.51 |
| 1995 | 1507 | 633 | 143 | 180 | 2463 | 4.02 |
| 1996 | 1475 | 836 | 168 | 211 | 2690 | 3.75 |
| 1997 | 1943 | 1126 | 190 | 245 | 3504 | 4.40 |
| 1998 | 2541 | 1302 | 207 | 280 | 4330 | 5.08 |
| 1999 | 2862 | 1548 | 225 | 318 | 4953 | 5.47 |
| 2000 | 3515 | 2292 | 245 | 360 | 6412 | 6.39 |
| 2001 | 3229 | 2700 | 274 | 449 | 6652 | 6.00 |
| 2002 | 3677 | 3092 | 281 | 551 | 7601 | 6.24 |
| 2003 | 4768 | 3499 | 339 | 630 | 9236 | 6.72 |
| 2004 | 4733 | 4266 | 378 | 727 | 10104 | 6.24 |
| 2005 | 6340 | 4795 | 382 | 785 | 12302 | 6.57 |
| 2006 | 7068 | 5735 | 501 | 937 | 14241 | 6.49 |
| 2007 | 9847 | 5915 | 526 | 1090 | 17378 | 6.43 |
| 2008 | 8603 | 7809 | 943 | 1466 | 18821 | 5.90 |
| 2009 | 8454 | 8188 | 1049 | 1659 | 19350 | 5.55 |
| 2010 | 12443 | 8703 | 1114 | 1862 | 24122 | 5.85 |
| 2011 | 14106 | 9916 | 1589 | 2385 | 27996 | 5.74 |
| 2012 | 15700 | 11579 | 1812 | 2754 | 31845 | 5.91 |
| 2013 | 17944 | 13524 | 1566 | 3398 | 36432 | 6.14 |
| 2014 | 20346 | 15793 | 1767 | 3846 | 41752 | 6.49 |
| 2015 | 21090 | 18039 | 1870 | 4040 | 45039 | 6.54 |
| 2016 | 21549 | 22063 | 2089 | 4550 | 50251 | 6.73 |
| 2017 | 21588 | 29029 | 2197 | 5231 | 58045 | 6.98 |

| 年份 | 数字产品制造业 | 数字技术应用业 | 数字产品服务业 | 数字要素驱动业 | 数字经济核心产业增加值合计 | 数字经济核心产业增加值占GDP比重 |
|---|---|---|---|---|---|---|
| 2018 | 22623 | 33541 | 2912 | 5673 | 64749 | 7.04 |
| 2019 | 23111 | 38256 | 3040 | 6091 | 70498 | 7.15 |
| 2020 | 23416 | 43635 | 3174 | 6559 | 76784 | 7.58 |

为了验证测算结果的稳健性，将本书的测算结果与同类文献的测算结果做进一步的对比分析（见表3.2）。

许宪春和张美慧（2020）、鲜祖德和王天琪（2022）是关于数字经济核心产业规模的测算较有影响的两篇文献，所以将本书的测算结果和这两篇文献的测算结果做一个对比。鉴于许宪春和张美慧（2020）一文测算的是中国2007—2017年的数字经济核心产业规模，而鲜祖德和王天琪（2022）一文测算的是中国2012—2020年的数字经济核心产业规模，且二者不仅核算方法不同，所包括的行业口径也不尽一致，所以，在表3.2中同时提供了两种测算结果，即"本书测算结果1"和"本书测算结果2"。其中，"本书测算结果1"就是表3.1中对应年份的测算结果，主要用于与鲜祖德和王天琪（2022）一文的测算结果进行同年份的对比；而"本书测算结果2"是采用文中的方法和数据，但按照许宪春和张美慧（2020）一文的行业口径测算得到的结果，主要用于和该文的测算结果进行同年份的对比。

**1.本书测算结果与鲜祖德和王天琪（2022）一文测算结果的对比分析**

鲜祖德和王天琪（2022）一文将数字经济核心产业分为数字产品制造业、数字产品服务业、数字技术应用业和数字要素驱动业，该文的核算范围几乎涵盖了《数字经济及其核心产业统计分类（2021）》中的所有类别，是一种"宽口径"的数字经济核心产业增加值核算。表3.2左侧三列给出了本书测算结果和这篇文献的测算结果的对比情况，从表中可以看出，本书各年份的测算结果比这篇文献的测算结果略小一点，但二者非常接近，各年份的误差大多在5%以下（2012年和2013年除外），平均绝对百分比误差为4.84%。这就初步说明本书的测算方法是基本合理的。

表3.2 全国数字经济核心产业增加值的测算结果比较

单位：亿元，%

| 年份 | 本书测算结果1 | 鲜祖德和王天琪（2022） | 百分比误差 | 本书测算结果2 | 许宪春和张美慧（2020） | 百分比误差 |
|---|---|---|---|---|---|---|
| 2007 | 17377.95 | — | — | 13812.34 | 13923.52 | −0.80 |
| 2008 | 18821.44 | — | — | 15128.75 | 16673.45 | −9.26 |
| 2009 | 19350.99 | — | — | 15383.35 | 17275.51 | −10.95 |
| 2010 | 24121.99 | — | — | 19125.65 | 19448.20 | −1.66 |
| 2011 | 27995.39 | — | — | 21475.16 | 21906.06 | −1.97 |
| 2012 | 31844.42 | 35825.40 | −11.11 | 25365.80 | 23966.79 | 5.84 |
| 2013 | 36432.52 | 39479.10 | −7.72 | 29646.36 | 28876.50 | 2.67 |
| 2014 | 41751.04 | 43538.80 | −4.11 | 34356.63 | 32912.63 | 4.39 |
| 2015 | 45038.93 | 47296.80 | −4.77 | 37351.18 | 37366.13 | −0.04 |
| 2016 | 50250.63 | 52351.10 | −4.01 | 42180.02 | 42388.06 | −0.49 |
| 2017 | 58044.58 | 58796.50 | −1.28 | 49886.80 | 53028.85 | −5.93 |
| 2018 | 64789.23 | 66809.80 | −3.02 | 55346.80 | — | — |
| 2019 | 70499.28 | 73429.70 | −3.99 | 60746.84 | — | — |
| 2020 | 76783.47 | 79637.90 | −3.58 | 66829.84 | — | — |
| 平均百分比误差 | — | — | 4.84 | — | — | 4.00 |

注："本书测算结果1"和表3.1中给出的测算结果一致；"本书测算结果2"是按许宪春和张美慧（2020）一文的行业口径测算得到的结果。

深入数字经济核心产业的细分行业层面，看看二者的误差主要来源于哪些细分行业。经比对发现，数字要素驱动业是主要误差来源，其误差百分比在 −10% 左右，而导致这一误差的主要原因是二者对数字要素驱动业的核算范围和数据来源不同。鲜祖德和王天琪（2022）测算的数字要素驱动业增加值涵盖18个小类，计算口径宽于本书，且其数据来自《中国文化及相关产业年鉴》。而本书测算数字要素驱动业增加值时依据的基础数据是投入产出表、投入产出延长表和张红霞等（2021）编制的时间序列投入产出表，其中未涉及互联网金融、信息基础设施建设、数据资源与产权交易以及其他数字要素驱动业，也就是本书的测算口径略小于鲜祖德和王天琪（2022）一文。

此外，某些年份（如2012年）误差较大，除了主要源于本书对数字要素驱动业的测算口径略小于鲜祖德和王天琪（2022）一文，还有一个原因就是，本书与鲜祖德和王天琪（2022）一文关于这些年份数字经济核心产业其他细分行业（如数字产品制造业、数字技术应用业）增加值的正负误差大致相抵；而其他年份这些其他细分行业的增加值都是本书测算的结果略微大一些，二者的误差大多为正，这些正的误差和数字要素驱动业增加值负的误差抵销后，总的误差较小。

综上所述，本书的"测算结果1"与鲜祖德和王天琪（2022）一文的测算结果之间的误差，主要是由于二者的核算口径和数据来源略有不同。本书将前述数字经济核心产业增加值的测算延伸至我国更早的年份，所得结果是基本可信的。

**2.本书测算结果与许宪春和张美慧（2020）一文测算结果的对比分析**

再来看本书关于数字经济核心产业增加值的测算结果与许宪春和张美慧（2020）一文同年份测算结果的对比情况。前文已指出，如果将许宪春和张美慧（2020）一文对数字经济的核算范围与《数字经济及其核心产业统计分类（2021）》对照，那么可以发现，其核算的数字化赋权基础设施大致对应于数字产品制造业和数字技术应用业，数字化媒体大致对应于数字要素驱动业，数字化交易对应的是数字产品服务业，但是该文未将数字产品制造业中的记录媒介复制业、电线、电缆制造、光缆制造，数字产品服务业中的数字产品租赁，数字要素驱动业中的互联网金融、信息基础设施建设、数据资源与产权交易、其他数字要素驱动业纳入数字经济的核算范围，是一种"窄口径"下的数字经济核心产业增加值核算。

为使这里的对比具有可比性，采用本书的测算方法和所依据的数据，但按照许宪春和张美慧（2020）一文的行业口径重新测算了数字经济核心产业的增加值，所得到的结果正是表3.2提供的本书"测算结果2"。从表3.2最后三列可以看出，二者误差较大的年份是2008年和2009年，误差百分比分别为−9.26%和−10.95%；而其他年份都非常接近，各年份的误差大多在2%左右；二者各年份的平均绝对百分比误差为4.00%，总体来讲误差很小。这主要是因为，本书主要借鉴了许宪春和张美慧（2020）一文的测算方法，不同之处主要是基础数据的来源不同，本书除了基于官方发布的投入产出表、投入产出延长表和经济普查数据，还利用了张红霞等（2021）最新编制的时间序列投入产出表。需要指出的是，许宪春和张美慧（2020）一文对数字经济核心产业增加值的测算只测算到2017年，而第四次全国经济普查结束后国家统计局对2018年及以往年份的GDP数据又做了修订，张红霞等（2021）在编制时间序列投入产出表时充分利用了各编表年度的统计数据信息，特别是"根据不同时间段的数据资料和中国官方投入产出表编表方案，确定对应的部门分类和指标计算方法，分段完成初步的年度时间序列表"之后，又"根据新公布的国民经济核算历史数据指标更新情况，对分阶段完成的年度时间序列表进行部门分类和数据一致性调整"，最后"得到全序列一致的 1981—2018 年序列投入产出表"，所以，本书结合利用张红霞等（2021）最新编制的时间序列投入产出表测算得到的历年数字经济核心产业增加值，与国家统计局根据第四次全国经济普查结果对 2018 年及以往年份调整后的 GDP 数据更为契合。换言之，表 3.2 中的本书"测算结果 2"，相对于许宪春和张美慧（2020）一文同年份同一口径的数字经济核心产业增加值测算结果，应该更可靠。

综上所述，在借鉴许宪春和张美慧（2020）一文的基础上，结合可利用的新的数据来源所提出的数字经济核心产业各细分行业增加值的测算方法是基本合理的，相应地，有理由推断基于现有可利用的基础数据将这种测算方法往前延伸，所测算的 1993—2020 年长达 30 年的全国数字经济核心产业增加值具有一定的稳健性。

## 3.2.2 全国数字经济结构的测算结果与分析

从数字经济核心产业增加值的内部结构来看，占比最大的是数字产品制造业和数字技术应用业，但数字产品制造业增加值的年均增速为 16.07%，而数字技术应用业增加值的年均增速高达 22.49%，导致二者在数字经济核心产业增加值中的占比呈完全不同的走势。数字产品制造业增加值的占比从 1993 年的 59.95% 下降至 2020年的 30.5%，也就是从早期占整个数字经济核心产业总规模的 2/3 下降到目前已不到 1/3。相反，数字技术应用业增加值的占比不断提升，从 1993 年的 23.12% 增加至 2020 年的 56.83%。2016 年是个转折点，数字技术应用业增加值从这年开始超过数字产品制造业，现已占数字经济核心产业的一半以上。数字产品制造业和数字技术应用业作为数字经济核心产业的两个主要组成部门，二者在数字经济核心产业中的占比合计从 1993 年的 83.06% 增至 2020 年的 87.32%。至于数字产品服务业和数字要素驱动业，二者的增加值在 1993—2020 年期间的年均增速分别为 14.48% 和 16.94%，略低于数字经济核心产业增加值 17.91% 的年均增速，所以二者在数字经济增加值中的占比都略有下降，但相对比较平稳，在样本后期甚至略有反弹；样本期间，二者在数字经济核心产业中的占比多数时间分别在 5% 和 10% 以下。

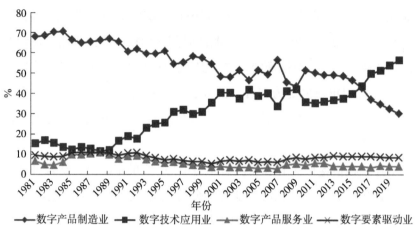

图 3.1　全国数字经济核心产业增加值结构

### 3.2.3　各省份数字经济规模的测算结果与分析

本节基于3.1.3节阐述的数字经济核心产业增加值分摊方法，首先按韩兆安等（2021）测算的中国省级层面数字经济增加值，计算得到2013—2017年各省份数字经济增加值占全国数字经济增加值的比重；其次，按此占比，将3.2.1节测算得到的全国数字经济核心产业增加值分摊到各省份，得到2013—2017年各省份数字经济核心产业增加值；再次采用霍尔特线性趋势模型预测了2018—2020年各省份的数字经济核心产业增加值；最后用全国的数字经济核心产业增加值的实际值与其理论预测值相比得到修正系数，进而对偏差进行修正，得到2013—2020年各省份的数字经济核心产业增加值，并对模型拟合效果进行评估。之所以采用霍尔特指数平滑法，原因在于：其适用于有趋势但样本量相对较少的时间序列的预测。具体结果如表3.3所示，模型拟合效果良好。

表3.3　各省份数字经济增加值模型拟合效果评估

| 省份 | R 方 | 均方根误差（RMSE） | 平均绝对误差百分比（MAPE） | 平均绝对误差（MAE） |
|---|---|---|---|---|
| 北京 | 0.975 | 121.442 | 2.645 | 81.329 |
| 天津 | 0.987 | 28.757 | 1.781 | 18.520 |
| 河北 | 0.977 | 33.163 | 2.720 | 21.666 |
| 山西 | 0.944 | 52.037 | 5.662 | 36.314 |
| 内蒙古 | 0.951 | 13.346 | 3.128 | 9.684 |
| 辽宁 | 0.925 | 66.897 | 4.262 | 50.767 |
| 吉林 | 0.911 | 22.237 | 3.788 | 13.293 |
| 黑龙江 | 0.793 | 28.924 | 6.459 | 18.385 |

| 省份 | R 方 | 均方根误差（RMSE） | 平均绝对误差百分比（MAPE） | 平均绝对误差（MAE） |
|---|---|---|---|---|
| 上海 | 0.929 | 136.346 | 4.183 | 91.768 |
| 江苏 | 0.922 | 392.036 | 4.435 | 270.267 |
| 浙江 | 0.980 | 82.101 | 1.950 | 48.520 |
| 安徽 | 0.905 | 118.466 | 9.576 | 81.485 |
| 福建 | 0.951 | 92.823 | 4.039 | 62.975 |
| 江西 | 0.979 | 41.369 | 3.412 | 26.410 |
| 山东 | 0.953 | 74.666 | 3.149 | 49.371 |
| 河南 | 0.982 | 52.085 | 2.736 | 38.827 |
| 湖北 | 0.890 | 120.431 | 5.567 | 78.812 |
| 湖南 | 0.961 | 70.713 | 3.177 | 45.669 |
| 广东 | 0.977 | 335.272 | 2.298 | 240.252 |
| 广西 | 0.931 | 41.971 | 4.206 | 28.453 |
| 海南 | 0.984 | 4.038 | 1.323 | 1.924 |
| 重庆 | 0.968 | 65.577 | 4.696 | 42.091 |
| 四川 | 0.951 | 139.843 | 4.887 | 105.821 |
| 贵州 | 0.966 | 22.027 | 3.824 | 14.439 |
| 云南 | 0.972 | 25.964 | 4.574 | 19.067 |
| 陕西 | 0.942 | 51.803 | 5.813 | 39.103 |
| 甘肃 | 0.966 | 6.566 | 3.739 | 5.114 |
| 青海 | 0.908 | 6.137 | 4.833 | 3.950 |
| 宁夏 | 0.776 | 10.992 | 9.871 | 7.668 |
| 新疆 | 0.712 | 16.692 | 8.023 | 11.814 |

通过测算可知（见表3.4），数字经济规模较大的地区有广东、江苏、北京和浙江等地区，广东的数字经济核心产业增加值由2013年的8507.82亿元增加至2020年的16472.97亿元；数字经济规模较小的地区有宁夏、青海、甘肃和新疆等地区。北京和浙江的增速较快，年均增速分别为12.04%和12.44%；广西和辽宁的年均增速较低，分别为6.63%和7.46%。

表3.4 各省份数字经济核心产业增加值

单位：亿元，%

| 地区 | 2013年 | 2014年 | 2015年 | 2016年 | 2017年 | 2018年 | 2019年 | 2020年 | 年均增速 |
|---|---|---|---|---|---|---|---|---|---|
| 北京 | 2314.93 | 2674.49 | 2947.25 | 3398.73 | 3906.04 | 4608.09 | 5156.96 | 5749.00 | 12.04 |
| 天津 | 918.44 | 1074.68 | 1141.26 | 1261.31 | 1374.69 | 1566.23 | 1691.52 | 1830.49 | 9.00 |

续　表

| 地区 | 2013年 | 2014年 | 2015年 | 2016年 | 2017年 | 2018年 | 2019年 | 2020年 | 年均增速 |
|---|---|---|---|---|---|---|---|---|---|
| 河北 | 655.07 | 723.51 | 798.82 | 907.23 | 1053.89 | 1182.83 | 1291.41 | 1410.54 | 10.06 |
| 山西 | 571.26 | 649.15 | 729.07 | 771.43 | 952.16 | 1070.64 | 1178.17 | 1295.42 | 10.78 |
| 内蒙古 | 244.88 | 290.73 | 318.05 | 347.65 | 351.18 | 409.33 | 439.03 | 472.25 | 8.56 |
| 辽宁 | 1056.69 | 1172.75 | 1170.02 | 1294.33 | 1494.45 | 1628.52 | 1746.93 | 1879.38 | 7.46 |
| 吉林 | 288.88 | 297.05 | 324.74 | 383.93 | 452.69 | 545.52 | 618.06 | 695.82 | 11.61 |
| 黑龙江 | 237.23 | 282.25 | 318.77 | 349.26 | 391.85 | 418.80 | 447.70 | 480.16 | 9.21 |
| 上海 | 1841.13 | 2117.33 | 2237.46 | 2566.10 | 2958.90 | 3201.42 | 3449.49 | 3725.38 | 9.21 |
| 江苏 | 5137.45 | 5943.31 | 6435.03 | 7175.71 | 8307.69 | 8975.41 | 9656.68 | 10415.71 | 9.24 |
| 浙江 | 1749.73 | 1985.61 | 2208.96 | 2519.61 | 2948.43 | 3533.03 | 3985.44 | 4471.45 | 12.44 |
| 安徽 | 891.03 | 1005.50 | 1079.57 | 1210.57 | 1473.87 | 1690.37 | 1874.83 | 2074.84 | 11.14 |
| 福建 | 1244.07 | 1442.70 | 1590.43 | 1789.34 | 2142.91 | 2332.49 | 2537.61 | 2763.38 | 10.49 |
| 江西 | 749.67 | 862.11 | 949.10 | 1090.25 | 1233.82 | 1424.15 | 1564.64 | 1717.99 | 10.92 |
| 山东 | 1413.58 | 1669.33 | 1790.26 | 1956.36 | 2165.45 | 2392.16 | 2560.97 | 2750.29 | 8.68 |
| 河南 | 1107.57 | 1301.84 | 1407.87 | 1569.47 | 1835.10 | 2066.47 | 2257.28 | 2466.54 | 10.53 |
| 湖北 | 1144.40 | 1385.85 | 1511.34 | 1681.87 | 2003.68 | 2136.43 | 2309.56 | 2501.37 | 10.27 |
| 湖南 | 1197.28 | 1391.90 | 1517.50 | 1689.46 | 1960.64 | 2145.50 | 2320.88 | 2515.04 | 9.72 |
| 广东 | 8507.82 | 9581.91 | 10139.42 | 11168.65 | 12779.46 | 14141.11 | 15245.54 | 16472.97 | 8.61 |
| 广西 | 551.92 | 641.61 | 692.77 | 758.12 | 781.85 | 852.65 | 884.16 | 922.52 | 6.63 |
| 海南 | 98.11 | 111.91 | 125.94 | 139.92 | 162.40 | 193.40 | 217.13 | 242.66 | 11.99 |
| 重庆 | 907.55 | 1061.46 | 1178.32 | 1329.65 | 1517.94 | 1769.24 | 1951.23 | 2149.33 | 11.38 |
| 四川 | 2016.99 | 2254.02 | 2408.73 | 2645.55 | 3090.80 | 3479.38 | 3790.26 | 4132.05 | 9.38 |
| 贵州 | 271.13 | 313.17 | 355.44 | 398.94 | 499.48 | 557.97 | 616.78 | 680.69 | 12.19 |
| 云南 | 354.11 | 410.28 | 459.80 | 521.73 | 630.56 | 717.88 | 794.13 | 876.95 | 12.00 |
| 陕西 | 599.67 | 687.24 | 722.17 | 807.77 | 970.27 | 1086.67 | 1191.40 | 1305.93 | 10.22 |
| 甘肃 | 122.45 | 140.67 | 147.91 | 162.63 | 186.04 | 209.42 | 227.14 | 246.70 | 9.15 |
| 青海 | 60.98 | 67.22 | 80.51 | 89.75 | 105.56 | 126.95 | 143.62 | 161.50 | 12.95 |
| 宁夏 | 60.54 | 71.22 | 84.11 | 97.37 | 116.94 | 122.31 | 132.55 | 143.88 | 11.43 |
| 新疆 | 117.97 | 140.26 | 168.31 | 167.94 | 195.87 | 204.88 | 218.20 | 233.25 | 8.89 |
| 东部 | 24937.02 | 28497.53 | 30584.85 | 34177.29 | 39294.31 | 43754.69 | 47539.68 | 51711.25 | 9.56 |
| 中部 | 6187.32 | 7175.65 | 7837.96 | 8746.24 | 10303.81 | 11497.88 | 12571.12 | 13747.18 | 10.17 |
| 西部 | 5308.19 | 6077.88 | 6616.12 | 7327.10 | 8446.49 | 9536.68 | 10388.50 | 11325.05 | 10.32 |
| 合计 | 36432.53 | 41751.06 | 45038.93 | 50250.63 | 58044.61 | 64789.25 | 70499.30 | 76783.48 | 9.77 |

如果进一步按东中西部①来考察，那么可以发现各地区数字经济发展进程不一，区域差异比较明显。东部地区数字经济核心产业增加值由2013年的24937.02亿元增加至2020年的51711.25亿元；中部地区数字经济核心产业增加值由2013年的6187.32亿元增长至2020年的13747.18亿元；西部地区数字经济核心产业增加值由2013年的5308.19亿元上升至2020年的11325.05亿元。东部地区数字经济核心产业增加值占全国比重由2013年的68.45%下降至2020年的67.35%；中部地区数字经济核心产业增加值占全国比重由2013年的16.98%增长至2020年的17.90%；西部地区数字经济核心产业增加值占全国比重由2013年的14.57%微调至2020年的14.75%。

表3.5 2020年数字经济核心产业规模梯队划分

单位：亿元，%

| 类别 | 地区 | 个数 | 2020年数字经济核心产业增加值 | | |
|---|---|---|---|---|---|
| | | | 合计 | 占全国比重 | 占地区生产总值比重 |
| 第一梯队 | 广东、北京、江苏、上海、浙江 | 5 | 40834.51 | 53.18 | 11.55 |
| 第二梯队 | 四川、山东、福建、天津、河北、河南、湖北、湖南、重庆、陕西、安徽、江西 | 12 | 27617.79 | 35.97 | 5.89 |
| 第三梯队 | 山西、内蒙古、辽宁、吉林、黑龙江、广西、海南、贵州、云南、甘肃、青海、宁夏、新疆 | 13 | 8331.18 | 10.85 | 4.35 |

由表3.5和表3.6可知，2020年数字经济规模存在明显差异，可以划分为三个梯队。第一梯队有5个省份，占全国数字经济规模的53.18%，属于引领型；第二梯队有12个省份，占全国数字经济规模的35.97%，属于均衡型；第三梯队有13个省份，合计占全国的比重仅为10.85%，属于培育型。

---

① 东部地区包含11个省份，具体有北京、天津、河北、辽宁、上海、江苏、浙江、福建、山东、广东、海南；中部地区包含8个省份，具体有山西、吉林、黑龙江、安徽、江西、河南、湖北、湖南；西部地区包含11个省份，具体有内蒙古、广西、重庆、四川、贵州、云南、陕西、甘肃、青海、宁夏、新疆。

表3.6  2020年数字经济核心产业增加值及占比

单位：亿元，%，元

| 省份 | 数字经济核心产业增加值 | 苏屹等（2023） | 占全国数字经济核心产业增加值比重 | 占地区GDP比重 | 人均数字经济核心产业增加值 |
|---|---|---|---|---|---|
| 北京 | 5749.00 | 5924.99 | 7.49 | 15.99 | 26263.15 |
| 天津 | 1830.49 | 1095.52 | 2.38 | 13.07 | 13197.45 |
| 河北 | 1410.54 | 1249.99 | 1.84 | 3.92 | 1889.79 |
| 山西 | 1295.42 | 1093.23 | 1.69 | 7.26 | 3711.79 |
| 内蒙古 | 472.25 | 359.62 | 0.62 | 2.74 | 1965.23 |
| 辽宁 | 1879.38 | 1209.09 | 2.45 | 7.51 | 4416.88 |
| 吉林 | 695.82 | 410.47 | 0.91 | 5.68 | 2900.44 |
| 黑龙江 | 480.16 | 316.21 | 0.63 | 3.52 | 1514.23 |
| 上海 | 3725.38 | 3695.60 | 4.85 | 9.56 | 14973.38 |
| 江苏 | 10415.71 | 8386.05 | 13.56 | 10.13 | 12287.02 |
| 浙江 | 4471.45 | 3572.42 | 5.82 | 6.91 | 6913.19 |
| 安徽 | 2074.84 | 1886.95 | 2.70 | 5.45 | 3398.60 |
| 福建 | 2763.38 | 2531.56 | 3.60 | 6.34 | 6641.15 |
| 江西 | 1717.99 | 1434.81 | 2.24 | 6.66 | 3801.71 |
| 山东 | 2750.29 | 2329.78 | 3.58 | 3.78 | 2705.65 |
| 河南 | 2466.54 | 2143.60 | 3.21 | 4.55 | 2481.18 |
| 湖北 | 2501.37 | 2641.27 | 3.26 | 5.82 | 4354.00 |
| 湖南 | 2515.04 | 2071.86 | 3.28 | 6.05 | 3784.86 |
| 广东 | 16472.97 | 13886.51 | 21.45 | 14.82 | 13048.93 |
| 广西 | 922.52 | 932.68 | 1.20 | 4.17 | 1838.06 |
| 海南 | 242.66 | 254.10 | 0.32 | 4.36 | 2397.86 |
| 重庆 | 2149.33 | 1843.25 | 2.80 | 8.58 | 6697.82 |
| 四川 | 4132.05 | 4001.61 | 5.38 | 8.52 | 4936.15 |
| 贵州 | 680.69 | 824.53 | 0.89 | 3.81 | 1764.37 |
| 云南 | 876.95 | 895.26 | 1.14 | 3.57 | 1857.16 |
| 陕西 | 1305.93 | 1205.62 | 1.70 | 5.02 | 3301.96 |
| 甘肃 | 246.70 | 216.24 | 0.32 | 2.75 | 986.41 |
| 青海 | 161.50 | 76.98 | 0.21 | 5.37 | 2723.39 |
| 宁夏 | 143.88 | 155.43 | 0.19 | 3.64 | 1995.52 |
| 新疆 | 233.25 | 316.28 | 0.30 | 1.69 | 900.59 |
| 合计 | 76783.47 | 66961.51 | 100 | 100 | — |

注：此处列示的苏屹等（2023）测算结果不含西藏地区。

从省份来看，数字经济核心产业增加值占地区GDP比重最大的是广东和北京，广东数字经济核心产业增加值占地区GDP的比重由2013年的13.61%增至2020年的14.82%；北京数字经济核心产业增加值占地区GDP的比重由2013年的10.95%增至2020年的15.99%。新疆和甘肃数字经济核心产业增加值占地区GDP的比重不足3%。人均数字经济核心产业增加值排名靠前的地区为北京和上海等；排名靠后的地区为新疆和甘肃。由此可见，各地区数字经济发展状况不均衡，参差不齐。

为了验证省级层面数字经济核心产业增加值测算结果的合理性，将2020年各省份数字经济核心产业增加值测算结果与苏屹等（2023）[150]的测算结果进行比较，二者相关系数为0.9944，呈高度相关，由此可以进一步验证本书测算结果的合理性。

# 3.3  数字经济发展水平的综合评价分析

从现有文献来看，直接利用各省份的投入产出表，并辅以其他数据，对各省份的数字经济增加值进行剥离测算的文献还很少见。这主要是因为各省份的投入产出表编表情况参差不齐，有的是42×42部门的，行业口径过宽，从这样的投入产出表中剥离数字经济增加值的假定性太强；加之基础数据缺乏，其他辅助数据的收集和测算难度也较大。所以，考虑到数据可得性以及时间局限性，本章3.2节采取了在测算全国数字经济核心产业增加值的基础上，用分摊的方法测算各省份数字经济增加值。但实际上，这种分摊得到各省份数字经济增加值的做法也依赖较强的假定，在现有文献中也很少见。在官方尚未提供分省份数字经济规模数据的情况下，为了实证研究的需要，现有文献更多的是采用构建数字经济评价指标体系，进而合成得到各省份数字经济发展指数的做法。为了实证结果的稳健性，同时也为了和3.2节分摊得到的各省份人均数字经济核心产业增加值进行对比，这里我们也通过构建评价指标体系对各省份数字经济发展水平做一个综合评价。

## 3.3.1  数字经济发展水平的综合评价方法

### 1.数字经济发展水平评价指标体系的构建

学者在构建数字经济评价指标体系时，从互联网层面构建指标体系的代表性文献有：一是从互联网应用和产出两个角度选取四个维度指标对互联网综合发展指数进行度量（黄群慧 等，2019）[151]。二是从互联网普及、互联网商务应用、互联网基础设施、互联网信息供给和互联网发展环境五个维度构建"互联网+"综合水平指数（韩先锋 等，2021）。

通过梳理相关文献发现，刘军等（2020）[152]从信息化发展、互联网发展和数字交易发展三个层面构建数字经济评价指标体系。赵涛等（2020）[153]从互联网发展和数字金融普惠两方面测算数字经济综合发展水平。柏培文和张云（2021）[154]从数字产业活跃度、数字创新活跃度、数字用户活跃度、数字平台活跃度等四个方面对数字经济进行衡量。柏培文和喻理（2021）[155]从数字用户、数字企业、数字平台、数字产出对数字经济发展程度进行度量。安孟和张诚（2021）[156]从数字基础设施建设、数字产业发展水平和数字化人才三个方面构建数字经济发展水平综合指数。还有学者基于投入产出视角，从数字基础设施、数字创新、数字治理、数字产业化、产业数字化五个维度构建数字经济发展指数（金灿阳 等，2022）[157]。

遵循全面性、合理性、科学性和数据可获得性原则，结合韩先锋等（2019）、安孟和张诚（2021）、金灿阳等（2022）对数字经济和ICT以及互联网指标体系构建的研究，从数字化基础设施和数字经济应用两个维度构建各省份数字经济发展水平评价指标体系，共涵盖18个二级指标。指标体系的构建具体如表3.7所示。

表3.7　数字经济发展水平评价指标体系

| 一级指标 | 二级指标 | 指标含义 |
|---|---|---|
| 数字化基础设施 | 互联网宽带接入端口密度（个/人） | 反映互联网基础设施的发展 |
| | IPv4地址比例（%） | 反映IP地址资源的分配情况 |
| | 移动电话交换机容量占比（%） | 移动电话交换机容量占比=各省份移动电话交换机容量/全国移动电话交换机容量，反映移动电话发展的基础设施 |
| | 长途光缆线路密度（公里/百人） | 反映信息传输水平 |
| | 互联网普及率（%） | 反映互联网服务需求者数量 |
| | 移动电话普及率（%） | 反映居民移动电话的应用情况 |
| | 互联网宽带普及率（%） | 互联网宽带普及率=互联网宽带接入用户/常住人口数，反映互联网宽带的应用情况 |
| | 万人域名数（个） | 反映企事业单位应用互联网情况 |
| 数字经济应用 | 邮电业务总量占GDP比重（亿元） | 反映邮政和电信业务的收入情况 |
| | 软件业务收入占GDP比重（%） | 反映软件产业发展的情况 |
| | 信息技术服务收入占GDP比重（%） | 反映信息技术产业发展的情况 |
| | 每百家企业拥有网站数（个） | 反映企事业单位使用互联网传播信息情况 |
| | 每个网页平均字节数（KB） | 反映互联网信息资源丰富程度 |
| | 户均移动互联网接入流量（GB/户） | 反映移动互联网发展 |

| 一级指标 | 二级指标 | 指标含义 |
|---|---|---|
| 数字经济应用 | 每百人使用计算机数（台） | 反映计算机普及程度 |
| | 电子商务销售额占比（%） | 反映数字商务水平 |
| | 有电子商务交易活动的企业数比重（%） | 反映企业电子商务情况 |
| | 单件快递业务收入（元/件） | 反映网购发展情况 |

数字化基础设施的二级指标有互联网宽带接入端口密度、IPv4地址比例、移动电话交换机容量占比、长途光缆线路密度、互联网普及率、移动电话普及率、万人域名数，这些指标比较全面地反映了互联网、信息和通信技术的基础设施。数字经济应用的二级指标有邮电业务总量占GDP比重、软件业务收入占GDP比重、信息技术服务收入占GDP比重、每百家企业拥有网站数、电子商务销售额占比、有电子商务交易活动的企业数比重、单件快递业务收入等，反映了电商等数字化转型以及居民和企业对数字经济的应用。

**2.数字经济发展指数的合成方法**

在构建了数字经济评价指标体系之后，为了合成得到各省份的数字经济发展指数，还需对指标进行无量纲化处理，还需确定各指标的权重。我们拟采用定基极差法对指标进行无量纲化处理，同时采用熵值法确定各指标的权重。为了确保实证结果的稳健性，还采用TOPSIS法测算了数字经济发展水平。

**3.各省份数字经济发展水平的评价结果**

由于西藏和港澳台数据缺失较多，选取2013—2020年中国30个省份的相关统计数据，数据主要来源于《中国统计年鉴（2014—2021）》、国家统计局网站、工业和信息化部网站以及中国互联网络信息中心（CNNIC）发布的《中国互联网络发展状况统计报告》。对于部分缺失数据进行缺失值插补处理。由于2013年的信息技术服务收入、移动互联网用户、移动互联网接入流量数据缺失，我们采用年均增长率予以推算。

根据熵值法，测算得到数字经济发展水平的二级指标权重，如表3.8所示。

表3.8 数字经济发展水平的指标权重

| 一级指标 | 二级指标 | 权重 |
|---|---|---|
| 数字化基础设施 | 互联网宽带接入端口密度（个/人） | 0.0232 |
| | IPv4地址比例（%） | 0.1048 |
| | 移动电话交换机容量占比（%） | 0.0338 |
| | 长途光缆线路密度（公里/百人） | 0.0804 |
| | 互联网普及率（%） | 0.0219 |
| | 移动电话普及率（%） | 0.0226 |
| | 互联网宽带普及率（%） | 0.0253 |
| | 万人域名数（个） | 0.1137 |
| 数字经济应用 | 邮电业务总量占GDP比重（亿元） | 0.0067 |
| | 软件业务收入占GDP比重（%） | 0.0232 |
| | 信息技术服务收入占GDP比重（%） | 0.1036 |
| | 每百家企业拥有网站数（个） | 0.0345 |
| | 每个网页平均字节数（KB） | 0.0740 |
| | 户均移动互联网接入流量（GB/户） | 0.0952 |
| | 每百人使用计算机数（台） | 0.1008 |
| | 电子商务销售额占比（%） | 0.0218 |
| | 有电子商务交易活动的企业数比重（%） | 0.0243 |
| | 单件快递业务收入（元/件） | 0.0900 |

根据熵值法测算得到了2013—2020年各省份数字经济发展指数（见表3.9）。2013—2020年各省份数字经济发展指数呈现出稳步上升的趋势，全国数字经济发展指数均值从2013年的0.1074上升至2020年的0.2971。从省份来看，北京和广东的数字经济发展指数最高。排名靠前的省份还有上海、江苏和浙江，不同省份的数字经济发展水平存在明显差异。

表3.9 2013—2020年各省份数字经济发展指数

| 省份 | 2013年 | 排名 | 2014年 | 排名 | 2015年 | 排名 | 2016年 | 排名 |
|---|---|---|---|---|---|---|---|---|
| 北京 | 0.3981 | 1 | 0.4308 | 1 | 0.4901 | 1 | 0.5274 | 1 |
| 天津 | 0.1022 | 10 | 0.1262 | 10 | 0.1495 | 10 | 0.1580 | 10 |
| 河北 | 0.0805 | 12 | 0.0932 | 16 | 0.1067 | 17 | 0.1210 | 16 |
| 山西 | 0.0559 | 26 | 0.0720 | 27 | 0.0893 | 26 | 0.1003 | 23 |
| 内蒙古 | 0.0792 | 15 | 0.1131 | 12 | 0.1142 | 16 | 0.1251 | 14 |
| 辽宁 | 0.1537 | 6 | 0.1637 | 6 | 0.1957 | 5 | 0.1675 | 9 |

| 省份 | 2013年 | 排名 | 2014年 | 排名 | 2015年 | 排名 | 2016年 | 排名 |
|---|---|---|---|---|---|---|---|---|
| 吉林 | 0.0699 | 19 | 0.0872 | 18 | 0.1011 | 20 | 0.1177 | 18 |
| 黑龙江 | 0.0710 | 18 | 0.0924 | 17 | 0.1042 | 18 | 0.1087 | 19 |
| 上海 | 0.2137 | 3 | 0.2793 | 3 | 0.3010 | 3 | 0.3225 | 2 |
| 江苏 | 0.1826 | 4 | 0.1758 | 5 | 0.1874 | 6 | 0.1958 | 6 |
| 浙江 | 0.1755 | 5 | 0.1847 | 4 | 0.2261 | 4 | 0.2426 | 4 |
| 安徽 | 0.0590 | 24 | 0.0736 | 26 | 0.0951 | 23 | 0.1017 | 22 |
| 福建 | 0.1246 | 8 | 0.1404 | 8 | 0.1701 | 8 | 0.2019 | 5 |
| 江西 | 0.0408 | 30 | 0.0507 | 30 | 0.0772 | 30 | 0.0813 | 30 |
| 山东 | 0.1462 | 7 | 0.1523 | 7 | 0.1632 | 9 | 0.1846 | 7 |
| 河南 | 0.0655 | 20 | 0.0848 | 20 | 0.1016 | 19 | 0.1070 | 20 |
| 湖北 | 0.0805 | 13 | 0.0947 | 15 | 0.1144 | 14 | 0.1224 | 15 |
| 湖南 | 0.0623 | 22 | 0.0766 | 24 | 0.0894 | 25 | 0.0986 | 25 |
| 广东 | 0.2810 | 2 | 0.2864 | 2 | 0.3015 | 2 | 0.3163 | 3 |
| 广西 | 0.0533 | 28 | 0.0759 | 25 | 0.0819 | 28 | 0.0885 | 28 |
| 海南 | 0.0629 | 21 | 0.0861 | 19 | 0.1143 | 15 | 0.1193 | 17 |
| 重庆 | 0.0747 | 16 | 0.0989 | 14 | 0.1199 | 13 | 0.1331 | 12 |
| 四川 | 0.1019 | 11 | 0.1245 | 11 | 0.1446 | 11 | 0.1562 | 11 |
| 贵州 | 0.0545 | 27 | 0.0677 | 28 | 0.0830 | 27 | 0.0893 | 27 |
| 云南 | 0.0576 | 25 | 0.0819 | 22 | 0.1004 | 21 | 0.0970 | 26 |
| 陕西 | 0.0803 | 14 | 0.0992 | 13 | 0.1206 | 12 | 0.1314 | 13 |
| 甘肃 | 0.0494 | 29 | 0.0623 | 29 | 0.0793 | 29 | 0.0862 | 29 |
| 青海 | 0.1128 | 9 | 0.1365 | 9 | 0.1707 | 7 | 0.1676 | 8 |
| 宁夏 | 0.0620 | 23 | 0.0773 | 23 | 0.0907 | 24 | 0.0998 | 24 |
| 新疆 | 0.0711 | 17 | 0.0831 | 21 | 0.0983 | 22 | 0.1042 | 21 |
| 均值 | 0.1074 | | 0.1257 | | 0.1460 | | 0.1558 | |
| 省份 | 2017年 | 排名 | 2018年 | 排名 | 2019年 | 排名 | 2020年 | 排名 |
| 北京 | 0.5459 | 1 | 0.5764 | 1 | 0.6492 | 1 | 0.6980 | 1 |
| 天津 | 0.1738 | 10 | 0.2197 | 9 | 0.2716 | 8 | 0.3230 | 7 |
| 河北 | 0.1383 | 17 | 0.1740 | 19 | 0.2155 | 22 | 0.2432 | 22 |
| 山西 | 0.1164 | 24 | 0.1668 | 21 | 0.2062 | 24 | 0.2395 | 23 |
| 内蒙古 | 0.1414 | 15 | 0.1757 | 17 | 0.2172 | 21 | 0.2490 | 21 |
| 辽宁 | 0.1785 | 9 | 0.1957 | 14 | 0.2312 | 16 | 0.2555 | 20 |
| 吉林 | 0.1401 | 16 | 0.1821 | 16 | 0.2132 | 23 | 0.2357 | 25 |
| 黑龙江 | 0.1279 | 20 | 0.1545 | 27 | 0.1913 | 30 | 0.2181 | 29 |

| 省份 | 2017年 | 排名 | 2018年 | 排名 | 2019年 | 排名 | 2020年 | 排名 |
|------|--------|------|--------|------|--------|------|--------|------|
| 上海 | 0.3179 | 3 | 0.3399 | 3 | 0.3881 | 3 | 0.4269 | 3 |
| 江苏 | 0.2073 | 6 | 0.2630 | 6 | 0.3040 | 6 | 0.3356 | 6 |
| 浙江 | 0.2513 | 4 | 0.2958 | 4 | 0.3453 | 4 | 0.3815 | 4 |
| 安徽 | 0.1144 | 25 | 0.1559 | 26 | 0.2056 | 26 | 0.2358 | 24 |
| 福建 | 0.2493 | 5 | 0.2680 | 5 | 0.2985 | 7 | 0.2796 | 12 |
| 江西 | 0.0990 | 30 | 0.1414 | 30 | 0.1920 | 29 | 0.2175 | 30 |
| 山东 | 0.1993 | 7 | 0.2396 | 8 | 0.2569 | 12 | 0.2798 | 11 |
| 河南 | 0.1189 | 23 | 0.1624 | 24 | 0.1926 | 28 | 0.2207 | 28 |
| 湖北 | 0.1378 | 18 | 0.1667 | 22 | 0.2059 | 25 | 0.2348 | 27 |
| 湖南 | 0.1127 | 26 | 0.1522 | 28 | 0.1974 | 27 | 0.2353 | 26 |
| 广东 | 0.3346 | 2 | 0.3824 | 2 | 0.4251 | 2 | 0.4473 | 2 |
| 广西 | 0.1121 | 28 | 0.1619 | 25 | 0.2196 | 19 | 0.2625 | 19 |
| 海南 | 0.1523 | 12 | 0.2077 | 11 | 0.2685 | 9 | 0.2756 | 14 |
| 重庆 | 0.1517 | 13 | 0.1980 | 13 | 0.2428 | 14 | 0.2705 | 17 |
| 四川 | 0.1730 | 11 | 0.2106 | 10 | 0.2610 | 10 | 0.3035 | 8 |
| 贵州 | 0.1200 | 22 | 0.1753 | 18 | 0.2452 | 13 | 0.2885 | 10 |
| 云南 | 0.1211 | 21 | 0.1637 | 23 | 0.2259 | 17 | 0.2721 | 15 |
| 陕西 | 0.1497 | 14 | 0.2067 | 12 | 0.2588 | 11 | 0.2977 | 9 |
| 甘肃 | 0.1125 | 27 | 0.1697 | 20 | 0.2245 | 18 | 0.2766 | 13 |
| 青海 | 0.1919 | 8 | 0.2536 | 7 | 0.3091 | 5 | 0.3696 | 5 |
| 宁夏 | 0.1302 | 19 | 0.1822 | 15 | 0.2350 | 15 | 0.2706 | 16 |
| 新疆 | 0.1101 | 29 | 0.1478 | 29 | 0.2173 | 20 | 0.2704 | 18 |
| 均值 | 0.1743 | | 0.2163 | | 0.2638 | | 0.2971 | |

　　将全国划分为东、中、西三大区域。从区域看，东中西的数字经济发展水平存在差异，呈现东部地区高、中西部地区低的特征。从整体上看，虽然中部地区数字经济平均发展水平略低于西部，但西部地区内部分化比较严重，内部水平参差不齐（见表3.10）。

表3.10　各地区数字经济发展指数

| 区域 | 2013年 | 2014年 | 2015年 | 2016年 | 2017年 | 2018年 | 2019年 | 2020年 | 均值 | 标准差 |
|------|--------|--------|--------|--------|--------|--------|--------|--------|------|--------|
| 东部 | 0.1746 | 0.1926 | 0.2187 | 0.2324 | 0.2499 | 0.2875 | 0.3322 | 0.3587 | 0.2558 | 0.0654 |
| 中部 | 0.0631 | 0.0790 | 0.0965 | 0.1047 | 0.1209 | 0.1603 | 0.2005 | 0.2297 | 0.1318 | 0.0594 |
| 西部 | 0.0724 | 0.0928 | 0.1094 | 0.1162 | 0.1376 | 0.1859 | 0.2415 | 0.2846 | 0.1551 | 0.0754 |

为了后续章节的稳健性分析，这里还根据TOPSIS法测算得到了2013—2020年各省份数字经济发展指数（见表3.11）。

表3.11 2013—2020年各省份数字经济发展指数

| 省份 | 2013年 | 排名 | 2014年 | 排名 | 2015年 | 排名 | 2016年 | 排名 |
|------|--------|------|--------|------|--------|------|--------|------|
| 北京 | 0.4282 | 1 | 0.4447 | 1 | 0.4915 | 1 | 0.5249 | 1 |
| 天津 | 0.1064 | 11 | 0.1248 | 12 | 0.1443 | 10 | 0.1526 | 9 |
| 河北 | 0.0894 | 13 | 0.0943 | 14 | 0.1023 | 17 | 0.1125 | 15 |
| 山西 | 0.0616 | 28 | 0.0685 | 29 | 0.0826 | 26 | 0.0956 | 23 |
| 内蒙古 | 0.1037 | 12 | 0.1358 | 9 | 0.1295 | 12 | 0.1402 | 12 |
| 辽宁 | 0.1765 | 7 | 0.1751 | 7 | 0.1923 | 6 | 0.1512 | 10 |
| 吉林 | 0.0699 | 22 | 0.0796 | 23 | 0.0889 | 24 | 0.1048 | 19 |
| 黑龙江 | 0.0748 | 20 | 0.0899 | 17 | 0.0970 | 20 | 0.1014 | 20 |
| 上海 | 0.2122 | 4 | 0.2949 | 3 | 0.3034 | 3 | 0.3259 | 3 |
| 江苏 | 0.2292 | 3 | 0.1847 | 5 | 0.1771 | 7 | 0.1825 | 8 |
| 浙江 | 0.1813 | 6 | 0.1753 | 6 | 0.2059 | 5 | 0.2211 | 5 |
| 安徽 | 0.0689 | 23 | 0.0772 | 24 | 0.0913 | 23 | 0.0951 | 24 |
| 福建 | 0.1169 | 9 | 0.1252 | 11 | 0.1529 | 9 | 0.2115 | 6 |
| 江西 | 0.0472 | 30 | 0.0505 | 30 | 0.0728 | 30 | 0.0764 | 30 |
| 山东 | 0.1701 | 8 | 0.1616 | 8 | 0.1667 | 8 | 0.1984 | 7 |
| 河南 | 0.0839 | 15 | 0.0975 | 13 | 0.1085 | 14 | 0.1109 | 17 |
| 湖北 | 0.0862 | 14 | 0.0909 | 16 | 0.1018 | 18 | 0.1083 | 18 |
| 湖南 | 0.0711 | 21 | 0.0771 | 25 | 0.0856 | 25 | 0.0898 | 26 |
| 广东 | 0.3227 | 2 | 0.3126 | 2 | 0.3104 | 2 | 0.3262 | 2 |
| 广西 | 0.0556 | 29 | 0.0744 | 26 | 0.0760 | 29 | 0.0821 | 29 |
| 海南 | 0.0657 | 25 | 0.0845 | 21 | 0.1067 | 15 | 0.1112 | 16 |
| 重庆 | 0.0751 | 19 | 0.0943 | 14 | 0.1098 | 13 | 0.1202 | 13 |
| 四川 | 0.1167 | 10 | 0.1268 | 10 | 0.1359 | 11 | 0.1451 | 11 |
| 贵州 | 0.0640 | 27 | 0.0698 | 27 | 0.0793 | 28 | 0.0823 | 28 |
| 云南 | 0.0663 | 24 | 0.0870 | 19 | 0.0994 | 19 | 0.0900 | 25 |
| 陕西 | 0.0758 | 18 | 0.0881 | 18 | 0.1061 | 16 | 0.1165 | 14 |
| 甘肃 | 0.0647 | 26 | 0.0696 | 28 | 0.0801 | 27 | 0.0836 | 27 |
| 青海 | 0.2010 | 5 | 0.2254 | 4 | 0.2409 | 4 | 0.2441 | 4 |
| 宁夏 | 0.0770 | 17 | 0.0824 | 22 | 0.0937 | 22 | 0.0983 | 22 |
| 新疆 | 0.0816 | 16 | 0.0853 | 20 | 0.0955 | 21 | 0.1007 | 21 |
| 均值 | 0.1215 | | 0.1316 | | 0.1443 | | 0.1534 | |

| 省份 | 2017年 | 排名 | 2018年 | 排名 | 2019年 | 排名 | 2020年 | 排名 |
|---|---|---|---|---|---|---|---|---|
| 北京 | 0.5349 | 1 | 0.5546 | 1 | 0.6189 | 1 | 0.6474 | 1 |
| 天津 | 0.1656 | 9 | 0.2161 | 9 | 0.2781 | 11 | 0.3364 | 8 |
| 河北 | 0.1261 | 17 | 0.1657 | 23 | 0.2227 | 25 | 0.2626 | 26 |
| 山西 | 0.1098 | 24 | 0.1622 | 24 | 0.2236 | 23 | 0.2675 | 24 |
| 内蒙古 | 0.1489 | 12 | 0.1857 | 17 | 0.2400 | 20 | 0.2825 | 19 |
| 辽宁 | 0.1582 | 10 | 0.1777 | 19 | 0.2236 | 23 | 0.2632 | 25 |
| 吉林 | 0.1254 | 18 | 0.1777 | 19 | 0.2372 | 21 | 0.2698 | 22 |
| 黑龙江 | 0.1169 | 20 | 0.1516 | 27 | 0.1999 | 30 | 0.2322 | 30 |
| 上海 | 0.3048 | 3 | 0.3128 | 3 | 0.3525 | 3 | 0.3871 | 4 |
| 江苏 | 0.1896 | 8 | 0.2435 | 7 | 0.2910 | 8 | 0.3306 | 9 |
| 浙江 | 0.2227 | 6 | 0.2680 | 6 | 0.3282 | 5 | 0.3732 | 5 |
| 安徽 | 0.1025 | 28 | 0.1570 | 25 | 0.2282 | 22 | 0.2699 | 21 |
| 福建 | 0.2936 | 4 | 0.2878 | 5 | 0.3132 | 6 | 0.2871 | 17 |
| 江西 | 0.0907 | 30 | 0.1450 | 30 | 0.2195 | 26 | 0.2591 | 27 |
| 山东 | 0.2153 | 7 | 0.2402 | 8 | 0.2483 | 16 | 0.2784 | 20 |
| 河南 | 0.1144 | 22 | 0.1663 | 21 | 0.2117 | 28 | 0.2551 | 28 |
| 湖北 | 0.1207 | 19 | 0.1525 | 26 | 0.2093 | 29 | 0.2473 | 29 |
| 湖南 | 0.0991 | 29 | 0.1488 | 28 | 0.2165 | 27 | 0.2688 | 23 |
| 广东 | 0.3425 | 2 | 0.3760 | 2 | 0.4113 | 2 | 0.4330 | 2 |
| 广西 | 0.1036 | 27 | 0.1662 | 22 | 0.2435 | 19 | 0.2979 | 16 |
| 海南 | 0.1373 | 13 | 0.2047 | 10 | 0.2798 | 10 | 0.3122 | 14 |
| 重庆 | 0.1345 | 14 | 0.1871 | 15 | 0.2495 | 15 | 0.2863 | 18 |
| 四川 | 0.1533 | 11 | 0.1895 | 14 | 0.2461 | 18 | 0.3060 | 15 |
| 贵州 | 0.1115 | 23 | 0.1979 | 13 | 0.2977 | 7 | 0.3563 | 6 |
| 云南 | 0.1152 | 21 | 0.1834 | 18 | 0.2771 | 12 | 0.3437 | 7 |
| 陕西 | 0.1316 | 15 | 0.2014 | 12 | 0.2689 | 13 | 0.3166 | 13 |
| 甘肃 | 0.1067 | 26 | 0.1868 | 16 | 0.2638 | 14 | 0.3266 | 11 |
| 青海 | 0.2549 | 5 | 0.2992 | 4 | 0.3516 | 4 | 0.4017 | 3 |
| 宁夏 | 0.1272 | 16 | 0.2035 | 11 | 0.2833 | 9 | 0.3292 | 10 |
| 新疆 | 0.1089 | 25 | 0.1452 | 29 | 0.2473 | 17 | 0.3237 | 12 |
| 均值 | 0.1689 | | 0.2151 | | 0.2761 | | 0.3184 | |

## 3.3.2　各省份数字经济发展水平的区域差异与动态演进

3.3.1节通过构建评价指标体系测算得到各省份数字经济发展指数，考虑到区域异质性，本节将采用Dagum基尼系数、Kenel核密度估计、修正的引力模型和社会网络分析方法进一步对数字经济发展水平进行区域差异和动态演进分析。

### 1.研究方法介绍

这里主要概述Dagum基尼系数和Kenel核密度估计方法。

（1）Dagum基尼系数

依据Dagum（1997）提出的计算方法，总体基尼系数 $G$ 的计算公式为：

$$G = \frac{1}{2\overline{y}n^2}\left(\sum_{i=1}^{n}\sum_{r=1}^{n}|y_i - y_r|\right) = \sum_{j=1}^{k}\sum_{h=1}^{k}\sum_{i=1}^{n_j}\sum_{r=1}^{n_h}|y_{ji} - y_{hr}|/2n^2\overline{y} \tag{3.12}$$

区域内的基尼系数 $G_{jj}$ 为：

$$G_{jj} = \frac{1}{2\overline{y}_j}\left(\sum_{i=1}^{n_j}\sum_{r=1}^{n_j}|y_{ji} - y_{jr}|\right)/n_j^2 \tag{3.13}$$

区域之间的基尼系数为：

$$G_{jh} = \left(\sum_{i=1}^{n_j}\sum_{r=1}^{n_h}|y_{ji} - y_{hr}|\right)/n_j n_h\left(\overline{y}_j + \overline{y}_h\right) \tag{3.14}$$

进一步将区域差异分解为区域内贡献 $G_w$、区域间贡献 $G_{nb}$ 和超密度贡献 $G_t$ 三部分，且三者相加等于总体基尼系数，即

$$G = G_w + G_{nb} + G_t$$

区域内差异的贡献为：

$$G_w = \sum_{i=1}^{k}G_{jj}p_j s_j \tag{3.15}$$

其中，$p_j = n_j/n$，$s_j = n_j\overline{y}_j/n\overline{y}$。

区域间差异净值的贡献为：

$$G_{nb} = \sum_{j=2}^{k}\sum_{h=1}^{j-1}G_{jh}\left(p_j s_h + p_h s_j\right)D_{jh} \tag{3.16}$$

区域间超变密度的贡献为：

$$G_t = \sum_{j=2}^{k}\sum_{h=1}^{j-1}G_{jh}\left(p_j s_h + p_h s_j\right)\left(1 - D_{jh}\right) \tag{3.17}$$

其中，$D_{jh}$ 表示区域之间数字经济发展水平的相对影响，公式为：

$$D_{jh} = \frac{d_{jh} - p_{jh}}{d_{jh} + p_{jh}}$$

$d_{jh}$ 表示两个区域之间数字经济发展水平贡献率的差值，公式为：

$$d_{jh} = \int_0^\infty dF_j(y)\int_0^y (y-x)dF_h(x)$$

$p_{jh}$表示超变一阶矩，公式为：

$$p_{jh} = \int_0^\infty dF_h(y)\int_0^y (y-x)dF_j(x)$$

将上面两个式子相加得到区域间差异的总贡献 $G_{gb}$，其衡量各区域间扩大的基尼不平等对总基尼系数 $G$ 的总贡献。

$$G_{gb} = G_{nb} + G_t = \sum_{j=2}^k \sum_{h=1}^{j-1} G_{jh}\left(p_j s_h + p_h s_j\right) \tag{3.18}$$

故总体基尼系数 $G$ 也可写为：

$$G = \sum_{i=1}^k G_{jj}P_j S_j + \sum_{j=2}^k \sum_{h=1}^{j-1} G_{jh}\left(p_j s_h + p_h s_j\right) = G_w + G_{gb} \tag{3.19}$$

（2）Kernel 密度估计

$$f(x) = \frac{1}{nh}\sum_{i=1}^n K(\frac{X_i - \overline{X}}{h}) \tag{3.20}$$

$$K(x) = \frac{1}{\sqrt{2\pi}}\exp(-\frac{x^2}{2}) \tag{3.21}$$

其中，$n$表示观测值数；$X_i$表示服从独立同分布的观测值；$\overline{X}$表示均值；$h$表示带宽。常用的核函数有高斯核、多项式核、线性核、拉普拉斯核和Sigmoid核。这里核函数的形式为高斯核函数。

**2.数字经济发展水平的区域差异与动态演进分析**

（1）区域差异与来源分析

为了进一步揭示数字经济发展水平的区域差异，将各地区数字经济发展指数按东中西区域划分，采用Dagum基尼系数分析数字经济发展水平的总体、区域内、区域间的差异以及区域间超变密度。总体Dagum基尼系数呈下降态势，由2013年的0.3300下降至2020年的0.1396。从区域内差异来看，数字经济发展水平的内部差异为东部>西部>中部。东部和西部的内部差异在波动中呈上升趋势，而中部则呈先下降后上升趋势。从区域间差异来看，东部—西部与东部—中部的区域间差异最大，整体呈下降态势。中部—西部的区域间差异相对小一些，但呈波动状态。这表明随着时间的推移，中部和西部的差距呈现出先下降后上升的态势。区域内贡献率和超变密度贡献率呈波动状态，二者平均贡献率分别为24.71%和4.21%。从区域差异的贡献率来看，区域间差异贡献率最大，但呈下降趋势，平均贡献率为71.08%。这表明数字经济发展不均衡主要是区域间差异导致的，如表3.12所示。

表3.12　Dagum基尼系数及其分解

| 年份 | 总体基尼系数 | 区域内基尼系数 | | | 区域间基尼系数 | | | 贡献率 | | |
|------|------|------|------|------|------|------|------|------|------|------|
| | | 东部 | 中部 | 西部 | 东—中 | 东—西 | 中—西 | 区域内 | 区域间 | 超变密度 |
| 2013 | 0.3300 | 0.2800 | 0.1471 | 0.0964 | 0.4275 | 0.4725 | 0.1376 | 23.8064 | 72.1021 | 4.0915 |
| 2014 | 0.2900 | 0.2632 | 0.1373 | 0.0908 | 0.3649 | 0.4198 | 0.1353 | 24.7925 | 70.9862 | 4.2213 |
| 2015 | 0.2688 | 0.2473 | 0.1352 | 0.0611 | 0.3464 | 0.3881 | 0.1163 | 24.6527 | 71.0511 | 4.2962 |
| 2016 | 0.2653 | 0.2481 | 0.1285 | 0.0617 | 0.3445 | 0.3792 | 0.1135 | 24.7349 | 70.7684 | 4.4968 |
| 2017 | 0.2327 | 0.2246 | 0.1021 | 0.0590 | 0.2986 | 0.3479 | 0.0969 | 24.5083 | 72.3287 | 3.1630 |
| 2018 | 0.1837 | 0.1918 | 0.0815 | 0.0391 | 0.2273 | 0.2846 | 0.0864 | 24.8963 | 71.9643 | 3.1394 |
| 2019 | 0.1529 | 0.1753 | 0.0555 | 0.0212 | 0.1754 | 0.2471 | 0.0927 | 24.6233 | 72.0573 | 3.3194 |
| 2020 | 0.1396 | 0.1730 | 0.0517 | 0.0196 | 0.1486 | 0.2193 | 0.1069 | 25.6526 | 67.3724 | 6.9750 |

（2）空间分布动态演进

图3.2为2013—2020年数字经济发展指数的整体动态演进状况。分布曲线主峰位置位于0.1左右，呈现出明显的向右拖尾。随着时间的推移，后期在0.4和0.6的位置出现侧峰。从分布形态看，核密度函数的波峰高度有所上升。

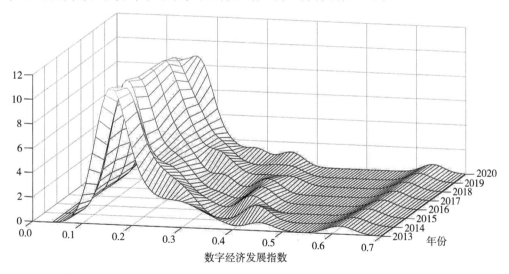

图3.2　数字经济发展指数的分布动态

东部地区数字经济发展指数的核密度图如图3.3所示，主峰位置在0.2左右，向右拖尾。随着时间的推移，核密度函数的中心左移并有多个侧峰，后期在0.4的位置侧峰较明显。这种多峰现象说明东部地区数字经济发展呈现分化特点，存在梯度效应，有多个集聚中心。

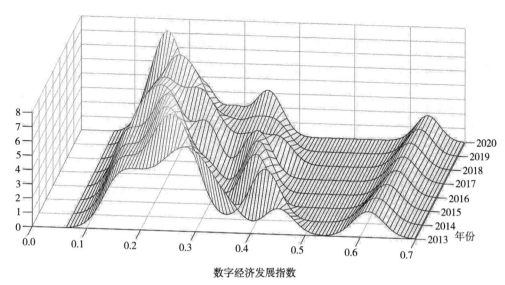

图 3.3　东部地区数字经济发展指数的分布动态

中部地区数字经济发展核密度图如图 3.4 所示较光滑，只有一个主峰，位置在 0.12 左右。随着时间的推移，波峰高度呈由低到高的状态，说明中部地区数字经济发展的差距呈下降态势。

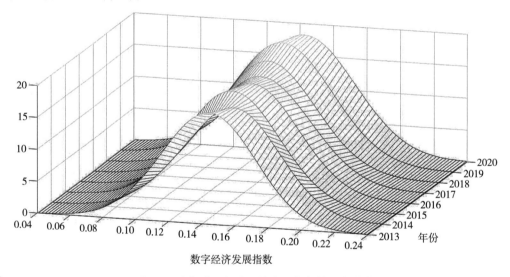

图 3.4　中部地区数字经济发展指数的分布动态

西部地区数字经济发展指数的核密度图由图 3.5 可知，主峰位置在 0.15 左右。随着时间的推移，波峰高度由低到高。

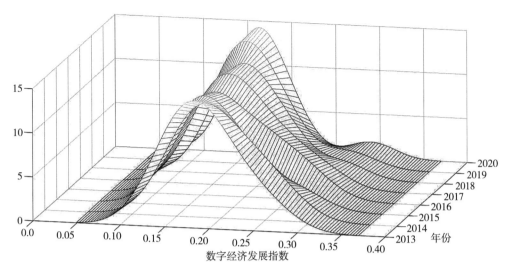

**图 3.5  西部地区数字经济发展指数的分布动态**

### 3.3.3  各省份数字经济发展水平的空间关联分析

本节主要探讨数字经济发展水平的空间关联性，首先对研究方法做简要介绍。

**1.修正的引力模型**

各省份经济之间的空间关联强度与距离相关，即随着距离增加，各省份之间的经济关联强度降低。引力模型可以反映中心地区对周边地区的经济辐射作用以及周边地区对中心地区辐射的吸收能力。为了研究各省份数字经济的空间关联关系，采用修正的引力模型。具体公式为：

$$G_{ij} = k \frac{F_i F_j}{D_{ij}^2} \tag{3.22}$$

其中，$G_{ij}$ 为第 $i$ 个省份与第 $j$ 个省份的数字经济引力强度；$F_i$ 和 $F_j$ 为第 $i$ 个省份与第 $j$ 个省份的数字经济发展水平；$D_{ij}$ 为第 $i$ 个省份与第 $j$ 个省份的距离；$k$ 为引力常量。

由于各省份数字经济发展水平不同，各省份之间的空间关联强度不同，因此，构建的引力矩阵表现为非对称性。借鉴金灿阳等（2022）[157]的做法，用第 $i$ 个省份与第 $j$ 个省份的距离修正引力常量，即

$$k = \frac{F_i}{F_i + F_j} \tag{3.23}$$

引力矩阵 $G_{ij}$ 以均值为阈值进行二值化处理，大于均值取值为1，表明第 $i$ 个省份与第 $j$ 个省份之间存在空间关联，反之取值为0。

**2.社会网络分析法**

（1）整体性分析

网络密度是网络结构中实际存在的关联数量与可容纳的关联数量上限的比值[158]，反映节点之间的关联程度。网络密度越大，节点之间联系越紧密。公式为：

$$D = \frac{N}{M \cdot (M-1)} \qquad (3.24)$$

其中，$D$是网络密度；$N$是关联关系的数量；$M$是节点数。

网络关联度是节点之间彼此联络的程度。关联度越高，节点之间的连接途径越多，整个网络的凝聚力越大。

$$C = 1 - \frac{V}{M \cdot (M-1)/2} \qquad (3.25)$$

其中，$C$是网络关联度；$V$是网络关联中不可达的点对数；$M$是节点数。

网络效率是网络关联冗余的程度，反映网络整体的稳定性。

$$GE = 1 - \frac{M}{\max(M)} \qquad (3.26)$$

其中，$GE$是网络效率；$\max(M)$是网络关联中最大可能的冗余关联数；$M$是冗余关联数。

平均最短路径是所有节点对其他经过的节点数的最短路径的平均值，其值越小，网络连通性越好。

$$L = \frac{2}{M(M-1)} \sum_{i=1, i \neq j}^{n} d_{ij} \qquad (3.27)$$

其中，$L$是平均最短路径；$M$是冗余关联数；$d_{ij}$是节点之间的最短连接数。

（2）中心性分析①

中心性反映空间关联网络中心化程度，主要包括度中心度、接近中心度和中介中心度。

度中心度表示网络结构中与一个节点直接相连的点的个数。度中心度越大，节点越重要。

$$C_{deg}(v) = \frac{d_v}{|N|-1} \qquad (3.28)$$

其中，$|N|$是节点数；$d_v$是与节点$v$的连接数。

在有向图中有点入度和点出度之分。度中心度分为绝对中心度和相对中心度。绝对中心度是一个节点与其他所有节点的联系强度之和。

度中心势的公式为：

---

① 文中公式来自 https://www.jianshu.com/p/51bfe7da7f1d 以及密歇根大学复杂网络分析教程。

$$C_D = \frac{\sum_{v \in N} \max\left(C_{dge}\right) - C_{dge}(v)}{|N| - 2} \tag{3.29}$$

接近中心度为一个节点和其他所有节点的最短路径之和的倒数。值越大，一个节点与其他节点越接近，就越不依赖其他节点。在有向图中，接近中心度分为出接近中心度和入接近中心度。

$$C_{close}(L) = \frac{|R(L)|}{|N| - 1} \frac{|R(L)|}{\sum_{u \in R(L)} d(L, u)} \tag{3.30}$$

其中，$|R(L)|$ 为所有从节点 $L$ 出发可达的节点集合；$d(L, u)$ 为节点 $L$ 和节点 $u$ 之间的最短路径。

接近中心势的公式为：

$$C_C = \frac{\sum_{v \in N} \max\left(C_{close}\right) - C_{close}(v)}{(|N| - 1)(|N| - 2) / (2|N| - 3)} \tag{3.31}$$

中介中心度为节点 $v$ 在节点 $s$ 和节点 $t$ 的中介程度，用经过节点 $v$ 的测地线[①]与节点 $s$ 和节点 $t$ 之间的测地线相比。

$$C_{btw}(v) = \sum_{s, t \in N} \frac{\sigma_{s,t}(v)}{\sigma_{s,t}} \tag{3.32}$$

其中，$\sigma_{s,t}$ 是节点 $s$ 与节点 $t$ 之间的最短路径数；$\sigma_{s,t}(v)$ 是节点 $s$ 与节点 $t$ 经过节点 $v$ 的最短路径数。

中介中心势的公式为：

$$C_B = \frac{\sum_{v \in N} \max\left(C_{btw}\right) - C_{btw}(v)}{|N| - 1} \tag{3.33}$$

（3）结构洞

结构洞用来衡量两个节点之间非冗余的联系，进而判断网络节点的重要性，主要从有效规模、效率、限制度和等级度来衡量。将两个没有联系的节点联系起来的中介省份占据结构洞，更容易获得信息和控制资源。

（4）凝聚子群分析

凝聚子群用于揭示和刻画各省份网络内部子结构之间的关系。运用CONCOR法进行凝聚子群分析。

（5）核心—边缘结构

将网络各个节点分为核心区域和边缘区域，核心—边缘结构分析主要是探讨哪

---

[①] 测地线表示两点之间的最短路径。

些节点位于核心区域，属于支配地位；哪些节点位于边缘区域，属于从属地位。

接下来是中国数字经济发展水平的空间关联分析。

通过构建有向空间关联网络（见图3.6），2020年数字经济的网络密度为0.201，关联数为175条。网络关联度为0.934，网络效率为0.6232，平均最短路径为2.128。数字经济网络结构呈"中心—外围"特征。河南凭借其区位优势，处于网络中心。各个地区之间的数字经济既关联密切，也存在区域差异。

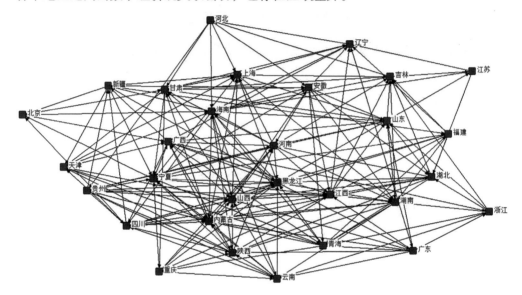

**图3.6　数字经济的空间网络关联图**

点入度和出度中心势指数分别为21.879%和11.177%，接近中心势指数分别为21.46%和14.30%，都具有非对称性。中介中心势指数为5.67%，说明整体网络中心度不高。浙江、广东和江苏等地区的点出度高于点入度，外溢效应明显。上海、吉林、海南、青海和甘肃等地区的点入度高于点出度，通过吸收周边地区溢出资源发展数字经济。云南、辽宁和广西等地区点入度和点出度基本相当，既向周边地区溢出，同时也吸收周边地区的资源。河南出度大于入度，中介中心度为21.990。诚然，"居天下之中"的河南地处中华腹地，拥有得天独厚的区位优势和资源优势，数字经济呈郑州和洛阳"双核驱动"、其他城市"多点发力"的格局。重庆的度中心度和接近中心度的出度大于入度，主要通过溢出效应发挥作用，如表3.13所示。

表3.13 数字经济空间网络中心性分析

| 省份 | 度中心度 | | 接近中心度 | | 中介中心度 |
|---|---|---|---|---|---|
| | 出度 | 入度 | 出度 | 入度 | |
| 河南 | 10 | 8 | 56 | 49 | 21.990 |
| 宁夏 | 10 | 7 | 55 | 50 | 30.551 |
| 广东 | 9 | 2 | 65 | 52 | 11.823 |
| 四川 | 9 | 7 | 53 | 52 | 22.294 |
| 湖南 | 9 | 7 | 53 | 50 | 32.529 |
| 海南 | 8 | 11 | 47 | 54 | 71.233 |
| 内蒙古 | 8 | 12 | 46 | 53 | 30.164 |
| 广西 | 8 | 9 | 51 | 53 | 53.891 |
| 山西 | 8 | 11 | 48 | 52 | 34.891 |
| 福建 | 8 | 3 | 68 | 52 | 15.974 |
| 安徽 | 8 | 5 | 58 | 53 | 24.091 |
| 贵州 | 8 | 6 | 58 | 53 | 20.893 |
| 山东 | 8 | 6 | 54 | 52 | 24.531 |
| 陕西 | 7 | 8 | 51 | 57 | 16.685 |
| 江西 | 7 | 11 | 49 | 55 | 41.569 |
| 湖北 | 7 | 6 | 57 | 58 | 17.184 |
| 新疆 | 7 | 4 | 61 | 56 | 16.333 |
| 甘肃 | 7 | 9 | 50 | 55 | 63.861 |
| 重庆 | 7 | 2 | 66 | 54 | 7.963 |
| 云南 | 7 | 6 | 54 | 54 | 14.976 |
| 青海 | 6 | 8 | 54 | 56 | 38.366 |
| 黑龙江 | 6 | 13 | 46 | 56 | 52.275 |
| 辽宁 | 6 | 6 | 57 | 56 | 34.972 |
| 浙江 | 5 | 3 | 67 | 58 | 11.626 |
| 吉林 | 5 | 9 | 50 | 59 | 40.539 |
| 河北 | 5 | 2 | 73 | 58 | 5.408 |
| 江苏 | 4 | 2 | 65 | 64 | 5.282 |
| 天津 | 3 | 7 | 53 | 68 | 5.104 |
| 北京 | 3 | 4 | 61 | 66 | 4.486 |
| 上海 | 3 | 12 | 46 | 67 | 30.520 |
| 均值 | 6.867 | 6.867 | 55.733 | 55.733 | 26.733 |

河南、陕西、山西、黑龙江既有较大的有效规模又保持较低的限制度。河南、上海、陕西等省份具有较强的控制力，占据结构洞，在网络中属于重要节点，是关联溢出的关键节点，起着桥梁作用，如表3.14所示。

表3.14  数字经济结构洞分析

| 省份 | 有效规模 | 效率 | 限制度 | 等级度 |
|---|---|---|---|---|
| 浙江 | 5.375 | 0.672 | 0.345 | 0.029 |
| 云南 | 7.100 | 0.546 | 0.279 | 0.062 |
| 新疆 | 7.000 | 0.636 | 0.313 | 0.055 |
| 四川 | 8.906 | 0.636 | 0.254 | 0.027 |
| 陕西 | 10.088 | 0.631 | 0.242 | 0.055 |
| 山西 | 11.579 | 0.681 | 0.213 | 0.043 |
| 山东 | 8.714 | 0.670 | 0.266 | 0.073 |
| 青海 | 9.286 | 0.714 | 0.226 | 0.032 |
| 宁夏 | 10.684 | 0.628 | 0.226 | 0.063 |
| 内蒙古 | 10.625 | 0.664 | 0.227 | 0.046 |
| 辽宁 | 7.875 | 0.787 | 0.272 | 0.061 |
| 江西 | 10.450 | 0.615 | 0.226 | 0.068 |
| 吉林 | 8.357 | 0.696 | 0.270 | 0.034 |
| 湖南 | 10.094 | 0.721 | 0.253 | 0.039 |
| 湖北 | 8.962 | 0.689 | 0.266 | 0.021 |
| 黑龙江 | 12.684 | 0.705 | 0.197 | 0.034 |
| 河南 | 11.028 | 0.649 | 0.219 | 0.025 |
| 北京 | 3.643 | 0.607 | 0.450 | 0.023 |
| 天津 | 5.850 | 0.585 | 0.351 | 0.034 |
| 海南 | 12.684 | 0.746 | 0.206 | 0.042 |
| 贵州 | 7.929 | 0.661 | 0.281 | 0.062 |
| 广西 | 10.441 | 0.696 | 0.230 | 0.043 |
| 甘肃 | 10.156 | 0.725 | 0.238 | 0.051 |
| 福建 | 7.318 | 0.732 | 0.325 | 0.075 |
| 安徽 | 8.808 | 0.678 | 0.265 | 0.023 |
| 上海 | 9.667 | 0.744 | 0.256 | 0.045 |
| 重庆 | 4.556 | 0.506 | 0.381 | 0.029 |
| 江苏 | 3.167 | 0.633 | 0.543 | 0.074 |
| 广东 | 6.864 | 0.686 | 0.294 | 0.017 |
| 河北 | 4.571 | 0.653 | 0.418 | 0.031 |

如表3.15所示，子群1内部进一步划分为华东区域，沿江流域省份，泛珠三角区域，江沪地区，新疆—四川—云南环线，京津冀经济圈等。子群2是辽宁和黑龙江，两省属于东北地区。

表3.15　数字经济凝聚子群划分

| 凝聚子群 | 省份 |
|---|---|
| 1 | 浙江、河南、安徽、江西、江苏、福建、湖南、重庆、湖北、广东、广西、贵州、海南、上海、甘肃、新疆、四川、云南、内蒙古、宁夏、陕西、天津、河北、北京、山西、山东、青海、吉林 |
| 2 | 辽宁、黑龙江 |

子群和子群之间均联系紧密，子群密度越高说明这些省份之间合作交流越密切，属于同一凝聚子群的省份，其子群内部在信息分享和合作方面交流频繁，如表3.16所示。

表3.16　数字经济凝聚子群密度

| 凝聚子群 | 1 | 2 |
|---|---|---|
| 1 | 0.255 | 0.071 |
| 2 | 0.161 | 0.000 |

此外，通过核心—边缘结构分析可知，浙江、河南、上海、山东、江苏等地区属于核心区域，核心区域内部各省的经济关联强度大，在整个网络中起支配作用。宁夏、新疆、青海、甘肃属于边缘区域。边缘区域内部的经济联系比较分散，数字经济内生动力比较弱，需要与核心区域合作交流带动其数字经济发展。

### 3.3.4　两种测算结果的相关性分析

综上所述，我们既充分利用现有数据测算了全国及各省份的数字经济增加值，又在构建评价指标体系的基础上对各省份的数字经济发展水平进行了综合评价。其中，关于数字经济增加值的结果，我们已从全国层面与许宪春和张美慧（2020）、鲜祖德和王天琪（2022）等代表性文献关于数字经济核心产业规模的测算结果进行了对比分析，验证了本书测算方法的合理性。为了进一步验证本书对各省份数字经济发展水平的综合评价结果的合理性，这里我们首先将测算的各省份数字经济核心产业增加值与各省份人口数相比得到各省份人均数字经济核心产业增加值，之后计算各省份人均数字经济核心产业增加值和本节测算的各省份数字经济发展指数的相关系数，结果为0.815，即对各省份数字经济发展水平的两种测算结果高度相关。可见，本书对各省份数字经济增加值的测算，以及基于指标体系的构建对各省份数字经济发展水平的综合评价结果（数字经济发展指数）都是基本可信的。在接下来的实证检验中，我们将本章测算的各省份数字经济发展指数（见图3.7）用于基准回归分析，而将各省份人均数字经济核心产业增加值（见图3.8）用作稳健性检验。

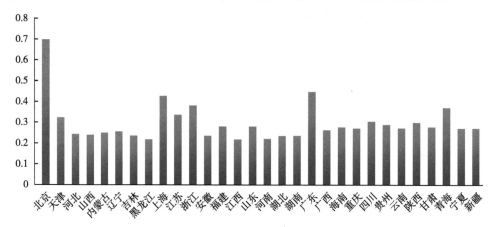

图 3.7　数字经济发展指数

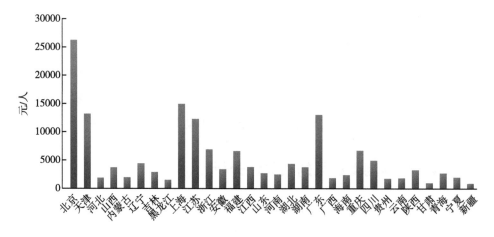

图 3.8　人均数字经济增加值

# 3.4  本章小结

本章在综合借鉴许宪春和张美慧（2020）等现有文献做法的基础上，基于国家统计局最新发布的《数字经济及其核心产业统计分类（2021）》，结合历次《国民经济行业分类》，明确了投入产出表中的部门分类与数字经济各细分行业的对应关系；并进一步基于官方发布的投入产出表及投入产出延长表、张红霞等（2021）编制的时间序列投入产出表，结合历次经济普查数据，在统一的数据口径下，采取将数字经济核心产业各细分行业的增加值按比例从生产法GDP中剥离出来的做法，测算了1993—2020年的全国数字经济核心产业规模及其各细分行业的占比；然后将本书的测算结果与现有文献的测算结果进行了比较，进一步验证了本书测算结果的稳健性。与此同时，本章用分摊的方法测算了数字经济增加值，也将本书的测算结果与现有文献测算结果进行了比较，并验证了本书测算结果的稳健性；之后，通过构建指标体系对数字经济发展水平做一个综合评价，并对两种测算结果进行相互验证，二者相关系数为0.815，说明人均数字经济增加值和各省份数字经济发展指数高度相关。运用Dagum基尼系数、Kernel核密度估计探讨了数字经济发展的区域差异和动态演进，利用修正的引力模型和社会网络分析法揭示了数字经济的空间网络关联。

测算结果显示：①中国的数字经济规模不断提升，占GDP比重逐年增加；从内部结构看，数字产品制造业和数字技术应用业增加值的占比最大，二者在数字经济增加值中的占比呈"剪刀差"。本书测算的各省份人均数字经济增加值与数字经济发展指数的相关系数为0.815，相关性较高。②从省级层面看，东部与中西部数字经济发展水平差异较大，区域间数字经济发展不均衡；通过Dagum基尼系数对差距进行分解发现，数字经济发展的不均衡主要来自区域间差异；通过Kernel核密度估计对空间分布动态演进进行分析发现，从整体来看，数字经济的核密度分布曲线向右拖尾，东部地区的数字经济分布曲线右偏，呈现出梯度效应，存在多个集聚中心。③采用修正的引力模型和社会网络分析方法对中国各省份数字经济发展水平进行网络关联分析发现，中国各省份数字经济网络结构呈"中心—外围"特征。东部发达地区的数字经济外溢效应明显。

本章侧重考察数字经济规模和发展水平，测算结果为后续章节研究提供数据基础。

# 4 技术创新效率的统计测算

本章主要测算技术创新效率，在进行效率分析时，由于投入要素有资本和劳动两个方面，首要面临的问题是如何将R&D经费内部支出资本化，转化为R&D资本存量。本章分为四节，4.1节简要介绍技术创新效率测算方法；4.2节测算与分析R&D资本存量；4.3节运用DEA和SFA两种方法对技术创新效率进行测算与分析；4.4节为本章小结。

# 4.1 技术创新效率的测算方法

本节将对其原理和方法进行阐述，为后两节的具体方法应用奠定理论基石，通过对效率测算理论进行系统介绍，对其有了全面、系统和深入的认识和理解之后，才可以展开后续的具体效率测算分析。

## 4.1.1 DEA–Malmquist测算方法与变量选取

### 1.测算方法

这里先介绍生产可能集、距离函数和效率测算等内容。生产前沿面是指要素投入或产出的最优组合，即投入一定时产出最大，或产出一定时投入最小的集合构成的边界。这些投入或产出的可行集构成的集合称为生产可能集。将生产可能集定义为：

$$S_t = \{(x_t, y_t) : x_t \rightarrow y_t\} \tag{4.1}$$

在定义了生产可能集后，根据投入和产出两种不同前沿面，分为投入导向和产出导向两种模式。接下来用距离函数来测量决策单元是否有效率以及效率高低的程度。

Färe（1994）提出，距离函数为Farrell技术效率的倒数，设第 $t$ 时期的距离函数为：

$$D_o^t(x_t, y_t) = \inf \left\{ \theta : (x_t, \frac{y_t}{\theta}) \in S_t \right\}$$
$$= (\sup \{\theta : (x_t, \theta \cdot y_t) \in S_t\})^{-1} \tag{4.2}$$

若 $(x_t, y_t) \in S_t$，则 $D_o^t(x_t, y_t) \leqslant 1$，当且仅当 $(x_t, y_t)$ 为技术前沿上的点时，

$D_o^t(x_t, y_t) = 1$。

其中，$x$和$y$表示输入变量和输出变量矩阵；$\theta$表示技术效率指数；$S_t$为生产可能集合。

Malmquist指数最初由Malmquist（1953）[159]提出，之后由Caves等（1982）[160]引入Shephard距离函数，将这一指数应用于生产率变化的测算。直到1994年Färe、Grosskopf、Norris和Zhang[161]（简称FGNZ）将非参数线性规划法与数据包络分析（DEA）理论相结合，使得Malmquist指数在效率测算方面得到进一步应用与推广。

由于传统的DEA-CCR模型和DEA-BCC模型测算的效率值是当前年份的，属于静态效率，如果效率前沿面发生变化，不同年份的决策单元效率值是无法直接比较的，故而不可直接把每年的效率结果进行时序对比。但Malmquist指数能够计算动态效率并将其分解，可以更直观地理解生产率的变化及其分解结构。Malmquist指数包含的模型非常多，有诸如相邻参比Malmquist指数、固定参比Malmquist指数、全局参比Malmquist指数、序列参比Malmquist指数、窗口参比Malmquist指数。表4.1中，具备可传递性且相邻时期Malmquist指数可以累乘的有固定参比、全局参比和窗口固定参比；VRS模型不存在无可行解问题的有相邻联合前沿、全局参比、序列联合前沿和窗口联合前沿参比。

表4.1 Malmquist模型汇总①

| 参比方式 | Malmquist模型 | 细分项目 | 英文简称 | 前沿类型 | 计算方式 | 传递性 | VRS无可行解问题 |
|---|---|---|---|---|---|---|---|
| 相邻 | 相邻参比Malmquist指数（adjacent reference Malmquist） | 相邻前沿交叉参比（adjacent cross reference Malmquist） | $M_{ac}$ | 前沿交叉 | 两个Malmquist指数的几何平均 | 否 | 存在 |
| | | 相邻联合前沿参比（adjacent joint reference Malmquist） | $M_{aj}$ | 联合前沿 | 单一Malmquist指数 | 否 | 不存在 |
| 固定 | 固定参比Malmquist指数（fixed reference Malmquist） | — | $M_f$ | — | 单一Malmquist指数 | 是 | 存在 |
| 全局 | 全局参比Malmquist指数（global reference Malmquist） | — | $M_g$ | — | 单一Malmquist指数 | 是 | 不存在 |

① 成刚.数据包络分析方法与MaxDEA软件[M].北京：知识产权出版社，2014.

| 参比方式 | Malmquist模型 | 细分项目 | 英文简称 | 前沿类型 | 计算方式 | 传递性 | VRS无可行解问题 |
|---|---|---|---|---|---|---|---|
| 序列 | 序列参比Malmquist指数（sequential reference Malmquist） | 序列前沿交叉参比（sequential cross reference Malmquist） | $M_{sc}$ | 前沿交叉 | 两个Malmquist指数的几何平均 | 否 | 存在 |
| | | 序列联合前沿参比（sequential joint reference Malmquist） | $M_{sj}$ | 联合前沿 | 单一Malmquist指数 | 否 | 不存在 |
| 窗口 | 窗口参比Malmquist指数（window reference Malmquist） | 窗口前沿交叉参比（window cross reference Malmquist） | $M_{wc}$ | 前沿交叉 | 两个Malmquist指数的几何平均 | 否 | 通过窗口设置可避免 |
| | | 窗口联合前沿参比（window joint reference Malmquist） | $M_{wj}$ | 联合前沿 | 单一Malmquist指数 | 否 | 不存在 |
| | | 窗口固定参比（window fixed reference Malmquist） | $M_{wf}$ | 固定 | 单一Malmquist指数 | 是 | 存在 |

注：窗口宽度d≥3，偏移量f=1，不存在VRS模型无可行解问题。

基于前面定义的距离函数，第$t$时期的Malmquist指数（Malmquist productivity index，MI）为：

$$m_o^t = \frac{D_o^t(x_{t+1}, y_{t+1})}{D_o^t(x_t, y_t)} \quad (4.3)$$

第$t+1$时期的Malmquist指数为：

$$m_o^{t+1} = \frac{D_o^{t+1}(x_{t+1}, y_{t+1})}{D_o^{t+1}(x_t, y_t)} \quad (4.4)$$

将式（4.3）和式（4.4）几何平均后，得到Malmquist指数公式如下：

$$TFPch = M_o\left(x_{t+1}, y_{t+1}, x_t, y_t\right) = \left[\frac{D_o^t\left(x_{t+1}, y_{t+1}\right)}{D_o^t\left(x_t, y_t\right)} \cdot \frac{D_o^{t+1}\left(x_{t+1}, y_{t+1}\right)}{D_o^{t+1}\left(x_t, y_t\right)}\right]^{1/2} \quad (4.5)$$

Färe等（1994）提出，采用CRS径向距离，将Malmquist指数分解为技术效率变化（EC）和技术变化（TC）。

$$M_o\left(x_{t+1}, y_{t+1}, x_t, y_t\right) = \frac{D_o^{t+1}\left(x_{t+1}, y_{t+1}\right)}{D_o^t\left(x_t, y_t\right)} \cdot \left[\frac{D_o^t\left(x_{t+1}, y_{t+1}\right)}{D_o^{t+1}\left(x_{t+1}, y_{t+1}\right)} \cdot \frac{D_o^t\left(x_t, y_t\right)}{D_o^{t+1}\left(x_t, y_t\right)}\right]^{1/2} \quad (4.6)$$

Ray和Desli（1997）[162]在上述方法基础之上，假定满足生产规模最大（the most productive scale size，MPSS），通过VRS和CRS得出不同效率变化值，将Malmquist

指数分解为技术效率变化指数，进一步分解为技术变化（TECHCH）、纯效率变化（PEFFCH）和规模变化因子（SCH）。

$$SE^t\left(x_t, y_t\right) = \frac{D_c^t\left(x_t, y_t\right)}{D_v^t\left(x_t, y_t\right)} \tag{4.7}$$

$$SE^t\left(x_{t+1}, y_{t+1}\right) = \frac{D_c^t\left(x_{t+1}, y_{t+1}\right)}{D_v^t\left(x_{t+1}, y_{t+1}\right)} \tag{4.8}$$

$$\Pi^t = \frac{D_v^t\left(x_{t+1}, y_{t+1}\right)}{D_v^t\left(x_t, y_t\right)} \cdot \frac{SE^t\left(x_{t+1}, y_{t+1}\right)}{SE^t\left(x_t, y_t\right)} \tag{4.9}$$

$$\Pi^{t+1} = \frac{D_v^{t+1}\left(x_{t+1}, y_{t+1}\right)}{D_v^{t+1}\left(x_t, y_t\right)} \cdot \frac{SE^{t+1}\left(x_{t+1}, y_{t+1}\right)}{SE^{t+1}\left(x_t, y_t\right)} \tag{4.10}$$

几何平均后，可得

$$\Pi = \left[\frac{D_v^t\left(x_{t+1}, y_{t+1}\right)}{D_v^t\left(x_t, y_t\right)} \cdot \frac{D_v^{t+1}\left(x_{t+1}, y_{t+1}\right)}{D_v^{t+1}\left(x_t, y_t\right)}\right]^{1/2} \cdot \left[\frac{SE^t\left(x_{t+1}, y_{t+1}\right)}{SE^t\left(x_t, y_t\right)} \cdot \frac{SE^{t+1}\left(x_{t+1}, y_{t+1}\right)}{SE^{t+1}\left(x_t, y_t\right)}\right]^{1/2} \tag{4.11}$$

第一项是技术效率变化指数，第二项是规模变化因子。

技术效率变化指数进一步分解为：

$$\left[\frac{D_v^t\left(x_{t+1}, y_{t+1}\right)}{D_v^t\left(x_t, y_t\right)} \cdot \frac{D_v^{t+1}\left(x_{t+1}, y_{t+1}\right)}{D_v^{t+1}\left(x_t, y_t\right)}\right]^{1/2}$$
$$= \left[\frac{D_v^t\left(x_t, y_t\right)}{D_v^{t+1}\left(x_t, y_t\right)} \cdot \frac{D_v^t\left(x_{t+1}, y_{t+1}\right)}{D_v^{t+1}\left(x_{t+1}, y_{t+1}\right)}\right]^{1/2} \cdot \frac{D_v^{t+1}\left(x_{t+1}, y_{t+1}\right)}{D_v^t\left(x_t, y_t\right)} \tag{4.12}$$

Zofio（2007）[163]在Färe等（1994）的基础上，对应的分解为：

$$\breve{M}_o\left(x_{t+1}, y_{t+1}, x_t, y_t\right) = \left[\frac{\breve{D}_o^t\left(x_{t+1}, y_{t+1}\right)}{\breve{D}_o^t\left(x_t, y_t\right)} \cdot \frac{\breve{D}_o^{t+1}\left(x_{t+1}, y_{t+1}\right)}{\breve{D}_o^{t+1}\left(x_t, y_t\right)}\right]^{1/2}$$

$$= \left[\frac{\breve{D}_o^t\left(x_{t+1}, y_{t+1}\right)}{\breve{D}_o^{t+1}\left(x_{t+1}, y_{t+1}\right)} \cdot \frac{\breve{D}_o^t\left(x_t, y_t\right)}{\breve{D}_o^{t+1}\left(x_t, y_t\right)}\right]^{1/2} \cdot \frac{D_o^{t+1}\left(x_{t+1}, y_{t+1}\right)}{D_o^t\left(x_t, y_t\right)} \cdot \frac{\breve{D}_o^{t+1}\left(x_{t+1}, y_{t+1}\right) / D_o^{t+1}\left(x_{t+1}, y_{t+1}\right)}{\breve{D}_o^t\left(x_t, y_t\right) / D_o^t\left(x_t, y_t\right)} \tag{4.13}$$

$$= PTC_o\left(x_{t+1}, y_{t+1}, x_t, y_t\right) \cdot TEC_o\left(x_{t+1}, y_{t+1}, x_t, y_t\right) \cdot SEC_o\left(x_{t+1}, y_{t+1}, x_t, y_t\right)$$

在Ray和Desli（1997）的基础上，对应的分解为：

$$\breve{M}_o\left(x_{t+1}, y_{t+1}, x_t, y_t\right) = \left[\frac{\breve{D}_o^t\left(x_{t+1}, y_{t+1}\right)}{\breve{D}_o^t\left(x_t, y_t\right)} \cdot \frac{\breve{D}_o^{t+1}\left(x_{t+1}, y_{t+1}\right)}{\breve{D}_o^{t+1}\left(x_t, y_t\right)}\right]^{1/2}$$

$$= \left[\frac{\breve{D}_o^t\left(x_{t+1}, y_{t+1}\right)}{\breve{D}_o^{t+1}\left(x_{t+1}, y_{t+1}\right)} \cdot \frac{\breve{D}_o^t\left(x_t, y_t\right)}{\breve{D}_o^{t+1}\left(x_t, y_t\right)}\right]^{1/2} \cdot \frac{D_o^{t+1}\left(x_{t+1}, y_{t+1}\right)}{D_o^t\left(x_t, y_t\right)} \cdot \left[\frac{\breve{D}_o^t\left(x_{t+1}, y_{t+1}\right) / D_o^t\left(x_{t+1}, y_{t+1}\right)}{\breve{D}_o^t\left(x_t, y_t\right) / D_o^t\left(x_t, y_t\right)} \cdot \right. \quad (4.14)$$

$$\left. \frac{\breve{D}_o^{t+1}\left(x_{t+1}, y_{t+1}\right) / D_o^{t+1}\left(x_{t+1}, y_{t+1}\right)}{\breve{D}_o^{t+1}\left(x_t, y_t\right) / D_o^{t+1}\left(x_t, y_t\right)}\right]^{1/2}$$

$$= TC_o\left(x_{t+1}, y_{t+1}, x_t, y_t\right) \cdot TEC_o\left(x_{t+1}, y_{t+1}, x_t, y_t\right) \cdot RTS_o\left(x_{t+1}, y_{t+1}, x_t, y_t\right)$$

由于

$$RTS_o\left(x_{t+1}, y_{t+1}, x_t, y_t\right) = SEC_o\left(x_{t+1}, y_{t+1}, x_t, y_t\right) \cdot STC_o\left(x_{t+1}, y_{t+1}, x_t, y_t\right)$$

$$PTC_o\left(x_{t+1}, y_{t+1}, x_t, y_t\right) = TC_o\left(x_{t+1}, y_{t+1}, x_t, y_t\right) \cdot STC_o\left(x_{t+1}, y_{t+1}, x_t, y_t\right)$$

Zofio（2007）不仅对技术效率变化进行了分解，还对技术变化进行了分解，进而将Malmquist指数分解为技术效率变化（TEC）、规模效率变化（SEC）、技术变化（TC）和规模技术变化（STC）。

$$\breve{M}_o\left(x_{t+1}, y_{t+1}, x_t, y_t\right) = \left[\frac{\breve{D}_o^t\left(x_{t+1}, y_{t+1}\right)}{\breve{D}_o^t\left(x_t, y_t\right)} \cdot \frac{\breve{D}_o^{t+1}\left(x_{t+1}, y_{t+1}\right)}{\breve{D}_o^{t+1}\left(x_t, y_t\right)}\right]^{1/2}$$

$$= \left[\frac{\breve{D}_o^t\left(x_{t+1}, y_{t+1}\right)}{\breve{D}_o^{t+1}\left(x_{t+1}, y_{t+1}\right)} \cdot \frac{\breve{D}_o^t\left(x_t, y_t\right)}{\breve{D}_o^{t+1}\left(x_t, y_t\right)}\right]^{1/2} \cdot \frac{D_o^{t+1}\left(x_{t+1}, y_{t+1}\right)}{D_o^t\left(x_t, y_t\right)} \cdot \frac{\breve{D}_o^{t+1}\left(x_{t+1}, y_{t+1}\right) / D_o^{t+1}\left(x_{t+1}, y_{t+1}\right)}{\breve{D}_o^t\left(x_t, y_t\right) / D_o^t\left(x_t, y_t\right)} \cdot \quad (4.15)$$

$$\left[\frac{\breve{D}_o^t\left(x_t, y_t\right) / D_o^t\left(x_{t+1}, y_{t+1}\right)}{\breve{D}_o^{t+1}\left(x_t, y_t\right) / D_o^{t+1}\left(x_t, y_t\right)} \cdot \frac{\breve{D}_o^t\left(x_{t+1}, y_{t+1}\right) / D_o^t\left(x_{t+1}, y_{t+1}\right)}{\breve{D}_o^{t+1}\left(x_{t+1}, y_{t+1}\right) / D_o^t\left(x_{t+1}, y_{t+1}\right)}\right]^{1/2}$$

$$= TC_o\left(x_{t+1}, y_{t+1}, x_t, y_t\right) \cdot TEC_o\left(x_{t+1}, y_{t+1}, x_t, y_t\right) \cdot SEC_o\left(x_{t+1}, y_{t+1}, x_t, y_t\right) \cdot STC_o\left(x_{t+1}, y_{t+1}, x_t, y_t\right)$$

为了计算任意相邻两个时期的Malmquist指数，需要计算四个距离函数，基于距离函数的Malmquist生产率指数的线性规划表达式为：

$$\begin{aligned} &\left[D_o^t\left(x_t, y_t\right)\right]^{-1} = \max_{\phi, \lambda} \phi, \\ &s.t. \quad -\phi y_{it} + Y_t\lambda \geq 0, \\ &\quad\quad x_{it} - X_t\lambda \geq 0, \\ &\quad\quad \lambda \geq 0 \end{aligned} \quad (4.16)$$

同理，其他3个距离函数也可由线性规划求解模型得到：

$$\begin{aligned} &\left[D_o^{t+1}\left(x_{t+1}, y_{t+1}\right)\right]^{-1} = \max_{\phi, \lambda} \phi, \\ &s.t. \quad -\phi y_{i,t+1} + Y_{t+1}\lambda \geq 0, \\ &\quad\quad x_{i,t+1} - X_{t+1}\lambda \geq 0, \\ &\quad\quad \lambda \geq 0 \end{aligned} \quad (4.17)$$

$$[D_o^t(x_{t+1}, y_{t+1})]^{-1} = \max_{\phi, \lambda} \phi,$$
$$s.t. \quad -\phi y_{i,t+1} + Y_t \lambda \geq 0,$$
$$x_{i,t+1} - X_t \lambda \geq 0, \quad (4.18)$$
$$\lambda \geq 0$$

$$[D_o^{t+1}(x_t, y_t)]^{-1} = \max_{\phi, \lambda} \phi,$$
$$s.t. \quad -\phi y_{it} + Y_{t+1} \lambda \geq 0,$$
$$x_{it} - X_{t+1} \lambda \geq 0, \quad (4.19)$$
$$\lambda \geq 0$$

**2. 变量选取**

技术创新效率测算的投入变量为R&D资本存量和R&D人员全时当量（见表4.2），其中R&D资本存量的具体测算方法见上一小节。产出变量为专利申请授权量。数据来源于《中国统计年鉴》与《中国科技统计年鉴》。

**表4.2　技术创新效率变量选取**

| 变量类型 | 变量名称 |
| --- | --- |
| 创新投入 | R&D资本存量（万元） |
|  | R&D人员全时当量（人年） |
| 创新产出 | 专利申请授权量（个） |

注：R&D资本存量为不变价R&D资本存量。

## 4.1.2　SFA测算方法与变量选取

**1. 测算方法**

随机前沿模型（SFA）最早由Aigner等（1977）[164]提出，并给出采用极大似然法估计。之后，Stevenson（1980）将半正态分布和指数分布拓展至截断分布和伽马分布。Jondrow等（1982）给出了技术效率的计算方法，即

$$TE_i = 1 - E(u_i | \varepsilon_i) \quad (4.20)$$

其中，$E(u_i | \varepsilon_i) = \tilde{\mu}_i + \tilde{\sigma} \left\{ \dfrac{\phi(-\tilde{\mu}_i / \tilde{\sigma})}{\Phi(-\tilde{\mu}_i / \tilde{\sigma})} \right\}$

Pitt和Lee（1981）[165]最早将截面数据的SFA推广至面板数据SFA，假设无效率项不随时间变化而变化。Schmidt和Sickles（1984）[166]是在固定效应框架下探讨面板数据SFA的。Battese和Coelli（1988）[167]假定截断正态分布下的面板SFA，且于1992年提出技术无效率随时间变化而变化，并给出技术效率的计算方法，即

$$TE_i = E\left\{\exp(-u_i)\mid \varepsilon_i\right\}$$
$$= \left\{\frac{1-\Phi(\tilde{\sigma}-\tilde{\mu}_i/\tilde{\sigma})}{1-\Phi(-\tilde{\mu}_i/\tilde{\sigma})}\right\}\exp\left(-\tilde{\mu}_i+\frac{1}{2}\tilde{\sigma}^2\right) \tag{4.21}$$

目前，Frontier 软件默认的是 Battese 和 Coelli（1988）的效率值。

Cornwell 等（1990）[168]设定的模型为：

$$y_{it} = \alpha + x'_{it}\beta + v_{it} - u_{it} \tag{4.22}$$

其中，$\alpha - u_{it} = \omega_i + \omega_{i1}t + \omega_{i2}t^2$

Kumbhakar（1990）[169]假定无效率项服从半正态分布，时变技术无效率设定为：

$$u_{it} = \gamma(t)u_i = [1+\exp(bt+ct^2)]^{-1}u_i \tag{4.23}$$

Battese 和 Coelli（1992）[170]的模型设定为：

$$y_{it} = x'_{it}\beta + v_{it} - u_{it} \tag{4.24}$$

时变技术无效率设定为：$u_{it} = \eta_t u_i = \{\exp[-\eta(t-T)]\}u_i$

Lee 和 Schmidt（1993）[171]提出的模型一般表达式为：

$$y_{it} = \alpha + x'_{it}\beta + v_{it} - u_{it} \tag{4.25}$$

时变技术无效率设定为：$u_{it} = g(t)u_i$

Battese 和 Coelli（1995）[172]在之前的基础上进一步假定 $u_{it} = z_{it}\delta + w_{it}$。

Greene（2005a）[173]拓展了 Schmidt 和 Sickles（1984）[166]模型，提出真实固定效应模型（true fixed-effects model，TFE），采用的估计方法为"蛮力法"（brute force approach），模型设定为：

$$y_{it} = \alpha_i + x'_{it}\beta + v_{it} - u_{it} \tag{4.26}$$

其中，$\alpha_i$ 为个体效应，$u_{it}$ 为技术无效率项。

$$v_{it} \sim N(0, \sigma_v^2)$$
$$u_{it} \sim N^+(0, \sigma_u^2)$$

Greene（2005b）[174]又提出真实随机效应模型，估计方法为 MLE，模型设定形式为：

$$y_{it} = (\alpha + \omega_i) + x'_{it}\beta + v_{it} - Su_{it} \tag{4.27}$$

真实随机效应模型假定服从以下分布：

$$\omega_i \sim N(0, \sigma_\omega^2)$$
$$v_{it} \sim N(0, \sigma_v^2)$$
$$u_{it} \sim N^+(0, \sigma_u^2)$$

Wang 和 Ho（2010）[175]提出 Scaling-TFE，模型设定为：

$$y_{it} = \alpha_i + x'_{it}\beta + v_{it} - u_{it} \tag{4.28}$$

技术无效率设定为：$u_{it} = g_{it}u_i$

缩放函数为：$g_{it} = f(z_{it}, \delta)$，缩放的性质使得模型可以采用一阶差分（FD）或组内去心消去个体效应。

$$u_{it} \sim N^+(\mu, \sigma_u{}^2)$$

异质性SFA的模型设定为：

$$\begin{aligned} y_i &= x'_i\beta + v_i - u_i \\ v_i &\sim N(0, \sigma_{vi}{}^2) \\ u_i &\sim N^+(0, \sigma_{ui}{}^2) \end{aligned} \tag{4.29}$$

异方差的设定为：

$$\begin{aligned} \sigma_{vi}{}^2 &= \exp(z_{it}\gamma) \\ \sigma_{ui}{}^2 &= \exp(\omega_{it}\varphi) \end{aligned}$$

均值设定为：$\varpi_i = s_{it}\lambda$

一般而言，基本的随机前沿模型表达式为：

$$y_{it} = f(x_{it}, \beta)\exp(v_{it} - u_{it}), \ i = 1, 2, \cdots, n; \ t = 1, 2, \cdots, T \tag{4.30}$$

式中，$y_{it}$为第$i$个省份第$t$年的实际创新产出；$f(\cdot)$为最优生产前沿；$v_{it}$为随机扰动项，并假定$v_{it} \sim N(0, \sigma_v{}^2)$；$u_{it}$为技术无效率项，并假定$u_{it} \sim N^+(0, \sigma_u{}^2)$。

取对数后，可得：

$$\ln y_{it} = \ln f(x_{it}, t) + v_{it} - u_{it} \tag{4.31}$$

其中，$u_{it} = \{\exp[-\eta(t - T)]\}u_i$，这里$\eta$为$u_{it}$的时间变化率。当$\eta > 0$，即技术效率是以递增的速率递减，反之亦然。

技术效率（TE）为：

$$TE_{it} = \frac{E\left[f(x_{it}, \beta)\exp(v_{it} - u_{it})\right]}{E\left[f(x_{it}, \beta)\exp(v_{it} - u_{it})|\ u_{it} = 0\right]} = \exp(-u_{it}) \tag{4.32}$$

这里技术效率的取值介于0~1之间。

Aigner等（1977）[164]中使用$\lambda = \sigma_u / \sigma_v$，$\lambda$是$u$和$v$对复合扰动项的相对贡献。

Battese和Coelli（1988）[167]改进了再参数化过程，即$\gamma = \sigma_u^2 / (\sigma_u^2 + \sigma_v^2)$，$\gamma$的取值范围为[0，1]。$\gamma$越趋近于1，表明误差来源主要来自技术无效率项。当$\lambda = 0$，表示复合扰动项中非对称的随机扰动项占比小，效率值较大，而当$\lambda = 1$时，表明存在技术无效率。二者关系为$\gamma = \lambda^2 / (1 + \lambda^2)$。

Kumbhakar和Lovell（2000）[176]将TFP分解为技术效率变化率（TEC）、技术进

步率（TC）、规模效率变化率（SE）和资源配置效率（AE）。

（1）技术效率变化率，表示技术效率随时间而变化的速率，反映技术效率变革。

$$TEC_{it} = \frac{d \ln TE_{it}}{dt} = -\frac{du_{it}}{dt} \quad (4.33)$$

（2）技术进步率，表示为控制要素投入之后的技术前沿随时间而变的速率，反映技术变革。

$$TEC_{it} = \frac{df(x_{it}, \beta)}{dt} \quad (4.34)$$

（3）规模效率变化率，表示投入要素的规模报酬对TFP的贡献。当SE > 0，反映的是增加要素投入能促进TFP，反之则会抑制其增长。

$$SE_{it} = (RTS - 1) \cdot \sum_j \lambda_j \cdot \dot{x}_j$$
$$\lambda_j = \frac{\varepsilon_j}{RTS} \quad (4.35)$$

上式中，$RTS = \sum_j \varepsilon_j$，$\varepsilon_j = \frac{d \ln f(x_j)}{d \ln x_j}$

式中，$RTS$ 为规模经济效应；$\lambda_j$ 和 $\varepsilon_j$ 为产出弹性；$\dot{x}_j$ 为资本和劳动投入的增长率。

（4）资源配置效率，表示要素弹性 $\lambda_j$ 对要素成本份额 $s_j$ 的偏离程度，用来衡量要素配置是否有效。当AE > 0时，反映的是要素有效配置能促进TFP的增长。

$$AE_{it} = \sum_j (\lambda_j - s_j) \dot{x}_j \quad (4.36)$$

**2.变量选取**

被解释变量选取专利申请授权量（Y），解释变量分别为R&D资本存量（K）和R&D人员全时当量（L）。R&D资本存量是将R&D内部经费支出转化为R&D投资，并用BEA方法测算得到的不变价R&D资本存量。为了与4.1.1节的数据口径保持一致，变量选取具体见表4.2。

### 4.1.3　两种测算方法的比较

关于效率测算方法的研究，测算方法根据测算原理和角度的不同，可将其分为增长核算法，生产前沿面法和指数法。生产前沿面最早由Farrell（1957）[177]提出，并提出技术效率分析理念。此后，在Farrell（1957）[177]研究的基础上，生产前沿面方法可分为非参数估计法和参数估计法两大类方法。

非参数法以数据包络分析法（Data Envelopment Analysis，DEA）为代表，最早由Charnes等（1978）[178]提出。Färe等（1992）[179]将非参数线性规划法与数据包络分析理论相结合，使得Malmquist指数被人们熟知，并广泛应用于生产率的测算与研究。

参数法以随机前沿生产函数法（Stochastic Frontier Approach，SFA）为代表，最早于1977年由三个研究团队分别独立提出，分别是Aigner等（1977）[164]、Meeusen和Broeck（1977）[180]、Battese和Corra（1977）[181]。这三篇开创性文献为后续随机前沿方法研究奠定了基础。之后，适用于截面数据的随机前沿模型被扩展到面板随机前沿模型。面板随机前沿模型可以划分为以下几类：第一类是效率不随时间变化、无分布假设的Schmidt和Sickles（1984）[166]模型。第二类是效率不随时间变化、有分布假设的模型。Pitt和Lee（1981）[165]假定无效率项服从半正态分布，Battese和Coelli（1988）[167]模型假定无效率项服从截断正态分布。第三类是效率随时间变化、无分布假设的Cornwell等（1990）[168]模型，Lee和Schmidt（1993）[171]模型。第四类是效率随时间变化、有分布假设的模型。Kumbhakar（1990）[169]假定无效率项服从半正态分布；Battese和Coelli（1992）[170]假定服从截断正态分布；Battese和Coelli（1995）[172]假定服从截断正态分布；Greene（2005a）[173]提出真实固定效应模型（true fixed-effects model，TFE），Greene（2005b）[174]假定分布分别服从半正态分布、截断正态和指数分布；Wang和Ho（2010）[175]假定服从截断正态分布。第五类是面板随机前沿模型的进一步拓展。主要有马尔科夫状态转换SFA模型[182]、门槛SFA模型[183]、考虑样本选择偏误的SFA模型（Horrace等，2016）[184]、内生性SFA模型（Griffiths、Hajargasht，2016）[185]、空间SFA模型（Druska、Horrace，2004；Simwaka，2012）[186, 187]。SFA模型的发展脉络为，从截面数据模型扩展到面板数据模型；无效率项由时间不变拓展为时间可变；由普通面板SFA拓展到异质性面板SFA、空间SFA、门限SFA、内生性SFA，研究框架与方法不断趋于完善和成熟（边文龙、王向楠，2016；王韧、李志伟，2021）[188, 189]。

数据包络分析法是一种非参数方法，用线性规划技术确定生产前沿面，不需要假定某种形式的前沿生产函数；对样本量要求不高，一般为决策单元的2倍即可；可以解决多投入多产出的情形；不能对参数进行显著性检验，测算的是相对效率，并把因随机误差造成的前沿面偏离都归结为技术无效率，得出的结果离散程度大。

随机前沿法通过生产函数建立随机前沿模型，用计量模型估计参数，且需遵循要素替代率等相关假定；对样本量要求较大；适用于解决多投入单产出问题；可以对参数进行显著性检验，考虑了随机误差的影响。其优点是可以将实际生产率与随机扰动项或随机误差区分开，局限性是需事先设定生产函数的具体形式和非效率项的分布形式。

通过比较随机前沿模型和数据包络分析法这两种典型的测算技术创新效率的方法发现，两种方法各有优劣。具体选取技术创新效率测算方法时，没有最完美的方法。

# 4.2　R&D资本存量的测算与分析

## 4.2.1　R&D资本存量测算的思路与逻辑

在测算R&D资本存量时，需要先将R&D经费内部支出转化为R&D投资。R&D支出资本化核算遵循国民经济核算中的供给—使用思想，即从供给角度，需要将R&D活动转化为R&D投入，再由R&D投入转化为R&D产出；从使用角度，需要将R&D产出按使用去向归入资本形成，即转化为R&D投资。然后，才能进一步测算出R&D资本存量。具体逻辑思路如图4.1所示。

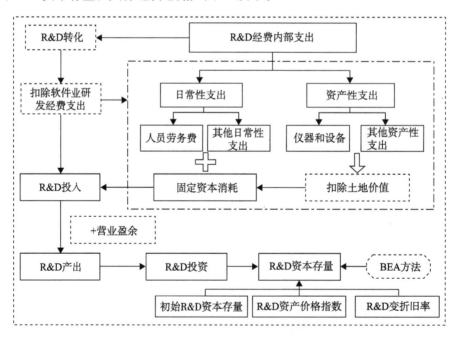

**图4.1　基于异质性视角的R&D资本存量测算逻辑思路图**

### 1.确定R&D支出资本化的核算范围

关于不成功的研发活动和非市场性的研发活动是否纳入资本化是有争议的。对于不成功的研发活动，虽然SNA 2008认为，原则上，给所有者带来经济利益的R&D活动才可以计入固定资本形成，其他活动计入中间消耗。但是在操作层面，OECD（2010）[29]认为，应该将不成功的R&D活动也纳入核算范围。理由如下：一方面，在实际操作中，由于研发活动往往用生产总成本方法进行估价，不含不成功的R&D活动会低估R&D总成本；另一方面，由于研发过程的复杂性，现实中难以区分不成功和成功的研发活动。关于非市场性活动，从理论上讲，市场性研发活动用市场价格计价，非市场性研发活动用总成本计价，但实际测算时往往采用总成本计价。为此，本书确定的核算范围是所有的研发活动。这与高敏雪（2017）[50]、江永宏和孙凤娥（2016）[51]的观点一致。

**2. R&D支出资本化核算过程**

对于研究试验与发展（R&D）经费内部支出，按支出性质可分为日常性支出和资产性支出。日常性支出包括人员劳务费和其他日常性支出。资产性支出包括仪器、设备和其他资本性支出。首先是R&D经费内部支出到R&D投入的转化。从供给角度看，在R&D经费内部支出转化为R&D投入的过程中，由于R&D经费内部支出是按现金收付制记录的，需要将其转化为按权责发生制记录的R&D投入。研究与开发、计算机软件并列隶属于知识产权产品，由于R&D按活动类型划分为基础研究、应用研究和试验发展，软件业研发经费已计入软件开发活动，而软件开发活动已包含试验发展，为了避免重复计算，需要扣除试验发展中的软件业研发经费支出。在具体进行转化时，由于R&D经费内部支出由日常性支出和资本性支出两部分组成，将其扣除资本性支出，即为日常性支出，日常性支出扣除相应部分的软件业研发经费支出后可直接计入R&D产出，而资产性支出在扣除软件业研发经费支出和土地价值之后还需要转化为固定资本消耗再计入R&D投入。这里需要说明一下，SNA 2008核算R&D资本存量时不包含土地价值，故需从资产性支出中扣除土地价值。

具体公式为：

R&D投入 = R&D经费内部支出 − 资本性支出 + 固定资本消耗

= 日常性支出 + 固定资本消耗

= （人员劳务费 + 其他日常性支出）+ 固定资本消耗 　　　(4.37)

接下来是R&D投入R&D产出的转化。R&D活动分为非市场性研发活动和市场性研发活动。非市场性研发活动可直接计入R&D产出。将市场化研发活动形成的生产税净额和营业盈余计入R&D投入才可得到R&D产出。理论上应该按市场价格估价，由于市场性研发活动的占比不高且市场价值难以观测，R&D产出往往用生产总成本法来估计。而实际测算时，考虑到数据的可获得性，有时简化对市场化研发活动形成的生产税净额、营业盈余和R&D进出口的调整和处理。

最后是从使用角度，将R&D产出转化为R&D投资。SNA1993将R&D产出视作中间消耗，SNA2008将R&D资产当作知识产权产品中的一种列入固定资产核算范围之内。遵循SNA2008原则，将R&D产出资本化处理后，按使用去向归入固定资本形成，就转化为R&D投资了。

在实践操作层面，江永宏和孙凤娥（2016）[51]与王亚菲和王春云（2018）[58]测算的R&D投资序列比较接近，二者区别在于是否对营业盈余、生产税净额和进出口进行处理。虽然王亚菲和王春云（2018）[58]未进行营业盈余、生产税净额和进出口的处理，但二者最终测算结果差异不大。因此，本书也没有对这些项目进行处理。国家统计局的数据低于江永宏和孙凤娥（2016）[51]与王亚菲和王春云（2018）[58]的测算结果。需要说明的是，国家统计局的数据来源于《国家统计局关于改革研发支出核算方法修订国内生产总值核算数据的公告》，GDP修订前后数据变化主要是由研发资本化引致的，故可以将GDP增加的部分当作R&D投资。本书与国家统计局测算结果的区别主要在于核算范围和折旧计提方法的不同。

综上所述，本书的测算与上述文献有如下几个方面的不同：一是采用的基础数据不同。江永宏和孙凤娥（2016）[51]采用年度数据，王亚菲和王春云（2018）[58]采用的是行业数据，本书采用的是省级数据，由于西藏大部分数据缺失，故对不含西藏和港澳台地区的30个省份进行测算。二是本书对软件业经费支出调整处理不同。江永宏和孙凤娥（2016）[51]是用《2009年第二次全国R&D资产清查资料汇编》中软件业研发占比（1.8%）来估算其他年份的软件业研发支出的，而王亚菲和王春云（2018）[58]认为研发经费增长率应该是变动的，估算时用软件产品行业的研发经费增长率推算其他年份，并予以剔除相应部分。本书将采用《中国信息产业年鉴》和《中国电子信息产业统计年鉴》中公布的详细的各省份软件业研发经费数据并予以扣除。三是R&D活动的核算范围有所不同。本书将所有R&D活动包括未成功的R&D活动也纳入了R&D资本化核算范围。此外，本书采用余额折旧法计提折旧，这与国家统计局的直线法计提折旧也略有不同。

在R&D投资序列的基础上，可以进一步核算R&D资本存量。江永宏和孙凤娥（2016）[51]与王亚菲和王春云（2018）[58]是根据《2009年第二次全国R&D资源清查资料汇编（综合卷）》中的数据估算各省份软件业研发经费支出的。本书则采用统计年鉴公布的各省份软件业研发经费支出数据。同时，为了便于比较，将采用两种方法估算R&D资本存量。第一种是借鉴上述文献的思路，估算各省份软件业研发经费支出，并基于此进一步测算R&D资本存量；第二种是采用统计年鉴公布的各省份软件业研发经费支出数据，并以此为基础数据核算R&D资本存量。由于前期数据处理方法的不同，根据年鉴加工处理后的数据要更准确，可以减少测量误差。

本书与上述文献的区别在于：一是本书扣除的是各省份实际的软件业的经费支出，而不是估算数据，所以资本化处理后的R&D投资序列与之有所区别；二是选取的测算方法不同，我们采用的是BEA方法，而江永宏和孙凤娥（2016）[51]一文中采用的是永续盘存法。

**3. R&D资本存量的测算方法**

R&D资本存量核算方法主要有三种（侯睿婕，2018）[55]：

一是永续盘存法（PIM）[27]。Goldsmith于1951年提出，假定相对效率几何递减，基本公式为式（4.38）所示：

$$K_t = (1-\delta)K_{t-1} + I_t \tag{4.38}$$

其中，$K_t$是$t$期R&D资本存量；$I_t$是$t$期R&D投资；$\delta$为折旧率。

二是Griliches方法[28]。Griliches于1980年提出，该方法是在Goldsmith提出的PIM基础上，引入滞后期和转化率，公式为式（4.39）所示：

$$K_t = (1-\delta)K_{t-1} + \sum_{i=1}^{n} u_i I_{t-i} \tag{4.39}$$

其中，$n$是滞后期；$u_i$是R&D转化率；其余参数经济含义与式（4.38）相同。

具体实践应用时，由于Griliches法的滞后期和转化率难以估计，一般将滞后期设为1。当滞后一期的R&D支出全部转化为投资时，即$u_i=1$，$n=1$，上式简化为：

$$K_t = (1-\delta)K_{t-1} + I_{t-1} \tag{4.40}$$

其中，参数的经济含义与式（4.39）相同。

三是BEA方法。美国商务部经济分析局（BEA）提出，该方法假定资产使用效率呈几何递减，前一期的研发资本存量和当期的研发投资都需要计提折旧。假定研发投资具有连续均匀分布特征时，需要对当期一半的投资进行折旧处理。

$$K_{it} = K_{i,t-1} - \delta_i(K_{i,t-1} + 0.5I_{it}) + I_{it} = (1-\delta_i)K_{i,t-1} + (1-0.5\delta_i)I_{it} \tag{4.41}$$

其中，$I_{it}$为历年已转换为可比价格的R&D投资；$K_{it}$为历年末按可比价格计算的R&D资本存量；$\delta_i$是折旧率。

Griliches方法和BEA方法都是对PIM的改进，三种方法的主要区别在于滞后期和转化方式等细节处理不同。杨林涛等（2015）分别用Goldsmith方法、Griliches方法和BEA方法测算了R&D资本存量，认为用BEA方法更符合经济逻辑，更具有应用前景。余泳泽（2015）[36]也持相同观点，认为用BEA方法测算更合理。

鉴于BEA方法在R&D资本存量核算实践层面具有操作性强、更系统、更合理等显著优点，采用BEA方法测算R&D资本存量，具体公式为式（4.41）所示：

假定R&D资本存量的增长率等于R&D投资增长率，即

$$g_i = \frac{I_{it} - I_{i,t-1}}{I_{i,t-1}} = \frac{K_{it} - K_{i,t-1}}{K_{i,t-1}} \qquad (4.42)$$

其中，$g_i$是第$i$个省份的R&D投资增长率；其他参数的经济含义与式（4.41）一致。

将式（4.42）代入式（4.41），整理可得初始R&D资本存量$K_{i,0}$，如式（4.43）所示：

$$K_{i,t-1} = \frac{(1 - 0.5\delta_i)I_{it}}{g_i + \delta_i} \qquad (4.43)$$

其中，参数的经济含义与式（4.41）和式（4.42）一致。

确定了初始R&D资本存量后，再结合R&D资产价格指数、折旧率、R&D投资增长率，根据式（4.41）就可计算得到各个时期的R&D资本存量。

## 4.2.2　R&D资本存量测算相关参数的确定

本书对R&D资本存量的测算逻辑遵循SNA2008，具体为：从供给角度看，R&D支出—R&D投入—R&D产出；从使用角度看，R&D产出—R&D投资。将R&D内部经费支出转化为R&D投资之后，再用BEA方法测算省级R&D资本存量。

**1. R&D投资测算**

（1）数据来源与处理。由于官方统计年鉴在2009年之后才将分省份的R&D内部经费支出按支出用途划分为日常性支出和资产性支出两部分；同时，2009年之后才有省级层面的企业、高校和科研机构R&D经费支出数据，且西藏相关数据缺失。2009年以前的数据采用科技活动经费内部支出及其构成比例代替。由于分省份R&D经费内部支出数据最早可追溯到1998年，而全国层面的研发数据最早年份是1990年，借鉴余泳泽（2015）[36]的做法，采用1998—2000年的分省份研发占比估算1990年分省份研发投入。因此，选取1990—2020年内地除西藏和港澳台地区外的30个省份的省级面板数据进行测算。所需基础数据分别来自《中国统计年鉴（2020）》《中国科技统计年鉴（1991—2020）》《中国价格统计年鉴（2020）》《中国通

信年鉴（2015—2016年）》①《中国通信年鉴（2018—2019年）》《中国电子信息产业统计年鉴（2009—2019）》。

（2）固定资本消耗测算。由于资产性支出需要转化为固定资本消耗，采用Goldsmith[27]于1951年提出的永续盘存法（Perpetual Inventory Approach，PIM）测算固定资本存量，再将资本存量与折旧率相乘得到历年固定资本消耗。其中，固定资本存量等于上期资本存量总额加上当期固定资本形成额减去当期资本存量净额，具体如式（4.44）所示：

$$K_t = K_{t-1} + I_t - A_t \tag{4.44}$$

其中，$K_t$为资本存量；$I_t$为固定资本形成额；$A_t$为资本存量净额。

由于SNA2008将软件和R&D并列计入知识产权产品，各自分开核算，为避免重复计算，资产性支出需先扣除相应的软件业研发经费支出。具体扣除软件业研发经费支出时，我们采用以下两种方法分别进行扣除：第一种方法是根据《2009年第二次全国R&D资源清查资料汇编（综合卷）》2009年R&D经费支出中信息传输、计算机服务和软件业的日常性支出和资产性支出分别为146.48亿元和11.04亿元，其中软件业的占比分别为46.4%和3.3%，按此比例将软件业研发经费支出中的日常性支出和资产性支出剥离出来。第二种方法是采用《中国通信年鉴》和《中国电子信息产业统计年鉴》公布的各省份软件业研发数据。同时，SNA2008核算固定资本存量时不包括土地价值，由于资产性支出由仪器设备和其他资产性支出两部分组成，借鉴江永宏和孙凤娥（2016）[51]的做法，将资产性支出中的其他资产性支出向下调整5%。

在扣除软件业研发经费和土地价值后，用PIM测算固定资本存量，公式为：

$$K_{it} = (1 - \delta_i)K_{i,t-1} + I_{it} \tag{4.45}$$

其中，$I_{it}$为$t$年第$i$省份扣除了软件业研发经费和土地价值后的资产性支出，且已转换为可比价格数据；$K_{it}$为$t$年末第$i$省份按可比价格计算的固定资本存量；$\delta_i$为折旧率。

由于计算式（4.45）需要得到固定资产折旧率、初始资本存量、固定资产价格指数，具体测算方法如下：

第一，折旧率。假定固定资产的相对效率呈几何效率递减，相对效率与折旧率一致。折旧率的测算选用余额折旧法，具体公式为：

---

① 《中国通信年鉴》曾用名为《中国通信年鉴（2015—2016年）》。

$$d_\tau = (1-\delta)^\tau, \tau = 1, 2, \cdots, L \tag{4.46}$$

其中，$\delta$为折旧率；$d_\tau$为残值率[①]；$\tau$为资产的使用寿命。

将其整理可得式（4.47），即为折旧率的计算公式：

$$\delta = 1 - d^{1/\tau} \tag{4.47}$$

其中，参数的经济含义与式（4.46）一致。

关于固定资产使用寿命和折旧率的设定，不同研究者会给出了不同的设定，江永宏和孙凤娥（2016）[51]将仪器和设备的折旧率设定为19.3%，其他资产的折旧率为10.2%。王亚菲和王春云（2016）[58]根据《固定资产折旧年限表》，将建筑、设备和其他资产的使用年限分别设定为38年、16年和20年。参考Maddison（1994）[190]的建议，将仪器和设备的平均使用寿命设为16年，其他固定资产的平均使用寿命设为20年，残值率为4%，根据式（4.47），则仪器和设备的折旧率为18.22%，其他资产的折旧率为14.87%。同时，考虑到省份的异质性，在此基础上，将各省份不变价仪器和设备资本支出与不变价其他资本支出各自占比作为权重，计算出各省份的综合折旧率。

第二，初始资本存量。初始资本存量的计算公式为：

$$K_{i,0} = \frac{I_{it}}{g_i + \delta_i} \tag{4.48}$$

其中，$K_{i,0}$为第$i$个省份的初始资本存量；$g_i$为资本存量增长率，用第$i$个省份扣除了软件业研发经费和土地价值后的R&D资产性支出的年均投资增长率代替；$\delta_i$为折旧率。

第三，固定资产投资价格指数。由于式（4.45）在测算固定资本存量时，需要将扣除软件业支出和土地价值的资产性支出转化为不变价数据。选取固定资产投资价格指数[②]并将其转化为2009年为基期的定基发展指数，将调整后的资产性支出、仪器和设备支出以及其他资本性支出都转化为不变价数据。

通过式（4.45）测得固定资本存量之后，将固定资本存量乘以折旧率即可得到固定资本消耗。

**2. R&D资本存量测算**

根据式（4.37）计算R&D投入之后，遵循供给—使用核算思想，已经将R&D投入转化为R&D投资，接下来再用BEA方法测算省级R&D资本存量。这时需要考虑三个方面的问题，分别是合理设定R&D资产使用年限与折旧率、确定初始资本存

---

[①] 残值率为资产退役时残留价值占总价值的比率。

[②] 由于自2020年起国家统计局不再编制固定资产投资价格指数，2020年固定资产投资价格指数运用指数平滑法预测而得。

量和构造R&D资产价格指数。R&D资本存量初始值选择不同，计算结果会有所差异。从理论上讲，初始值设定越早，随着时间的推移，初始R&D资本存量的测量误差对后续序列的影响会减小[191]。在考虑数据可得的情况下，尽量选取较早年份各省份的资本存量作为初始资本存量。在数据可得的情况下，分别选取1990年、2000年和2009年各省份的R&D资本存量作为初始R&D资本存量。同时，R&D资本存量对折旧率的设定也非常敏感，随着时间的推移，设定不同的折旧率会导致计算结果存在明显差异。

（1）R&D资本折旧率的确定。折旧率的确定方法主要有生产函数法、分期摊销模型、专利展期模型和市场估价模型、专利净收益率模型、前瞻利润模型、经验估计法、余额折旧法。赵雨涵和宋旭光（2017）[192]借鉴Li和Hell（2018）[193]的前瞻利润模型，并采用数值最优化方法测算了中国工业企业R&D资产折旧率。曹景林和赵宁宁（2017）[194]借鉴Ning和Erwin思路，运用生产函数，基于垄断利润最大化原则，对中国高技术产业五个行业的R&D资本折旧率进行估算，并测算五大行业的R&D资本存量。考虑到其可操作性，在实际操作中大部分研究者采用固定折旧率、根据经验主观判断方法、呈几何效率衰减的余额折旧法。在R&D资本折旧率的确定方面，具有一定的主观性，不同研究者做法各不相同。黄勇峰等（2002）[195]在中国制造业资本存量测算时采用的资产性支出部分的折旧率为17%，日常性支出采用20%的折旧率。吴延兵（2006）[38]在测算R&D资本存量时折旧率取15%。刘建翠等（2015）[32]按经济发展的阶段不同，将1978—1999年的折旧率设为10%，2000—2012年设为15%。杨林涛等（2015）[196]参考国家统计局国民经济核算司GDP生产核算处的建议将折旧率设定为10%。余泳泽（2015）[36]借鉴黄勇峰等（2002）[195]将资产性支出和日常性支出的折旧率分别设为17%和20%。刘建翠和郑世林（2016）[37]采用叶宗裕（2010）两个阶段的资产性支出的折旧率，即1993年建筑安装类和机器设备类的折旧率分别为7.86%和19.7%，2005年建筑安装类和机器设备类的折旧率分别为8.32%和19.94%。江永宏和孙凤娥（2016）[51]，使用年限10年，残值率为10%，R&D资产折旧率取为20.6%。王亚菲和王春云（2018）[58]设定中国建筑、设备和其他资产使用年限分别为38年、16年和20年。中国法定的固定资产残值率为3%～5%，取其中间值4%，则折旧率分别为8.12%、18.22%、14.87%，计算的综合折旧率为11.33%。韩兆洲和程学伟（2020）[197]参照张军（2004）将R&D资产折旧率设定为9.6%。

本书采用变折旧率。具体如下：折旧率的计算先依据余额折旧法。参照陈晨等（2021）[57]的做法，设定资产性支出和日常性支出的使用年限分别为15年和10年，残值率为10%，资产性支出部分的折旧率为14.23%，日常性支出的折旧率为20.57%。之后，考虑各省份的异质性因素，按资本化核算处理后的不变价资产性支出和不变价日常性支出在R&D投资中所占比重作为权重得到变折旧率。同时，考虑到R&D资本存量对折旧率的设定比较敏感，还分别设定了15%和20%固定折旧率进行对比分析。显然，考虑异质性因素的变折旧率比固定折旧率更符合实际。

（2）初始R&D资本存量。初始R&D资本存量为：

$$K_{i,0} = \frac{(1-0.5\delta_i)I_{i1}}{g_i + \delta_i} \tag{4.49}$$

其中，参数的经济含义与式（4.43）一致。

在确定了R&D投资之后，还需要设定R&D资本存量增长率和R&D资产折旧率。

首先，R&D资本存量增长率。考虑到省际异质性，这里用Sliker（2007）[198]的方法估算30个省份的研发投资增长率，假定R&D资本存量增长率与R&D投资增长率保持一致，用线性回归模型估计R&D投资增长率。

线性回归模型为：

$$\ln I_i = b_i + m_i t + \varepsilon_i \tag{4.50}$$

其中，$\ln I_i$为第$i$个省份的R&D投资对数；$t$为时间变量；$m_i$为待估的系数；$b_i$为截距项；$\varepsilon_i$为随机扰动项。

$$g_i = e^{m_i} - 1 \tag{4.51}$$

其中，$g_i$为第$i$个省份的R&D投资增长率。

其次，R&D资产折旧率。R&D资产折旧率设定同上，此处不再赘述。

（3）R&D资产价格指数的确定。在具体构建R&D资产价格指数时往往采用成本价格指数，一般按R&D资产包含的人员劳务费、中间投入成本和固定资本消耗这三部分加权来构造价格指数。不同研究者选取的变量也不相同。王玲和Adam（2008）[199]按劳务费和仪器设备费所占比重加权得到R&D资产价格指数。吴延兵（2006）[38]用固定资产投资价格指数和工业生产者购进价格指数加权计算R&D资产价格指数。江永宏和孙凤娥（2016）[51]的做法是用人员劳务费除以R&D人员全时当量得到劳动者报酬缩减指数，固定资本消耗缩减指数用固定资产价格指数中的设备、工器具价格指数，中间消耗缩减指数用工业生产者购进价格指数。王亚菲和王春云（2018）[58]对人员劳务费采用城镇居民消费价格指数进行缩减，对中间投入用工业生产者购进价格指数进行缩减，对固定资产成本用固定资产价格指数进行缩减。

综合考虑后，采用加权方法构建R&D资产价格指数，分别选用R&D人员的工资指数[①]、工业生产者购进价格指数和固定资产投资价格指数，考虑到各省份的异质性，将各个部分所占比例作为权重构造出综合R&D资产价格指数。由于2001年海南的工业生产者购进价格指数缺失，用同时期全国的数据替代。式（4.52）中涉及的变量都转化成了不变价数据，构造的综合R&D资产价格指数也都转化为2009年为基期的定基指数。具体公式为：

综合R&D资产价格指数=（固定资本消耗/R&D投资）× 固定资产投资价格指数+（扣除软件业研发经费支出的人员劳务费/R&D投资）× R&D人员工资指数+（扣除软件业研发经费支出的其他日常性支出/R&D投资）× 工业生产者购进价格指数 (4.52)

### 4.2.3 各省份R&D资本存量的测算结果

#### 1. R&D投资测算结果

基于SNA理论框架，将R&D内部经费支出扣除软件业经费支出和土地价值，对研发支出资本化后得到R&D投资数据。从省级层面测算了R&D投资，并将其汇总得到全国的数据。为了验证本书测算结果的准确性和合理性，将本书的测算结果和其他学者的测算结果进行比较，如图4.2所示。

江永宏和孙凤娥（2016）[51]测算的R&D投资到2014年，国家统计局的数据与王亚菲和王春云（2018）[58]测算到2015年。国家统计局的数据来源于《国家统计局关于改革研发支出核算方法修订国内生产总值核算数据的公告》，GDP修订前后数据变化主要是由研发资本化引致的，故可以将GDP增加的部分当作R&D投资。

---

① 借鉴江永宏和孙凤娥（2016）的做法，用人员劳务费除以R&D人员全时当量得到R&D人员的工资指数。

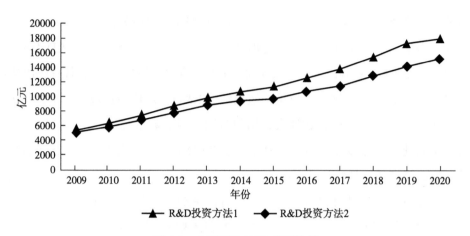

**图 4.2　全国现价 R&D 投资比较**

注：本书采用两种方法扣除软件业研发经费，第一种是根据《2009第二次全国R&D资源清查资料汇编（综合卷）》中的数据估算各省份软件业研发经费支出；第二种是采用统计年鉴公布的各省份软件业研发经费支出数据。

由图4.2可知，采用第一种方法得到的R&D投资数据明显要比第二种方法大很多，可见，采用统计年鉴公布的各省份软件业研发数据直接测算R&D投资要比估算的数据更准确[200]。

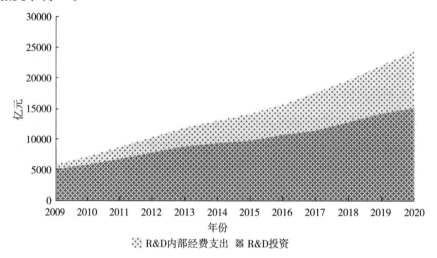

**图 4.3　R&D 经费内部支出与 R&D 投资比较**

注：此处的R&D投资是采用第二种方法测算得到的。

R&D投资与R&D内部经费支出高度相关，二者的皮尔逊相关系数为0.9782，但二者还是有区别的，具体如图4.3所示。主要原因有两个方面：一是R&D经费内部支出需要扣除软件业经费、土地价值等细项；二是基于SNA2008，需要将R&D

经费内部支出中的资产性支出转化为固定资本消耗，不是所有当期的R&D内部经费支出都转化为R&D投资。故在考虑R&D投入产出测度时，直接将R&D经费内部支出看作R&D资本投入，这会高估R&D资本投入，使用计量模型估计时容易产生测量误差，从而出现遗漏变量偏差，进而可能会导致内生性问题。

**2. R&D资本存量测算结果**

根据BEA方法，考虑到省际异质性，选用变折旧率（见表4.3），测算的省级研究试验与发展（R&D）资本存量结果如表4.4所示。

（1）R&D资产变折旧率。在具体测算R&D资本存量时，考虑了各省份的异质性，没有选用固定折旧率，表4.3显示了各省份的折旧率，取值区间范围为19.15%~19.94%，最低的省份是云南，最高的省份是广东。

表4.3　R&D资产变折旧率

单位：%

| 省份 | 折旧率 | 省份 | 折旧率 |
|---|---|---|---|
| 北京 | 19.42 | 河南 | 19.46 |
| 天津 | 19.47 | 湖北 | 19.64 |
| 河北 | 19.50 | 湖南 | 19.81 |
| 山西 | 19.41 | 广东 | 19.94 |
| 内蒙古 | 19.47 | 广西 | 19.68 |
| 辽宁 | 19.83 | 海南 | 19.49 |
| 吉林 | 19.79 | 重庆 | 19.20 |
| 黑龙江 | 19.54 | 四川 | 19.55 |
| 上海 | 19.65 | 贵州 | 19.72 |
| 江苏 | 19.89 | 云南 | 19.15 |
| 浙江 | 19.76 | 陕西 | 19.39 |
| 安徽 | 19.55 | 甘肃 | 19.51 |
| 福建 | 19.47 | 青海 | 19.73 |
| 江西 | 19.52 | 宁夏 | 19.50 |
| 山东 | 19.65 | 新疆 | 19.48 |

（2）各省份R&D资本存量。从整体来看，随着时间的推移，R&D资本存量稳步提升，从1990年的777.85亿元上升至2020年的32223.37亿元，年均增长13.22%，高于这期间的GDP增速（9.07%）。R&D资本存量占GDP的比重稳中有降，由1990年的4.12%下降为2020年的3.18%，R&D资本存量整体规模还不够大。

表4.4　1990—2020年各省份不变价R&D资本存量测算结果

单位：亿元

| 地区 | 1990年 | 1995年 | 2000年 | 2005年 | 2010年 | 2015年 | 2016年 | 2017年 | 2018年 | 2019年 | 2020年 |
|---|---|---|---|---|---|---|---|---|---|---|---|
| 北京 | 187.19 | 217.77 | 440.87 | 1044.69 | 2172.01 | 3185.28 | 3331.72 | 3496.62 | 3791.32 | 4086.85 | 4301.90 |
| 天津 | 16.13 | 25.08 | 57.40 | 171.94 | 530.03 | 806.94 | 838.95 | 885.14 | 952.31 | 1001.79 | 1067.90 |
| 河北 | 17.89 | 25.30 | 58.20 | 152.56 | 405.52 | 620.78 | 646.93 | 684.31 | 722.58 | 740.98 | 778.82 |
| 山西 | 8.89 | 13.12 | 28.34 | 70.57 | 231.20 | 367.11 | 384.53 | 407.13 | 436.84 | 460.21 | 492.48 |
| 内蒙古 | 1.80 | 3.06 | 7.35 | 26.21 | 130.77 | 226.76 | 237.04 | 251.47 | 266.15 | 278.70 | 289.22 |
| 辽宁 | 47.57 | 54.82 | 111.91 | 327.93 | 703.39 | 1032.34 | 1071.26 | 1108.22 | 1165.28 | 1238.30 | 1322.16 |
| 吉林 | 16.75 | 17.22 | 34.03 | 106.93 | 232.55 | 362.53 | 388.75 | 399.08 | 433.77 | 458.70 | 482.07 |
| 黑龙江 | 20.04 | 24.79 | 49.35 | 124.07 | 317.78 | 485.77 | 502.76 | 534.53 | 571.13 | 586.55 | 629.86 |
| 上海 | 59.41 | 87.75 | 192.91 | 536.22 | 1192.30 | 1615.50 | 1682.94 | 1787.32 | 1942.38 | 2083.36 | 2235.02 |
| 江苏 | 46.93 | 75.92 | 175.01 | 630.65 | 1874.76 | 2783.44 | 2891.48 | 3023.91 | 3192.98 | 3258.80 | 3523.73 |
| 浙江 | 14.64 | 25.89 | 64.66 | 336.58 | 1097.72 | 1600.30 | 1678.96 | 1782.28 | 1890.63 | 1967.42 | 2074.95 |
| 安徽 | 14.56 | 20.29 | 45.80 | 123.35 | 378.56 | 654.90 | 698.90 | 753.53 | 796.64 | 847.29 | 938.28 |
| 福建 | 11.33 | 17.65 | 42.80 | 138.31 | 367.83 | 551.02 | 585.02 | 631.76 | 675.04 | 727.94 | 788.36 |
| 江西 | 6.84 | 9.77 | 21.50 | 67.02 | 221.50 | 366.08 | 383.14 | 405.23 | 417.29 | 422.07 | 441.40 |
| 山东 | 34.01 | 52.78 | 121.74 | 444.27 | 1463.00 | 2316.89 | 2420.28 | 2545.33 | 2670.55 | 2782.59 | 2950.95 |
| 河南 | 16.89 | 25.39 | 57.86 | 145.17 | 467.29 | 761.32 | 802.61 | 860.65 | 938.69 | 1001.25 | 1085.98 |
| 湖北 | 35.37 | 47.21 | 99.53 | 210.18 | 578.46 | 948.74 | 999.27 | 1058.68 | 1121.44 | 1177.56 | 1262.45 |
| 湖南 | 16.83 | 21.70 | 47.31 | 121.12 | 391.21 | 654.44 | 691.61 | 724.86 | 749.07 | 772.73 | 850.72 |
| 广东 | 67.51 | 103.40 | 241.56 | 678.09 | 1547.79 | 2133.46 | 2259.26 | 2395.05 | 2467.27 | 2559.56 | 2662.44 |
| 广西 | 3.17 | 5.25 | 13.83 | 40.14 | 128.56 | 234.07 | 248.34 | 266.51 | 280.47 | 291.68 | 312.40 |
| 海南 | 1.23 | 1.78 | 3.70 | 5.81 | 15.07 | 26.65 | 27.82 | 30.18 | 32.34 | 35.32 | 37.47 |
| 重庆 | 7.87 | 11.39 | 25.33 | 75.02 | 217.26 | 356.98 | 380.09 | 406.79 | 426.02 | 447.36 | 480.64 |
| 四川 | 43.57 | 59.30 | 125.96 | 283.37 | 611.09 | 900.54 | 945.90 | 1004.10 | 1068.07 | 1122.11 | 1213.14 |
| 贵州 | 4.15 | 5.29 | 11.14 | 29.36 | 76.10 | 125.40 | 131.91 | 140.53 | 149.98 | 159.82 | 171.14 |
| 云南 | 7.38 | 9.39 | 19.54 | 49.34 | 115.48 | 175.65 | 185.03 | 196.22 | 208.25 | 215.65 | 235.17 |
| 陕西 | 51.23 | 61.03 | 127.06 | 275.81 | 556.63 | 818.76 | 857.46 | 906.18 | 969.74 | 1028.64 | 1109.28 |
| 甘肃 | 12.40 | 13.31 | 25.12 | 52.44 | 119.01 | 181.91 | 186.29 | 194.97 | 208.64 | 221.59 | 240.43 |
| 青海 | 1.16 | 1.57 | 3.36 | 8.79 | 20.47 | 31.97 | 35.50 | 37.68 | 40.18 | 42.60 | 44.51 |
| 宁夏 | 1.41 | 1.82 | 3.93 | 9.30 | 30.71 | 53.61 | 56.86 | 59.63 | 61.36 | 62.40 | 65.50 |
| 新疆 | 3.70 | 4.37 | 8.98 | 18.29 | 60.10 | 102.29 | 104.51 | 109.38 | 119.09 | 125.91 | 135.00 |
| 全国 | 777.85 | 1043.41 | 2266.10 | 6303.53 | 16254.14 | 24481.41 | 25655.12 | 27087.26 | 28765.50 | 30205.71 | 32223.37 |
| 东部 | 503.84 | 688.14 | 1510.76 | 4467.06 | 11369.41 | 16672.61 | 17434.63 | 18370.13 | 19502.69 | 20482.90 | 21743.72 |
| 中部 | 136.17 | 179.48 | 383.73 | 968.41 | 2818.55 | 4600.88 | 4851.56 | 5143.68 | 5464.87 | 5726.35 | 6183.23 |
| 西部 | 137.83 | 175.77 | 371.61 | 868.06 | 2066.17 | 3207.92 | 3368.93 | 3573.45 | 3797.95 | 3996.46 | 4296.42 |

注：基于第二种方法测算的不变价R&D资本存量。

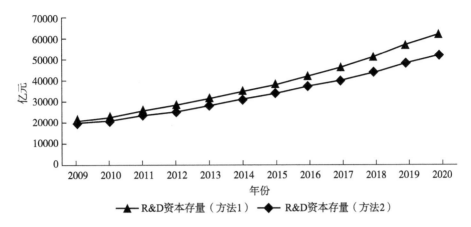

图 4.4  现价 R&D 资本存量比较

说明一下，第一种测算结果是基于方法1测算的R&D投资序列；第二种测算结果是基于方法2测算的R&D投资序列。二者主要区别在于如何扣除软件业研发经费，第一种是采用软件业研发经费支出估算数据并予以扣除；第二种是采用统计年鉴公布的各省份软件业研发经费支出数据予以扣除。

根据各省份R&D资本存量的分布特征，将各省份的R&D资本存量划分为四类，前三类都隶属于东部地区，北京和江苏年均增速为12.41%，广东和山东年均增速为14.31%，上海和浙江增速最快，达14.51%。2020年这6个省份的R&D资本存量占全国的比重高达56.71%，占据半壁江山（见表4.5）。

表4.5  类别划分结果

单位：亿元，%

| 类别 | 地区 | 个数 | 2020年R&D资本存量 | 占比 | 年均增速 |
|---|---|---|---|---|---|
| 第一类 | 北京、江苏 | 2 | 7825.64 | 25.91 | 12.41 |
| 第二类 | 广东、山东 | 2 | 5613.39 | 17.42 | 14.31 |
| 第三类 | 上海、浙江 | 2 | 4309.98 | 13.38 | 14.51 |
| 第四类 | 天津、河北、山西、内蒙古、辽宁、吉林、黑龙江、安徽、福建、江西、河南、湖北、湖南、广西、海南、重庆、四川、贵州、云南、陕西、甘肃、青海、宁夏、新疆 | 24 | 14474.37 | 44.92 | 13.02 |

（3）按地区划分的R&D资本存量。分地区来看，东部地区R&D资本存量明显高于中部和西部地区，地区差异显著。东部、中部和西部各地区的平均增速分别为13.37%、13.56%和12.15%。2019年，东部、中部、西部各自的R&D资本存量占全国的比重分别为67.48%、19.19%和13.33%。总体而言，东部地区R&D资本存量明

显高于中部和西部地区，但是2010年之后，中西部地区的年均增速快于东部，呈现
基数小、增速快的特点。

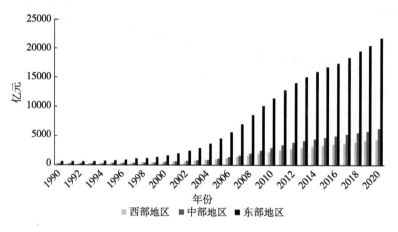

**图 4.5　各地区 R&D 资本存量**

（4）不同参数设定下的R&D资本存量。由于初始资本存量、折旧率、R&D资
产价格指数基期选择等参数的设定影响R&D资本存量测算。考虑到计算结果的稳
健性，分别选取1990年、2000年和2009年为基期，不仅采取变折旧率，还设定固
定折旧率，并将固定折旧率分别设为15%和20%，测算得到不同基期和折旧率下的
R&D资本存量。由图4.6可知，选取1990年和2000年为基期的测算结果比较接近，
与1990年为基期的测算结果相比，选取2009年为基期的测算结果前期偏大一些，
随着时间的推移，二者差距逐渐缩小。变折旧率下的R&D资本存量与固定折旧率为
20%的测算结果比较接近。折旧率为15%的测算结果高于其他测算结果，且随着时
间的推移，差距越来越大，这说明R&D资本存量测算对折旧率的设定比较敏感。

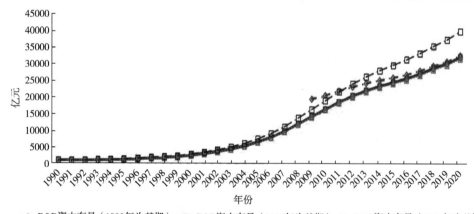

**图 4.6　不同基期和折旧率下的 R&D 资本存量**

# 4.3 技术创新效率的测算与分析

在前面第1章文献综述部分和本章4.1节，对技术创新效率的相关文献和测算方法做了简要阐述，这两种方法在具体的测算原理和适用范围有所不同，但都以生产前沿面为基础。根据章节的内在逻辑性，本节从三个方面分析技术创新效率，首先，基于DEA-Malmquist的技术创新效率测算分析。其次，基于SFA的技术创新效率测算分析。最后，基于两种方法的技术创新效率对比分析。DEA是基于非参数方法的效率分析，SFA是基于参数方法的效率分析。此外，还从时间趋势上考察数字经济发展水平和平均创新效率的发展态势。

## 4.3.1 各省份基于DEA-Malmquist的技术创新效率的测算结果

### 1. Malmquist 指数及其横向分解结果

通过选取2011—2020年中国30个省份的面板数据，运用DEAP 2.1软件对Malmquist指数进行分解（见表4.6）。

若Malmquist指数大于1，表明t+1期的全要素生产率比t期的大，即全要素生产率是增长的，反之，若Malmquist指数小于1，则表明全要素生产率是下降的；若技术进步（TECHch）>1，表明从t期到t+1期，由于采用先进技术等原因引起了技术进步，其会对全要素生产率的提高具有促进作用，反之则表明在这一时期技术衰退了，其会阻碍全要素生产率的提高；若规模效率（SEch）>1，表明从t到t+1期规模结构优化了，其会促进全要素生产率的提高，反之，则表明在这段时期内规模结构未优化，其会阻碍全要素生产率的改善；若纯技术效率（PEch）>1，表明从t到t+1期技术利用效率提高了，这种提高改善了全要素生产率，反之则表明在这段时期内技术利用效率下降了，这种下降制约了全要素生产率的提高。

从整体来看，全国创新全要素生产率年平均增长率为0.143，将全国创新全要素生产率分解为技术进步和技术效率，技术进步的年平均增长率为0.067，技术效率年平均增长0.072，技术效率增长稍快于技术进步。将技术效率进一步分解为纯技术效率和规模效率，其中纯技术效率年平均增长0.071，规模效率增减幅度不大。

分地区来看，将技术效率分解后，大部分省份的规模效率变化指数都低于1，说明技术效率的提升主要来源于纯技术效率。江苏、浙江、安徽、重庆和四川的技术效率变化率低于1，这些省份在创新发展中，要实现创新资源的合理配置和充分

121

利用，要重视技术创新效率的提升。

总体来说，我国这十年科学技术突飞猛进，创新效率的增长主要来自纯技术效率，在创新管理水平和创新技术上都有很大的提高，但是创新的规模效率还不够高。

表4.6 各省份的Malmquist指数及其分解

| 地区 | 技术效率变化指数（EFFch） | 技术进步指数（TECHch） | 纯技术效率变化指数（PEch） | 规模效率变化指数（SEch） | 全要素生产率变化指数（TFPch） |
|---|---|---|---|---|---|
| 北京 | 1.049 | 1.061 | 1.069 | 0.981 | 1.112 |
| 天津 | 1.104 | 1.069 | 1.128 | 0.978 | 1.180 |
| 河北 | 1.116 | 1.067 | 1.140 | 0.978 | 1.191 |
| 山西 | 1.117 | 1.068 | 1.136 | 0.983 | 1.193 |
| 内蒙古 | 1.176 | 1.069 | 1.184 | 0.994 | 1.257 |
| 辽宁 | 1.030 | 1.064 | 1.049 | 0.982 | 1.096 |
| 吉林 | 1.114 | 1.072 | 1.128 | 0.987 | 1.194 |
| 黑龙江 | 1.068 | 1.073 | 1.088 | 0.981 | 1.146 |
| 上海 | 1.006 | 1.068 | 1.032 | 0.975 | 1.074 |
| 江苏 | 0.968 | 1.064 | 0.990 | 0.978 | 1.030 |
| 浙江 | 0.976 | 1.053 | 0.979 | 0.997 | 1.028 |
| 安徽 | 0.981 | 1.070 | 1.000 | 0.981 | 1.050 |
| 福建 | 1.058 | 1.063 | 1.074 | 0.985 | 1.124 |
| 江西 | 1.112 | 1.059 | 1.120 | 0.993 | 1.178 |
| 山东 | 1.048 | 1.067 | 1.076 | 0.975 | 1.119 |
| 河南 | 1.071 | 1.076 | 1.096 | 0.978 | 1.152 |
| 湖北 | 1.077 | 1.064 | 1.101 | 0.978 | 1.146 |
| 湖南 | 1.030 | 1.069 | 1.053 | 0.978 | 1.100 |
| 广东 | 1.022 | 1.063 | 1.016 | 1.006 | 1.087 |
| 广西 | 1.133 | 1.074 | 1.147 | 0.988 | 1.217 |
| 海南 | 1.123 | 1.065 | 1.000 | 1.123 | 1.196 |
| 重庆 | 0.986 | 1.050 | 0.986 | 1.000 | 1.035 |
| 四川 | 0.996 | 1.062 | 1.014 | 0.983 | 1.057 |
| 贵州 | 1.094 | 1.067 | 1.083 | 1.010 | 1.167 |
| 云南 | 1.047 | 1.072 | 1.053 | 0.994 | 1.122 |
| 陕西 | 1.067 | 1.066 | 1.089 | 0.979 | 1.137 |
| 甘肃 | 1.161 | 1.070 | 1.162 | 0.999 | 1.242 |
| 青海 | 1.198 | 1.073 | 1.000 | 1.198 | 1.285 |
| 宁夏 | 1.162 | 1.076 | 1.089 | 1.066 | 1.250 |

| 地区 | 技术效率变化指数（EFFch） | 技术进步指数（TECHch） | 纯技术效率变化指数（PEch） | 规模效率变化指数（SEch） | 全要素生产率变化指数（TFPch） |
|---|---|---|---|---|---|
| 新疆 | 1.114 | 1.076 | 1.106 | 1.008 | 1.199 |
| 东部 | 1.044 | 1.064 | 1.049 | 0.995 | 1.111 |
| 中部 | 1.070 | 1.069 | 1.089 | 0.982 | 1.144 |
| 西部 | 1.101 | 1.069 | 1.081 | 1.018 | 1.176 |
| 华北 | 1.112 | 1.067 | 1.131 | 0.983 | 1.186 |
| 东北 | 1.070 | 1.070 | 1.127 | 0.983 | 1.145 |
| 华东 | 1.020 | 1.063 | 1.127 | 0.985 | 1.085 |
| 中南 | 1.075 | 1.068 | 1.116 | 0.985 | 1.149 |
| 西南 | 1.030 | 1.063 | 1.095 | 0.984 | 1.094 |
| 西北 | 1.139 | 1.072 | 1.056 | 0.981 | 1.222 |
| 均值 | 1.072 | 1.067 | 1.071 | 1.000 | 1.143 |

按东、中、西划分来看，全要素生产率涨幅最快的是西部地区，增长了0.176，东部地区的技术进步变动大于技术效率变动，中部地区的技术效率变动与技术进步变动基本保持一致，西部地区的技术效率变动大于技术进步变动。

进一步地，将全国30个省份划分为华北、东北、华东、中南、西南、西北六大区域[①]。根据我国六大经济区域的技术创新效率变动情况来看，六大地区的创新全要素生产率均有所提升。其中，涨幅最大的是西北地区，增长了0.222，主要是技术进步和纯技术效率的提升。六大经济区域的规模效率都是下降的，说明各地区要素投入尚未达到最优规模。虽然六大经济区域的全要素生产率都有所提升，但提升幅度因地而异，存在显著的区域差异。

**2. Malmquist 指数及其纵向分解结果**

对各年Malmquist指数进行分解（见表4.7），并对其结果进行分析。

从表4.7可以看出，2012—2013年全国Malmquist全要素生产率增长了0.068，到2019—2020年增长了0.357，整体呈波动状态。2018—2019年和2019—2020年的技术效率是下降的。近两年技术效率一直处于下降状态，分别下降了0.046和0.106。将技术效率分解后，只有2018—2019年是由纯技术效率下降引起的技术效率下降，

---

① 华北地区包括：北京、天津、河北、山西、内蒙古；东北地区包括：辽宁、吉林、黑龙江；华东地区包括：上海、江苏、浙江、安徽、福建、山东、江西；中南地区包括：河南、湖北、湖南、广东、广西、海南；西南地区包括：重庆、四川、贵州、云南、西藏；西北地区包括：陕西、甘肃、青海、宁夏、新疆。

其余年份都是由规模效率下降导致的。技术进步在2012—2013年、2013—2014年、2015—2016年和2016—2017年这些时间段是下降的。可见，由于规模效率的下降使得技术效率改善不明显。那么，为了提高研发创新的技术效率，需要转变粗放型的规模扩张模式。

表4.7　各年Malmquist指数分解

| 年份 | 技术效率变化指数（EFFch） | 技术进步指数（TECHch） | 纯技术效率变化指数（PEch） | 规模效率变化指数（SEch） | 全要素生产率变化指数（TFPch） |
|---|---|---|---|---|---|
| 2012—2013 | 1.111 | 0.961 | 1.102 | 1.009 | 1.068 |
| 2013—2014 | 1.173 | 0.857 | 1.143 | 1.026 | 1.005 |
| 2014—2015 | 1.191 | 1.153 | 1.120 | 1.064 | 1.373 |
| 2015—2016 | 1.041 | 0.975 | 1.049 | 0.993 | 1.015 |
| 2016—2017 | 1.106 | 0.941 | 1.082 | 1.022 | 1.041 |
| 2017—2018 | 1.226 | 1.092 | 1.157 | 1.059 | 1.338 |
| 2018—2019 | 0.954 | 1.023 | 0.951 | 1.002 | 0.976 |
| 2019—2020 | 0.894 | 1.517 | 1.037 | 0.862 | 1.357 |
| 均值 | 1.087 | 1.065 | 1.080 | 1.004 | 1.152 |

### 4.3.2　各省份基于SFA的技术创新效率的测算结果

各变量的描述性统计结果（见表4.8），专利申请量的均值为9.912，R&D资本存量的均值为6.413，R&D人员全时当量的均值为11.125，R&D资本存量的离散程度小于其他两个变量。

表4.8　基本描述性统计结果

| 变量 | 变量名称 | 样本量 | 均值 | 标准差 | 最小值 | 最大值 |
|---|---|---|---|---|---|---|
| 专利申请授权量（件） | lnY | 360 | 9.912 | 1.504 | 5.576 | 13.473 |
| R&D资本存量（亿元） | lnK | 360 | 6.413 | 1.242 | 3.009 | 8.868 |
| R&D人员全时当量（人年） | lnL | 360 | 11.125 | 1.183 | 8.296 | 13.679 |

运用Stata 17.0软件得到的估计结果如表4.9所示。

在表4.9中，模型1为Kumbhakar（1990），无效率项服从半正态分布；模型2和模型3分别为Battese和Coelli（1992）和Battese和Coelli（1995），无效率项都服从截断正态分布。模型2的γ为0.757，说明误差来源主要来自技术无效率项。

表4.9　SFA参数估计结果

| | （1） | （2） | （3） |
|---|---|---|---|
| lnK | 0.380*** <br> （0.0995） | 0.281*** <br> （0.0906） | 0.542*** <br> （0.0893） |
| lnL | 0.694*** <br> （0.0884） | 0.502*** <br> （0.0801） | 0.616*** <br> （0.0917） |
| _cons | 0.273 <br> （0.43333） | 4.666*** <br> （0.7764） | 0.356 <br> （0.6074） |
| Usigma | | | |
| t | −0.455*** <br> （0.0824） | | |
| _cons | | | −1.564*** <br> （0.3896） |
| Vsigma | | | |
| _cons | | | −2.250*** <br> （0.6080） |
| Sigma | | | |
| _cons | | −1.792*** <br> （0.2766） | |
| _cons | | 1.134*** <br> （0.3874） | |
| Mu | | | |
| lnL | 0.0176*** <br> （0.0029） | | |
| _cons | | 1.509*** <br> （0.2994） | 0.713** <br> （0.3185） |
| Eta | | | |
| _cons | | 0.0596*** <br> （0.0077） | |
| usigmas | | | |
| lnL | −0.468*** <br> （0.1268） | | |
| _cons | 4.280*** <br> （1.4362） | | |
| vsigmas | | | |
| _cons | −2.142*** <br> （0.2902） | | |

续　表

| | （1） | （2） | （3） |
|---|---|---|---|
| Gamma | | 0.757 | |
| N | 360 | 360 | 360 |

注：以上模型均为效率时变模型，区别在于无效率项的误差设定和服从的分布不同。

①括号内为标准误。

②***、**、*分别对应0.01、0.05和0.1的显著性水平。

表4.10为基于SFA方法测算得到的各省份年均技术效率。浙江的技术效率最高，内蒙古和山西的技术效率较低。个别欠发达地区技术效率高的可能原因在于技术效率是一个相对指标，这些省份的创新产出低，投入可能更低，相对来说，技术效率表现为高水平。总的来说，中国各地区技术效率存在区域不均衡现象。

表4.10　各省份年均技术效率

| 省份 | 技术效率 | 省份 | 技术效率 |
|---|---|---|---|
| 北京 | 0.377 | 河南 | 0.428 |
| 天津 | 0.425 | 湖北 | 0.399 |
| 河北 | 0.412 | 湖南 | 0.399 |
| 山西 | 0.365 | 广东 | 0.596 |
| 内蒙古 | 0.322 | 广西 | 0.483 |
| 辽宁 | 0.391 | 海南 | 0.606 |
| 吉林 | 0.376 | 重庆 | 0.643 |
| 黑龙江 | 0.470 | 四川 | 0.555 |
| 上海 | 0.456 | 贵州 | 0.644 |
| 江苏 | 0.542 | 云南 | 0.489 |
| 浙江 | 0.668 | 陕西 | 0.405 |
| 安徽 | 0.543 | 甘肃 | 0.468 |
| 福建 | 0.583 | 青海 | 0.506 |
| 江西 | 0.513 | 宁夏 | 0.511 |
| 山东 | 0.400 | 新疆 | 0.596 |

### 4.3.3 SFA和DEA测算结果的对比分析

**表4.11 描述性统计分析结果**

| 方法 | 均值 | 标准差 | 最小值 | 最大值 | 离散系数 |
|------|------|--------|--------|--------|----------|
| SFA | 0.512 | 0.138 | 0.219 | 0.876 | 0.270 |
| DEA | 0.643 | 0.244 | 0.163 | 1.000 | 0.380 |

图4.7分别采用两种测算方法的技术效率进行对比分析。DEA-Malmquist方法的技术效率由2013年的0.519增加至2020年的0.790；SFA方法的技术效率由2013年的0.448增加至2020年的0.666。

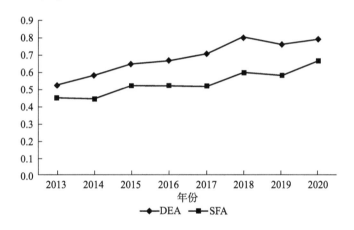

**图4.7 2013—2020年全国技术效率**

采用DEA-Malmquist方法进行测算时，技术效率较高的省份是浙江、江苏和广东，内蒙古、吉林和山西的技术效率较低。个别省份的技术效率为1，即决策单元在前沿生产面上，但需要注意的是，即使技术效率为1，也不能说明其投入要素得到了充分利用。

通过描述性统计分析发现，两种方法测算得到的各区域的技术效率，基于SFA测算得到的技术效率离散程度更小一些，二者的相关系数为0.836。

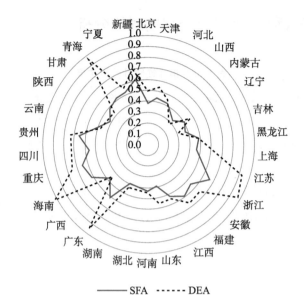

图 4.8　各省份年平均技术效率

表4.12　各区域技术效率的描述统计

| 方法 | 区域 | 均值 | 标准差 | 最小值 | 最大值 | 离散系数 |
|---|---|---|---|---|---|---|
| SFA | 东部 | 0.458 | 0.078 | 0.376 | 0.628 | 0.170 |
| | 中部 | 0.508 | 0.072 | 0.409 | 0.634 | 0.142 |
| | 西部 | 0.568 | 0.106 | 0.400 | 0.727 | 0.186 |
| DEA | 东部 | 0.717 | 0.099 | 0.590 | 0.858 | 0.139 |
| | 中部 | 0.525 | 0.139 | 0.344 | 0.713 | 0.264 |
| | 西部 | 0.656 | 0.141 | 0.441 | 0.824 | 0.215 |
| SFA | 华北 | 0.406 | 0.107 | 0.278 | 0.621 | 0.264 |
| | 东北 | 0.440 | 0.093 | 0.339 | 0.634 | 0.212 |
| | 华东 | 0.551 | 0.049 | 0.490 | 0.652 | 0.089 |
| | 中南 | 0.507 | 0.089 | 0.386 | 0.671 | 0.176 |
| | 西南 | 0.610 | 0.056 | 0.491 | 0.677 | 0.092 |
| | 西北 | 0.533 | 0.142 | 0.331 | 0.737 | 0.266 |
| DEA | 华北 | 0.483 | 0.191 | 0.259 | 0.770 | 0.406 |
| | 东北 | 0.478 | 0.137 | 0.331 | 0.683 | 0.306 |
| | 华东 | 0.745 | 0.087 | 0.629 | 0.876 | 0.145 |
| | 中南 | 0.656 | 0.119 | 0.490 | 0.811 | 0.227 |
| | 西南 | 0.709 | 0.093 | 0.546 | 0.836 | 0.133 |
| | 西北 | 0.693 | 0.168 | 0.448 | 0.891 | 0.283 |

图4.9和图4.10分别是基于SFA和DEA方法测算得到的各区域技术创新效率，由图可以看出DEA测算的技术效率更分散一些。SFA测算的技术效率最高的是西南地区，年均技术效率为0.610。技术效率最低的是华北地区，年均技术效率为0.406。

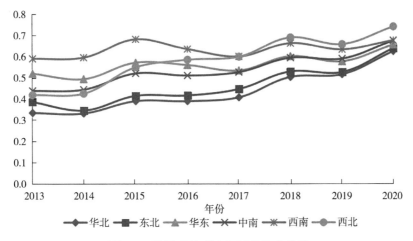

**图 4.9  基于 SFA 的各区域的技术效率**

DEA测算的技术效率最高的是西南地区，年均技术效率为0.709。技术效率最低的是东北地区，年均技术效率为0.478。

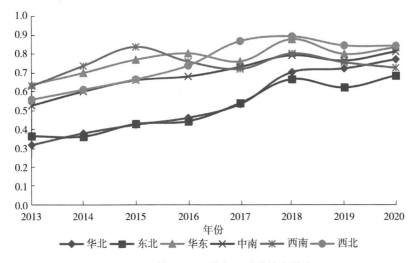

**图 4.10  基于 DEA 的各区域的技术效率**

## 4.3.4  数字经济与技术创新效率的相关性分析

上一章和本章分别测算了数字经济发展水平和技术创新效率，图4.11绘制了各年数字经济发展指数和技术创新效率均值的发展态势。由图4.11可知，数字经济发展指数和技术创新效率均有明显趋势，二者的相关关系为0.95，高度相关。这为后面的实证检验提供了经验依据。

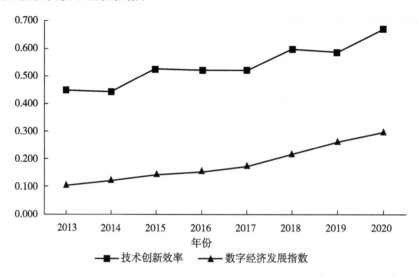

**图4.11 数字经济发展指数与技术创新效率之间的关系**

# 4.4 本章小结

新发展格局下，我国大力推进创新驱动经济高质量发展，而R&D作为衡量创新的重要指标，非常有必要对其进行合理测算。基于SNA2008框架，从供给—使用角度厘清R&D支出资本化核算范围，沿着R&D支出—R&D投入—R&D产出—R&D投资的逻辑思路，将R&D支出转化为R&D投资，之后采用BEA方法，从异质性视角测算了1990—2020年30个省份的R&D资本存量。在对R&D支出资本化之后，将其作为资本投入要素，本章采用DEA和SFA两种方法测算技术创新效率，二者技术效率显著相关，相关系数为0.836。基于DEA-Malmquist指数，将创新全要素生产率分解为技术效率变化、技术进步变化、纯技术效率变化和规模效率变化。从整体来看，技术效率增长快于技术进步。对技术效率分解后，技术效率的提升主要来源于纯技术效率，多数省份的规模效率变化低于1。基于SFA测算技术效率时，技术效率整体呈上升态势，且各地区存在不均衡问题。此外，初步考察数字经济发展指数和技术创新效率二者的关系，发现二者相关性较高。

DEA和SFA这两种方法都可以测算技术效率，二者的区别在于：DEA是采用线性规划求解，是一种非参数方法，而SFA则通过设定生产函数的具体形式，采用极大似然估计法估计参数，是一种估计参数的方法。本章实证结果表明，基于SFA方法比DEA方法测算的技术效率，其离散程度更小一些。若利用技术创新效率进行评价和比较时，两种方法的测算结果具有一致性；若数据有测量误差或受扰动项影响较大时，一般参数方法测算结果优于非参数方法。由于两种测算方法各有其优势和不足，需要结合数据特点和适用条件，选择合适的模型进行分析。综上所述，本章的相关测算结果将为后续影响机制和效应等方面的研究奠定数据基础。

测算结果显示：第一，通过DEA-Malmquist对各省份技术创新效率进行测算，并将技术创新效率分解为技术进步和技术效率，将技术效率进一步分解为纯技术效率和规模效率，发现技术效率变化快于技术进步，各省份技术创新效率存在明显差异。采用SFA方法测算各省份技术创新效率，技术效率由2013年的0.448增加至2020年的0.666，浙江等地区的技术效率较高，内蒙古等地区的技术效率较低，同样发现各省份技术效率水平不一，区域创新发展不均衡。第二，基于SFA方法比DEA方法测算的技术效率，其离散程度更小一些。若利用技术创新效率进行评价和比较，则两种方法的测算结果具有一致性；若数据有测量误差或受扰动项影响较大，则参数方法测算结果优于非参数方法。由于两种测算方法各有其优势和不足，将其中之一用于进行基准回归，同时将另一测算结果用于稳健性检验。第三，数字经济发展指数和技术创新效率具有明显的趋势，二者高度相关。

以第2章为理论基础，后面三章以数字经济为切入点，探究数字经济对技术创新效率的影响，并进一步验证前面章节提出的假设，如数字经济能否促进技术创新效率的显著提升？数字经济对技术创新效率的影响是否存在中介效应？是否存在空间溢出效应？是否既有直接效应，还有间接效应？后面章节将运用计量模型进行实证分析，以此刻画数字经济对技术创新效率的影响机制。

# 5  数字经济对技术创新效率的影响：基准回归分析

在本章实证分析中，根据豪斯曼检验，选用固定效应模型，用上一年全国互联网用户数和1998年每百人固定电话数量构造交互项作为工具变量，同时还采用了系统GMM模型进行分析，以此缓解内生性问题。在进行内生性和稳健性检验之后，按不同区域和创新主体进行异质性分析，并探讨数字经济对技术创新效率是否具有显著的正向促进作用，假设1和假设2是否成立。

# 5.1　模型设定与变量选取

## 5.1.1　模型设定

为了考察数字经济对技术创新效率的影响，基于2013—2020年中国省级面板数据，采用面板数据模型，具体设定为：

$$te_{it} = \alpha_0 + \alpha_1 digital_{it} + \sum_j \beta_j control_{it} + u_i + \varepsilon_{it} \tag{5.1}$$

其中，$\alpha_0$为常数项；被解释变量（$te_{it}$）为第$i$个省份在第$t$年的技术创新效率；核心解释变量（$digital_{it}$）为第$i$个省份在第$t$年的数字经济发展水平；$control_{it}$为一系列控制变量；$u_i$为第$i$个省份的个体固定效应；$\varepsilon_{it}$为随机扰动项。

## 5.1.2　变量选取

（1）被解释变量。被解释变量为技术创新效率（$te_{it}$），用SFA方法测算得到的结果来表征。

（2）解释变量。解释变量为数字经济发展水平（$digital_{it}$），用第3章熵值法测算的结果来衡量。

（3）控制变量。控制变量选取人均GDP、城镇化率、贸易开放度、政府干预、知识产权保护和研发投入强度等可能的影响因素作为控制变量。

一是人均GDP。人均GDP以2013年为基期，用GDP平减指数对其平减，进而得到人均实际GDP。二是城镇化率（urb）用年末城镇人口与总人口之比来反映。三是贸易开放度（tra），用人民币表示的进出口总额与GDP的比值来衡量。四是政府干预（gov），用财政支出占GDP的比重来表征。五是知识产权保护（ipr），用技术市场交易额与GDP之比来表示。六是研发投入强度（rd），用研发经费投入占GDP比重的相对指标来刻画。

表5.1 基本描述性统计结果

| 变量 | 样本量 | 均值 | 标准差 | 最小值 | 最大值 |
|---|---|---|---|---|---|
| 技术效率（te） | 240 | 0.536 | 0.132 | 0.248 | 0.876 |
| 数字经济（digital） | 240 | 0.186 | 0.108 | 0.041 | 0.698 |
| 人均GDP（pgdp） | 240 | 1.656 | 0.400 | 0.792 | 2.714 |
| 城镇化率（urb） | 240 | 0.565 | 0.129 | 0.299 | 0.942 |
| 贸易开放度（tra） | 240 | 0.259 | 0.263 | 0.008 | 1.257 |
| 政府干预（gov） | 240 | 0.267 | 0.113 | 0.120 | 0.753 |
| 知识产权保护（ipr） | 240 | 1.697 | 2.821 | 0.019 | 17.573 |
| R&D投入强度（rd） | 240 | 1.783 | 1.138 | 0.446 | 6.473 |

表5.1是描述统计的分析结果，技术创新效率的均值为0.536，最小值为0.248，最大值为0.876，标准差为0.132，不同地区的技术创新效率有差异。数字经济发展水平的均值为0.186，最小值为0.041，最大值为0.698，标准差为0.108，不同地区的数字经济发展水平差异明显。此外，控制变量也有一定的差异。

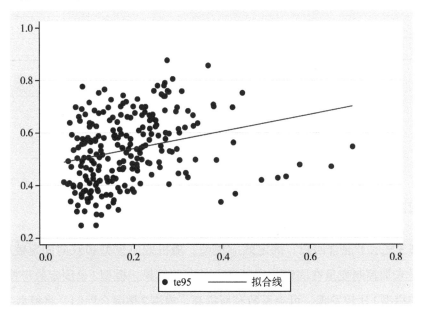

图5.1 数字经济与技术创新效率的散点图和拟合线

为了更直观地呈现数字经济发展指数与技术创新效率之间的关系，我们绘制了二者的散点图和拟合线，由图5.1可知，数字经济对技术创新效率具有明显的影响趋势。但这仅是初步描述性统计分析结果，具体作用机制和影响效应如何还需进一步实证检验。

面板数据平稳性检验，通过单位根检验变量是否平稳。原假设为"存在单位根"，一般的平稳性检验有LLC检验、Breintung方法，这两种方法针对的是同质面板，若为异质面板，则采用IPS、ADF-Fisher和PP-Fisher方法。

参考谷安平和史代敏（2010）[201]的研究来考察变量的平稳性，采用LLC检验来判断变量是否平稳，结果发现，在5%的显著性水平下，所有变量的P值显著，均拒绝原假设，说明变量是平稳的。

表5.2　模型检验结果

| 变量 | LLC检验 |
|---|---|
| 技术效率（te） | −5.0209*** |
| 数字经济（digital） | −6.3739*** |
| 人均GDP（pgdp） | −11.7019*** |
| 城镇化率（urb） | −14.7260*** |
| 贸易开放度（tra） | −17.3066*** |
| 政府干预（gov） | −17.5349*** |
| 知识产权保护（ipr） | −4.8969*** |
| R&D投入强度（rd） | −4.8821*** |

注：*、**和***分别代表统计量显著性水平为0.1、0.05和0.01。

## 5.2　基准回归结果分析

### 5.2.1　模型选择

表5.3显示了混合回归、固定效应模型、随机效应模型和双向固定效应模型，模型1是未加控制变量在固定效应基础上的回归结果，模型3是固定效应模型，将模型3与模型1比较发现，可决系数有所提高。模型2是混合回归，将模型2和模型3进行比较，F检验的P值为0.0000，拒绝原假设，即固定效应模型优于混合回归。模型4是随机效应，将模型3与模型4进行比较，根据豪斯曼检验，P值为0.0348，

拒绝原假设，应使用固定效应模型。

在未加任何控制变量时，数字经济发展水平对技术创新效率影响的系数为 1.019，在1%的显著性水平上显著，在加入控制变量后，估计系数有所变小，但仍显著，表明数字经济发展水平的提高可以促进技术创新效率的提升，这就验证了假设1，即数字经济对技术创新效率的提升存在显著的正向作用。

表5.3 基准回归结果

| 变量 | （1） | （2） | （3） | （4） |
|---|---|---|---|---|
| digital | 1.019*** | 0.928*** | 0.994*** | 1.002*** |
| | （0.123） | （0.112） | （0.169） | （0.166） |
| ipr | | −0.0114** | 0.00222 | −0.00425 |
| | | （0.00464） | （0.00935） | （0.00604） |
| rd | | −0.0664*** | −0.0979*** | −0.0977*** |
| | | （0.0197） | （0.0277） | （0.0218） |
| tra | | 0.0794* | −0.147 | −0.0195 |
| | | （0.0416） | （0.130） | （0.0744） |
| gov | | 0.177* | 0.326 | 0.151 |
| | | （0.106） | （0.399） | （0.265） |
| urb | | −0.478*** | 1.184* | 0.101 |
| | | （0.159） | （0.668） | （0.356） |
| pgdp | | 0.128*** | −0.190 | 0.0568 |
| | | （0.0424） | （0.154） | （0.0802） |
| Constant | 0.347*** | 0.510*** | 0.0740 | 0.341*** |
| | （0.0228） | （0.0667） | （0.144） | （0.127） |
| Observations | 240 | 240 | 240 | 240 |
| Number of province | 30 | | 30 | 30 |
| R-squared | 0.574 | 0.424 | 0.634 | |

注：①括号内为标准误。

②***、**、*分别对应0.01、0.05和0.1的显著性水平。

在控制变量的回归结果中，数字经济、城镇化率、贸易开放度、政府干预、知识产权保护和研发投入强度对技术创新效率的影响部分显著。贸易开放度对技术创新效率的影响作用不固定，有的模型中也不显著，究其原因，可能在于贸易开放度并不对各省份的创新要素产生直接影响。贸易开放度对技术创新效率的影响在模型2中为正，在模型3和模型4中则为负且不显著，可能是因为进口产品和引进技术，由于创新具有高投入、高风险和不确定性，知识和技术转化存在时滞性，创新动力不足，这就可能抑制系统内创新转化，但这种影响不显著，即随着产品和技术的对外贸易引进和出口，对技术创新活动没有产生实质性的影响。

## 5.2.2 结果分析

我国正在加快推进5G网络和千兆光网建设，5G、算力应用等加速向经济社会各个领域渗透，数字经济与实体经济的深度融合极大激发了数据要素的创新活力。据国家知识产权局战略规划司编制的《数字经济核心产业专利统计分析报告（2023）》[202]有关数据显示，2016—2022年，中国数字经济核心产业发明专利授权量年均增长18.1%，高于同期发明专利授权总量的年均增速。其中，2022年授权数字经济核心产业发明专利33.5万件，同比增长17.5%，数字经济领域创新成果突出。数据已渗透到了生产与生活的方方面面，数据与其他生产要素的有机结合，发挥其乘数效应，一方面，促使传统生产方式发生变革，生产、销售、管理和组织等不断革新，从而提升传统产业的智能化水平，赋能传统产业开拓更广阔的创新空间；另一方面，数据要素在与传统生产要素结合的时候，会催生新工艺和新产品，激发创新主体的创新性，驱动其进行自主创新。数字技术利用数据生产要素超越地理空间限制的能力，充分释放数据要素的价值。数据在企业各部门互联互通，实时线上采集和动态监测，有效打破"数据壁垒"，使组织和管理形式扁平化，通过自有知识和知识溢出获取外部知识的方式，促使要素在产业内部形成良性循环，引导要素协同集聚于先进生产力，并倒逼企业开展创新活动。数字经济的发展降低了创新成本。这可以从边际成本、信息获取成本和交易成本三个方面来看：在边际成本方面，知识和技术等要素呈边际收益递增，由梅特卡夫定律可知，网络的价值与它的用户数量的平方成正比。虽然前期投入大，可能有比较大的沉没成本，但随着用户数量和应用的推广，边际成本会相应地降低。在信息获取成本方面，数字经济的发展减少了信息不对称和信息传递的时滞性，加快了传递速度，获取的信息质量也有所提高。创新主体可以快速了解产品和行业动向，降低了道德风险和逆向选择。在交易成本方面，数字经济的发展使信用信息更容易获得，可以快速方便地获得交易者的信誉和评级信息，从而以新的交易机制实现交易成本节约。不仅如此，数字经济的发展可以实现正外部性。数字技术突破了要素壁垒，各要素高效协同，加快了要素流动速率，创新主体可以不受时间、地理空间等限制实现跨区域合作交流。知识和信息的自由流动，弱化了组织边界和地理边界，空间关联密切，互补性知识的融合和碰撞以及知识等创新要素的流动形成知识溢出和技术外部性，推动了技术创新效率的提高。此外，数字经济的发展减少了不确定性，提高了创新活动的成功率。由于研发具有高投入低投资回报率的特征，事前预判能力的局限性可能会误判行情走势，形成资源浪费、产品低端重复同质化竞争。数字经济的发展可以实现精准画像，利用最新技术准确预测产品和市场走势，提高产品和用户需求匹配度，市场精准定位和投放降低了决策风险，实现效用最大化的决策，提高研发成功率。因而，数字经济发展对技术创新效率具有显著的正向促进作用，已成为当前推动技术创新效率提升的重要引擎和动力源泉。

# 5.3　内生性检验

## 5.3.1　工具变量的构造

由于遗漏变量、双向因果关系、观测误差和样本选择偏差等，这些因素都可能导致模型产生内生性，从而使得估计发生偏误。根据豪斯曼检验，拒绝了原假设，存在内生性问题。借鉴黄群慧等（2019）[151]的方法，选取1998年每百人固定电话数量作为衡量数字经济发展水平的工具变量，由于其为截面数据，用上一年全国互联网用户数和每百人固定电话数量构造交互项，并利用工具变量法进行估计，以缓解内生性。一方面，邮电历史数据作为传统的电信基础设施，是数字经济发展的先决条件，与后续的数字技术发展高度相关，满足相关性；另一方面，随着信息技术的发展，历史邮电数据对目前数字经济发展的影响微乎其微，在控制了其他影响因素后，每百人固定电话数量与技术创新效率并无直接关系，满足排他性。因此，构造的工具变量满足相关性和外生性要求，可以用作为一个有效的工具变量。

## 5.3.2　回归分析结果及检验

根据弱工具变量检验，Wald F统计量为182.446，大于Stock-Yogo weak ID test criticalvalues中10%的临界值，拒绝原假设，认为不存在弱工具变量问题。因此，选取的工具变量是合理的。

表5.4显示的是工具变量法的回归结果，模型1和模型2分别显示了基于随机效应和固定效应的回归结果。根据豪斯曼检验结果，拒绝原假设，采用固定效应模型。LM统计量为122.335，P值为0.000，拒绝"不可识别"原假设，说明不存在识别不足的问题。

表5.4　工具变量法回归结果

| 变量 | （1） | （2） | （3） |
|---|---|---|---|
| | te | te | te |
| digital | 1.064*** | 1.143*** | 1.004*** |
| | （0.152） | （0.203） | （0.186） |
| L.te | | | 0.410** |
| | | | （0.165） |
| ipr | −0.00411 | 0.00273 | −0.0117 |
| | （0.00577） | （0.00767） | （0.00763） |
| rd | −0.0895*** | −0.0956*** | −0.0380 |
| | （0.0182） | （0.0217） | （0.0295） |
| tra | −0.0534 | −0.267** | 0.00629 |
| | （0.0755） | （0.111） | （0.0680） |
| gov | 0.192 | 0.466** | 0.104 |
| | （0.141） | （0.214） | （0.135） |
| urb | 0.0226 | 1.185** | −0.0405 |
| | （0.318） | （0.552） | （0.0808） |
| pgdp | 0.0426 | −0.277** | −0.0850 |
| | （0.0898） | （0.141） | （0.264） |
| Constant | 0.383*** | 0.178 | 0.322*** |
| | （0.112） | （0.183） | （0.108） |
| Observations | 210 | 210 | 210 |
| Number of province | 30 | 30 | 30 |

注：①括号内为标准误。

②***、**、*分别对应0.01、0.05和0.1的显著性水平。

之前采用的是静态面板的估计，接下来采用动态面板模型的估计方法，即差分GMM和系统GMM方法。由于差分GMM会损失样本信息，可能导致有限样本偏误，一般倾向于用系统GMM方法进行估计。将技术创新效率的滞后一期引入模型，内生变量的滞后一期作为工具变量，采用系统GMM进行估计。动态面板模型如下：

$$te_{it} = \alpha_0 + \alpha_1 digital_{it} + \alpha_2 te_{i,t-1} + \sum_j \beta_j control_{it} + u_i + \varepsilon_{it} \qquad (5.2)$$

其中，变量的含义同式（5.1）。

首先，对扰动项的自相关性进行检验，AR（1）的P值小于0.1，A（2）的P值大于0.1，二阶自相关AR（2）不拒绝"扰动项无自相关"的原假设。接下来，进行过度识别检验，Hansen统计量的P值为0.142，拒绝原假设，即认为选取的变量是有效工具变量，模型不存在过度识别问题。表5.4中模型3为系统GMM的估计结果，数字经济发展指数的系数为1.004，系数为正，表明中国数字经济对技术创新效率的正向影响仍显著。

# 5.4　稳健性检验

通过更换核心解释变量、更换被解释变量以及剔除直辖市这三种方式进行稳健性检验。

## 5.4.1　更换核心解释变量

模型1为更换核心解释变量，数字经济发展指数采用TOPSIS法测算得到。模型2是将核心解释变量换为人均数字经济增加值。回归结果发现，数字经济对技术创新效率的影响为正，说明数字经济可以显著地促进技术创新效率的提升，模型所得结果是稳健的。

表5.5　稳健性检验

| 变量 | te | te | te-malmq | te |
|---|---|---|---|---|
| | （1） | （2） | （3） | （4） |
| digital_1 | | | 0.954*** | 1.071*** |
| | | | （0.221） | （0.206） |
| digital_2 | 0.921*** | | | |
| | （0.127） | | | |
| digital_3 | | 0.821*** | | |
| | | （0.247） | | |
| ipr | 0.00536 | 0.00578 | −0.0310*** | −0.000698 |
| | （0.00979） | （0.00637） | （0.00850） | （0.0102） |
| rd | −0.0840*** | −0.135*** | −0.0674** | −0.135** |
| | （0.0296） | （0.0219） | （0.0287） | （0.0492） |
| tra | −0.183 | 0.0238 | 0.0678** | −0.333** |
| | （0.112） | （0.0234） | （0.0279） | （0.135） |
| gov | 0.310 | 0.498 | 0.327* | 0.248 |
| | （0.516） | （0.316） | （0.177） | （0.429） |
| urb | | −0.0517 | −1.255*** | 1.612 |
| | | （0.333） | （0.295） | （0.990） |

续　表

| 变量 | te | te | te-malmq | te |
|---|---|---|---|---|
| | （1） | （2） | （3） | （4） |
| pgdp | | 0.287*** | 0.486*** | −0.289 |
| | | （0.0755） | （0.0796） | （0.213） |
| Constant | 0.465** | −0.456*** | 0.308*** | 0.0862 |
| | （0.175） | （0.174） | （0.101） | （0.286） |
| Observations | 240 | 240 | 240 | 208 |
| R−squared | 0.580 | 0.547 | 0.392 | 0.650 |
| Number of province | 30 | 30 | 30 | 26 |

注：①括号内为标准误。

②***、**、*分别对应0.01、0.05和0.1的显著性水平。

### 5.4.2　更换被解释变量

模型3为更换被解释变量，采用DEA-Malmquist测算得到技术创新效率。同样，在1%的显著性水平下，回归系数显著为正，数字经济可以显著地促进技术创新效率的提升，模型所得结果是稳健的。

### 5.4.3　剔除直辖市

模型4为剔除北京、天津、上海、重庆4个直辖市。通过稳健性检验发现，核心解释变量的系数显著为正，数字经济可以显著地促进技术创新效率的提升，说明模型所得结果是稳健的（具体结果见表5.5）。

## 5.5　异质性分析

### 5.5.1　按区域划分

由于第3章分析了数字经济发展水平存在地区差异，进一步将全国划分为东、中、西三大区域，回归结果见表5.6。通过分析发现，东、中、西地区的数字经济发展水平对技术创新效率的正向影响都显著，但存在区域异质性。东部地区的数字经济对技术创新效率的促进作用大于中、西部地区。

表5.6　分地区回归结果

| 变量 | （1）东部 | （2）中部 | （3）西部 |
|---|---|---|---|
| digital | 1.062** (0.387) | 0.804** (0.271) | 0.854** (0.355) |
| ipr | 0.0132 (0.0131) | 0.0247 (0.0152) | −0.0126 (0.0209) |
| rd | −0.0614*** (0.0162) | | −0.318* (0.153) |
| tra | −0.0584 (0.175) | −0.3519 (0.669) | −0.513 (0.406) |
| gov | 0.480 (0.561) | 0.560 (0.586) | 0.119 (0.456) |
| urb | 1.068 (0.618) | | 1.906 (2.451) |
| pgdp | −0.238 (0.219) | | −0.204 (0.408) |
| Constant | 0.0446 (0.357) | 0.255 (0.187) | 0.113 (0.848) |
| Observations | 88 | 64 | 88 |
| R−squared | 0.700 | 0.681 | 0.667 |
| Number of province | 11 | 8 | 11 |

注：①括号内为标准误。

②\*\*\*、\*\*、\*分别对应0.01、0.05和0.1的显著性水平。

东部地区的人才、技术、制度和基础设施比较完善，广东、江苏和北京等省份的数字经济发展水平高，数字经济对技术创新效率的影响最大。因此，东部地区数字经济发展对技术创新效率的提升作用相对于西部地区较强。2021年，我国提出了《全国一体化大数据中心协同创新体系算力枢纽实施方案》，提出在京津冀、长三角、粤港澳大湾区、成渝，以及贵州、内蒙古、甘肃、宁夏等地布局建设全国一体化算力网络国家枢纽节点。随着"东数西算"国家工程的全面启动，贵州、重庆、四川等西部地区的数字经济发展势头良好，数字经济发展对技术创新效率作用的发挥潜力巨大。中部地区地理位置优越，国务院发布了《关于新时代推动中部地区高质量发展的意见》，将中部地区的市场红利和人口红利转化为数据红利和智能红利，有力促进了中部地区崛起，数字经济对技术创新效率的溢出红利将会不断释放。当然，中西部地区数字经济起步晚，要素市场化程度不足，信息和知识流动不畅，要素资源组合和协调能力还有待于加强。进一步促进东中西区域协调发展，加强东中西地区的创新活动的空间关联性，才可以更有效发挥数字经济对区域技术创新效率的提升作用。

## 5.5.2　按创新主体划分

创新主体分为高校、企业和科研机构，不同创新主体在创新偏好、创新能力与形式等方面具有不同的表现，从而数字经济对不同创新主体的技术创新效率的提升影响不同，呈现出比较明显的异质性。

表5.7　不同创新主体回归结果

| 变量 | （1） | （2） | （3） |
| --- | --- | --- | --- |
| | 高校 | 企业 | 科研机构 |
| digital | 1.405*** <br> （0.283） | 1.344*** <br> （0.158） | 0.610*** <br> （0.216） |
| ipr | −0.0564** <br> （0.0250） | | |
| rd | −0.160*** <br> （0.0477） | 0.00641 <br> （0.0451） | −0.0342 <br> （0.0595） |
| tra | 0.112 <br> （0.265） | 0.392** <br> （0.160） | 0.261** <br> （0.125） |
| gov | −0.0450 <br> （0.750） | | 1.362** <br> （0.563） |
| Constant | 0.737*** <br> （0.229） | 0.176 <br> （0.107） | 0.224 <br> （0.156） |
| Observations | 240 | 240 | 210 |
| R−squared | 0.239 | 0.464 | 0.141 |
| Number of province | 30 | 30 | 30 |

注：①括号内为标准误。

②***、**、*分别对应0.01、0.05和0.1的显著性水平。

需要说明的是，由于2020年的科研机构数据缺失，这里分析的是2013—2019年的科研机构技术创新效率。据国家知识产权局数据显示，截至2022年底，国内数字经济核心产业有效发明专利中，企业拥有量占比70.9%。高校和企业的数字经济对技术创新效率的影响效应大于科研机构。

基于异质性分析发现，不同地区和不同创新主体的数字经济对技术创新效率的影响力度不同，假设2得以验证成立。

# 5.6 本章小结

选取1998年每百人固定电话数量作为衡量数字经济发展水平的工具变量，并用上一年全国互联网用户数和每百人固定电话数量构造交互项，以此作为工具变量缓解内生性。之后的稳健性检验也说明模型结果稳健。结果显示，各省份数字经济发展对其技术创新效率的提升有显著的正向促进作用，但存在异质性，东部地区数字经济对技术创新效率的促进作用大于中西部地区；数字经济对不同创新主体的技术创新效率影响也不同，数字经济对高校和企业的技术创新效率高于科研机构。由于不同地区的数字经济发展水平存在明显差异，数字经济对各省份技术创新效率的影响具有区域异质性。从东、中、西部地区分别来看，数字经济对三个地区技术创新效率的影响均显著，具有区域异质性，东部地区的影响效果最强，中、西部地区次之。从不同创新活动来看，数字经济对不同主体技术创新效率的影响具有异质性，数字经济对高校和企业技术创新效率的影响大于科研机构。这就验证了之前提出的假设1和假设2，数字经济能够促进各省份技术创新效率提升，且不同区域和不同主体的影响力度不同。

那么，数字经济对各省份技术创新效率的影响是否有中介效应？空间溢出效应是否显著？数字经济对各省份技术创新效率的影响是否不仅有直接影响，还有间接影响？后续章节将对此问题进行进一步探讨。

# 6 数字经济对技术创新效率的影响：中介效应分析

本章将进一步验证数字经济对各省份技术创新效率的影响是否存在中介效应，这里选取金融发展水平和人力资本作为中介变量。以此验证，数字经济对各省份技术创新效率影响是否存在中介效应。

# 6.1　模型设定与变量选取

## 6.1.1　模型设定

中介效应是阐明解释变量如何作用于被解释变量的重要机制，最早应用于心理学。传统的中介效应分析法有Baron和Kenny（1986）[203]逐步检验回归系数法、系数乘积检验法和系数差异检验法。

当研究解释变量$X$对被解释变量$Y$的影响时，若二者的因果链条中存在一个中介变量$M$，使得解释变量$X$可以通过中介变量$M$对被解释变量$Y$产生影响。那么，解释变量$X$不仅直接作用于被解释变量$Y$，还通过中介变量$M$间接作用于被解释变量$Y$。

根据Baron和Kenny（1986）[203]提出的逐步法进行中介效应检验时，模型的基本形式为：

$$Y = cX + \varepsilon_1 \tag{6.1}$$

$$M = aX + \varepsilon_2 \tag{6.2}$$

$$Y = c'X + bM + \varepsilon_3 \tag{6.3}$$

第1个模型为被解释变量$Y$对解释变量$X$的回归；第2个模型是中介变量$M$对解释变量$X$进行回归，得到$M$对$X$影响的系数$a$；第3个模型将解释变量$X$和中介变量$M$都放入方程，得到$M$对$Y$影响的系数$b$。

系数$c$表示解释变量$X$对被解释变量$Y$的总效应，系数$a$和$b$的乘积是解释变量$X$通过中介变量$M$进而影响被解释变量$Y$的中介效应。若所研究的中介效应模型只含一个中介变量，系数之间的关系：总效应=直接效应+间接效应，即$c=c'+ab$。

为了考察数字经济对技术创新效率的影响，采用面板数据模型，具体设定为：

$$te_{it} = \alpha_0 + \alpha_1 digital_{it} + \sum_j \beta_j control_{it} + u_i + \varepsilon_{it} \qquad (6.4)$$

$$med_{it} = \alpha_0 + \alpha_1 digital_{it} + \sum_j \beta_j control_{it} + u_i + \varepsilon_{it} \qquad (6.5)$$

$$te_{it} = \alpha_0 + \alpha_1 digital_{it} + \alpha_2 med_{it} + \sum_j \beta_j control_{it} + u_i + \varepsilon_{it} \qquad (6.6)$$

其中，$\alpha_0$ 为常数项；被解释变量（$te_{it}$）为第 $i$ 个省份在第 $t$ 年的技术创新效率；核心解释变量（$digital_{it}$）为第 $i$ 个省份在第 $t$ 年的数字经济发展水平；$control_{it}$ 为一系列控制变量；$med_{it}$ 为中介变量；$u_i$ 为第 $i$ 个省份的个体固定效应；$\varepsilon_{it}$ 为随机扰动项。

图6.1为中介效应的具体检验程序。若系数 $a$ 和 $b$ 均显著，则存在中介效应，若系数 $a$ 和 $b$ 至少有一个不显著，则需要采用Bootstrap法和Sobel法进行进一步的检验，来判断是否存在中介效应。

若被解释变量 $Y$ 对解释变量 $X$ 的回归系数 $c'$ 不显著，说明直接效应不显著，系数 $b$ 显著，存在完全中介效应。若系数 $c'$ 和 $b$ 都显著，说明直接效应显著，存在部分中介效应。

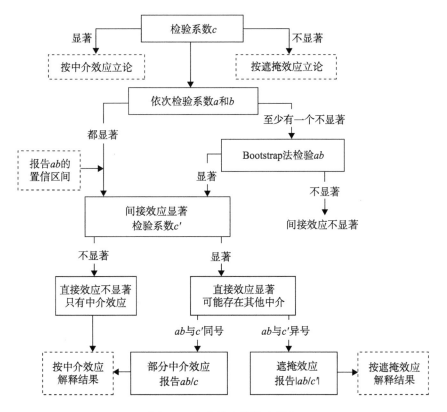

**图6.1  中介效应的检验程序**

## 6.1.2 变量选取

**1.被解释变量**

被解释变量为技术创新效率（$te_{it}$），用第4章测算的结果来表征。

**2.解释变量**

解释变量为数字经济发展水平（$digital_{it}$），用第3章测算的结果来衡量。

**3.控制变量**

控制变量选取对贸易开放度（tra）、政府干预（gov）、知识产权保护（ipr）和研发投入强度（rd）等可能的影响因素作为控制变量。

**4.中介变量**

中介变量选取金融发展水平（fia）和人力资本（edu）。金融发展水平用金融机构年末存款余额占GDP比重来衡量。人力资本用受教育程度来衡量，即接受大学（指大学专科及以上）教育的人口占总人口的比重。

# 6.2　金融发展水平的中介效应检验

## 6.2.1　中介效应I的检验结果与分析

借鉴Baron和Kenny（1986）提出的逐步法（见表6.1），所有模型均控制了地区因素，采用固定效应模型进行估计。模型1和模型3中的数字经济发展水平的系数为正且均在1%的显著性水平下显著，且模型3的系数小于模型1。模型2的核心变量系数显著，表明金融可以促进数字经济发展。模型3中的中介变量系数显著且为正，说明数字经济对中国技术创新效率存在显著的部分中介效应。

这说明数字经济对中国技术创新效率的影响路径中，数字经济通过金融发展来促进技术创新效率的提升。

表6.1　回归结果

| 变量 | （1） | （2） | （3） |
|---|---|---|---|
| | te95 | fia | te95 |
| digital | 1.174*** | 1.069*** | 1.104*** |
| | （0.0936） | （0.276） | （0.0953） |

| 变量 | （1） | （2） | （3） |
|---|---|---|---|
| | te95 | fia | te95 |
| fia | | | 0.0647*** |
| | | | （0.0219） |
| ipr | −0.00179 | 0.142*** | −0.0110 |
| | （0.00725） | （0.0238） | （0.00793） |
| rd | −0.100*** | 0.0683 | −0.105*** |
| | （0.0190） | （0.0746） | （0.0182） |
| tra | −0.0176 | −0.685*** | 0.0268 |
| | （0.0703） | （0.247） | （0.0676） |
| gov | 0.411 | 6.270*** | 0.00499 |
| | （0.255） | （0.773） | （0.302） |
| Constant | 0.331* | 3.267*** | 0.120 |
| | （0.180） | （0.613） | （0.187） |
| 省份 | Y | Y | Y |
| Observations | 240 | 240 | 240 |
| R-squared | 0.833 | 0.974 | 0.841 |

注：①括号内为标准误。

②\*\*\*、\*\*、\*分别对应0.01、0.05和0.1的显著性水平。

表6.2给出了回归系数估计结果，检验结果表明中介变量系数显著，存在中介效应，即数字经济通过金融发展促进中国技术创新效率提升。

表6.2　Sobel法检验结果

| | 系数 | 标准误 | z | P值 |
|---|---|---|---|---|
| 系数a | 1.0690 | 0.2700 | 3.9589 | 0.0001 |
| 系数b | 0.0647 | 0.0213 | 3.0341 | 0.0024 |
| 间接效应 | 0.0692 | 0.0287 | 2.4082 | 0.0160 |
| 直接效应 | 1.1044 | 0.0856 | 12.9078 | 0.0000 |
| 总效应 | 1.1736 | 0.0841 | 13.9546 | 0.0000 |

接下来进行中介效应的显著性检验，根据Sobel系数乘积检验法，表6.3报告了Sobel检验、Aroian检验和Goodman检验，所有检验均拒绝原假设，说明系数显著，存在中介效应。

表6.3　中介效应显著性检验

| | 系数 | 标准误 | z | P值 |
|---|---|---|---|---|
| Sobel检验 | 0.06918 | 0.02873 | 2.408 | 0.01603 |
| Goodman−1（Aroian）检验 | 0.06918 | 0.02930 | 2.361 | 0.01822 |
| Goodman−2检验 | 0.06918 | 0.02815 | 2.458 | 0.01397 |
| 中介效应所占比重 | 0.059 | | | |
| 间接效应与直接效应之比 | 0.063 | | | |
| 总效应与直接效应之比 | 1.063 | | | |

　　Sobel检验的统计量假定服从渐进标准正态分布，在有限样本中，标准误有可能会有偏差，随着中介效应的发展，目前Bootstrap方法被应用于中介效应检验。

　　根据Bootstrap法（见表6.4），间接效应的系数为0.0692，P值为0.0430，置信区间为[0.0022，0.1362]，说明数字经济通过金融发展对中国技术创新效率的间接效应显著为正，因此，假设3得证。直接效应的系数为1.1044，P值为0.0000，置信区间为[0.8985，1.3103]，说明数字经济对中国技术创新效率的直接效应显著为正。

表6.4　Bootstrap法检验结果

| 系数 | 效应系数 | Bootstrap标准误 | z | P值 | 95%置信区间 | |
|---|---|---|---|---|---|---|
| | | | | | 下限 | 上限 |
| _bs_1 | 0.0692 | 0.0342 | 2.0200 | 0.0430 | 0.0022 | 0.1362 |
| _bs_2 | 1.1044 | 0.1050 | 10.5100 | 0.0000 | 0.8985 | 1.3103 |

## 6.2.2　中介效应I的异质性分析

　　按照不同创新主体，将其划分为高校、企业和科研结构，并分别按这些创新主体进行中介效应分析。

### 1.高校

　　如表6.5所示，模型1和模型3中的数字经济发展水平的系数为正且均在1%的显著性水平下显著，且模型3的系数小于模型1。模型2的核心变量系数显著，表明金融可以促进中国高校数字经济发展。模型3中的中介变量系数显著且为正，说明数字经济对中国高校技术创新效率存在显著的部分中介效应。

表6.5　回归结果

| 变量 | （1） | （2） | （3） |
|---|---|---|---|
|  | te95 | fia | te95 |
| digital | 1.405*** | 1.069*** | 1.181*** |
|  | （0.182） | （0.270） | （0.180） |
| fia |  |  | 0.209*** |
|  |  |  | （0.0449） |
| ipr | −0.0564*** | 0.142*** | −0.0861*** |
|  | （0.0156） | （0.0231） | （0.0161） |
| rd | −0.160*** | 0.0683 | −0.174*** |
|  | （0.0452） | （0.0671） | （0.0432） |
| tra | 0.112 | −0.685*** | 0.255 |
|  | （0.160） | （0.238） | （0.156） |
| gov | −0.0450 | 6.270*** | −1.357*** |
|  | （0.426） | （0.633） | （0.494） |
| Constant | 1.284*** | 3.267*** | 0.600 |
|  | （0.374） | （0.555） | （0.386） |
| 省份 | Y | Y | Y |
| Observations | 240 | 240 | 240 |
| R−squared | 0.532 | 0.970 | 0.575 |

注：①括号内为标准误。

②***、**、*分别对应0.01、0.05和0.1的显著性水平。

数字经济对中国高校技术创新效率的影响路径中，数字经济通过金融发展来促进高校技术创新效率的提升。

表6.6给出了回归系数估计结果，检验结果表明中介变量系数显著，存在中介效应，即数字经济通过金融发展促进中国高校技术创新效率提升。

表6.6　Sobel法检验结果

| | 系数 | 标准误 | z | P值 |
|---|---|---|---|---|
| 系数a | 1.0690 | 0.2700 | 3.9589 | 0.0001 |
| 系数b | 0.2092 | 0.0449 | 4.6649 | 0.0000 |
| 间接效应 | 0.2237 | 0.0741 | 3.0185 | 0.0025 |
| 直接效应 | 1.1813 | 0.1799 | 6.5660 | 0.0000 |
| 总效应 | 1.4049 | 0.1820 | 7.7206 | 0.0000 |

接下来进行中介效应的显著性检验，根据Sobel系数乘积检验法，表6.7报告了

Sobel检验、Aroian检验和Goodman检验，所有检验均拒绝原假设，说明系数显著，存在中介效应。

表6.7　中介效应显著性检验

| | 系数 | 标准误 | z | P值 |
|---|---|---|---|---|
| Sobel检验 | 0.2237 | 0.0741 | 3.018 | 0.0025 |
| Goodman-1（Aroian）检验 | 0.2237 | 0.0751 | 2.979 | 0.0029 |
| Goodman-2检验 | 0.2237 | 0.0731 | 3.060 | 0.0022 |
| 中介效应所占比重 | 0.159 | | | |
| 间接效应与直接效应之比 | 0.189 | | | |
| 总效应与直接效应之比 | 1.189 | | | |

根据Bootstrap法（见表6.8），间接效应的系数为0.2237，P值为0.036，置信区间为[0.0147，0.4326]，说明数字经济通过金融发展对中国高校技术创新效率的间接效应显著为正。直接效应的系数为1.1813，P值为0.000，置信区间为[0.7515，1.6111]，说明数字经济对中国高校技术创新效率的直接效应显著为正。

表6.8　Bootstrap法检验结果

| 系数 | 效应系数 | Bootstrap标准误 | z | P值 | 95%置信区间 | |
|---|---|---|---|---|---|---|
| | | | | | 下限 | 上限 |
| _bs_1 | 0.2237 | 0.1066 | 2.10 | 0.036 | 0.0147 | 0.4326 |
| _bs_2 | 1.1813 | 0.2193 | 5.39 | 0.000 | 0.7515 | 1.6111 |

### 2.企业

如表6.9所示，模型1和模型3中的数字经济发展水平的系数为正且均在1%的显著性水平下显著，且模型3的系数大于模型1。模型2的核心变量系数显著，表明金融可以促进中国企业数字经济发展。模型3中的中介变量金融发展的系数显著且为负，说明存在显著的遮掩效应。

表6.9 回归结果

| 变量 | （1） | （2） | （3） |
|---|---|---|---|
| | te95 | fia | te95 |
| digital | 0.362** | 4.040*** | 0.808*** |
| | （0.181） | （0.663） | （0.179） |
| fia | | | −0.110*** |
| | | | （0.0163） |
| rd | −0.0216 | 0.206** | 0.00106 |
| | （0.0224） | （0.0818） | （0.0208） |
| tra | 0.337*** | 0.505 | 0.393*** |
| | （0.0872） | （0.319） | （0.0804） |
| Constant | 0.182*** | 2.236*** | 0.429*** |
| | （0.0298） | （0.109） | （0.0456） |
| Observations | 240 | 240 | 240 |
| R−squared | 0.155 | 0.447 | 0.290 |

注：①括号内为标准误。

②***、**、*分别对应0.01、0.05和0.1的显著性水平。

表6.10给出了回归系数估计结果，数字经济对中国企业技术创新效率的影响路径中，系数a为4.0397，系数b为−0.1103，且二者都显著，间接效应为−0.4458，直接效应c'为0.8078，由于ab与c'异号，故存在遮掩效应，|ab/c'|的值为0.552，即金融发展在数字经济与中国企业技术创新效率之间发挥遮掩效应。间接效应与直接效应的符号相反，一正一负抵消了一部分效应，总效应（0.362）偏小。受遮掩变量的影响，数字经济对企业技术创新效率的作用力更大，系数为0.808。

表6.10 Sobel法检验结果

| | 系数 | 标准误 | z | P值 |
|---|---|---|---|---|
| 系数a | 4.0397 | 0.6627 | 6.0957 | 0.0000 |
| 系数b | −0.1103 | 0.0163 | −6.7567 | 0.0000 |
| 间接效应 | −0.4458 | 0.0985 | −4.5260 | 0.0000 |
| 直接效应 | 0.8078 | 0.1789 | 4.5161 | 0.0000 |
| 总效应 | 0.3621 | 0.1813 | 1.9969 | 0.0458 |

接下来进行显著性检验，根据Sobel系数乘积检验法，表6.11报告了Sobel检验、Goodman-1（Aroian）检验和Goodman-2检验，所有检验均拒绝原假设，说明系数显著。

表6.11　中介效应显著性检验

| | 系数 | 标准误 | z | P值 |
|---|---|---|---|---|
| Sobel检验 | −0.4458 | 0.0985 | −4.526 | 0.0000 |
| Goodman−1（Aroian）检验 | −0.4458 | 0.0991 | −4.499 | 0.0000 |
| Goodman−2检验 | −0.4458 | 0.0979 | −4.554 | 0.0000 |
| 中介效应与总效应之比 | | | −1.231 | |
| 间接效应与直接效应之比 | | | −0.552 | |
| 总效应与直接效应之比 | | | 0.448 | |

根据Bootstrap法（见表6.12），间接效应的系数为−0.4458，P值为0.000，置信区间为[−0.6159，−0.2756]，说明金融发展在数字经济与中国企业技术创新效率之间的遮掩效应显著。

表6.12　Bootstrap法检验结果

| 系数 | 效应系数 | Bootstrap标准误 | z | P值 | 95%置信区间 | |
|---|---|---|---|---|---|---|
| | | | | | 下限 | 上限 |
| _bs_1 | −0.4458 | 0.0868 | −5.13 | 0.000 | −0.6159 | −0.2756 |
| _bs_2 | 0.8078 | 0.1589 | 5.08 | 0.000 | 0.4963 | 1.1193 |

**3.科研机构**

如表6.13所示，模型1和模型3中的数字经济发展水平的系数为正且均在1%的显著性水平下显著，且模型3的系数小于模型1。模型2的核心变量系数显著，表明金融可以促进中国科研机构数字经济发展。模型3中的中介变量系数显著且为正，说明数字经济对中国科研机构技术创新效率存在显著的部分中介效应。

这说明数字经济与中国科研机构技术创新效率的影响路径中，数字经济通过金融发展来促进中国科研机构技术创新效率的提升。

表6.13　回归结果

| 变量 | （1） | （2） | （3） |
|---|---|---|---|
| | te95 | fia | te95 |
| digital | 0.466*** | 1.069*** | 0.351** |
| | (0.176) | (0.270) | (0.177) |

续　表

| 变量 | （1） | （2） | （3） |
| --- | --- | --- | --- |
| | te95 | fia | te95 |
| fia | | | 0.109*** |
| | | | （0.0371） |
| ipr | 0.0231 | 0.142*** | 0.0119 |
| | （0.0151） | （0.0231） | （0.0152） |
| rd | −0.0233 | 0.0683 | −0.0164 |
| | （0.0407） | （0.0671） | （0.0399） |
| tra | 0.277** | −0.685*** | 0.366*** |
| | （0.132） | （0.238） | （0.133） |
| gov | 1.311*** | 6.270*** | 0.632 |
| | （0.347） | （0.633） | （0.411） |
| Constant | −0.170 | 3.267*** | −0.688* |
| | （0.345） | （0.555） | （0.381） |
| 省份 | Y | Y | Y |
| Observations | 240 | 240 | 240 |
| R-squared | 0.693 | 0.970 | 0.706 |

注：①括号内为标准误。
②***、**、*分别对应0.01、0.05和0.1的显著性水平。

表6.14给出了回归系数估计结果，检验结果表明中介变量系数显著，存在中介效应，即数字经济通过金融发展促进中国科研机构技术创新效率提升。

表6.14　Sobel法检验结果

| | 系数 | 标准误 | z | P值 |
| --- | --- | --- | --- | --- |
| 系数a | 1.0507 | 0.3517 | 2.9877 | 0.0028 |
| 系数b | 0.1092 | 0.0371 | 2.9468 | 0.0032 |
| 间接效应 | 0.1148 | 0.0547 | 2.0980 | 0.0359 |
| 直接效应 | 0.3513 | 0.1768 | 1.9874 | 0.0469 |
| 总效应 | 0.4661 | 0.1761 | 2.6455 | 0.0082 |

接下来进行中介效应的显著性检验，根据Sobel系数乘积检验法，表6.15报告了Sobel检验、Goodman-1（Aroian）检验和Goodman-2检验，所有检验均拒绝原假设，说明系数显著，存在中介效应。

表6.15　中介效应显著性检验

| | 系数 | 标准误 | z | P值 |
|---|---|---|---|---|
| Sobel检验 | 0.1148 | 0.0547 | 2.098 | 0.0359 |
| Goodman-1（Aroian）检验 | 0.1148 | 0.0562 | 2.041 | 0.0413 |
| Goodman-2检验 | 0.1148 | 0.0531 | 2.160 | 0.0308 |
| 中介效应所占比重 | | | 0.246 | |
| 间接效应与直接效应之比 | | | 0.327 | |
| 总效应与直接效应之比 | | | 1.327 | |

根据Bootstrap法（见表6.16），重复抽样200次，间接效应的系数为0.1148，直接效应的系数为0.3513。

表6.16　Bootstrap法检验结果

| 系数 | 效应系数 | Bootstrap 标准误 | z | P值 | 95%置信区间 | |
|---|---|---|---|---|---|---|
| | | | | | 下限 | 上限 |
| _bs_1 | 0.1148 | 0.0665 | 1.73 | 0.084 | −0.0155 | 0.2450 |
| _bs_2 | 0.3513 | 0.2111 | 1.66 | 0.096 | −0.0624 | 0.7651 |

# 6.3　人力资本的中介效应检验

## 6.3.1　中介效应Ⅱ的检验结果与分析

在控制了地区因素后，采用固定效应模型进行估计。如表6.17所示，模型1和模型3中的数字经济发展水平的系数为正且均在1%的显著性水平下显著，且模型3的系数小于模型1。模型2的核心变量系数显著，表明人力资本可以促进数字经济发展。模型3中的中介变量系数显著且为正，说明数字经济对中国技术创新效率存在显著的部分中介效应。

这说明数字经济与技术创新效率的影响路径中，数字经济通过人力资本来促进中国技术创新效率的提升。

表6.17　回归结果

| 变量 | （1） te95 | （2） edu | （3） te95 |
|---|---|---|---|
| digital | 1.174*** (0.0841) | 1.591*** (0.0877) | 0.961*** (0.1347) |
| edu | | | 0.133** (0.0665) |
| ipr | −0.00179 (0.0072) | −0.02480*** (0.0075) | 0.0015 (0.0073) |
| rd | −0.1003*** (0.0209) | 0.0157 (0.0218) | −0.1024*** (0.0208) |
| tra | −0.0176 (0.0742) | 0.2758*** (0.0773) | −0.0544 (0.0759) |
| gov | 0.411** (0.1970) | −0.223 (0.2054) | 0.4404** (0.1961) |
| Constant | 0.331* (0.1730) | 12.538*** (0.1804) | −1.3408 (0.8512) |
| 省份 | Y | Y | Y |
| Observations | 240 | 240 | 240 |
| R-squared | 0.833 | 0.995 | 0.837 |

注：①括号内为标准误。
②***、**、*分别对应0.01、0.05和0.1的显著性水平。

表6.18给出了回归系数估计结果，检验结果表明中介变量系数显著，存在中介效应，即数字经济通过人力资本促进中国技术创新效率提升。

表6.18　Sobel法检验结果

| | 系数 | 标准误 | z | P值 |
|---|---|---|---|---|
| 系数a | 1.5905 | 0.0877 | 18.1384 | 0.0000 |
| 系数b | 0.1333 | 0.0665 | 2.0054 | 0.0449 |
| 间接效应 | 0.2121 | 0.1064 | 1.9933 | 0.0462 |
| 直接效应 | 0.9615 | 0.1347 | 7.1355 | 0.0000 |
| 总效应 | 1.1736 | 0.0841 | 13.9546 | 0.0000 |

接下来进行中介效应的显著性检验，根据Sobel系数乘积检验法，表6.19报告了Sobel检验、Goodman-1（Aroian）检验和Goodman-2检验，所有检验均拒绝原假设，说明系数显著，存在中介效应。

表6.19 中介效应显著性检验

|  | 系数 | 标准误 | z | P值 |
|---|---|---|---|---|
| Sobel检验 | 0.2121 | 0.1064 | 1.9930 | 0.0462 |
| Goodman-1（Aroian）检验 | 0.2121 | 0.1066 | 1.9900 | 0.0466 |
| Goodman-2检验 | 0.2121 | 0.1062 | 1.9960 | 0.0459 |
| 中介效应所占比重 | 0.1807 | | | |
| 间接效应与直接效应之比 | 0.2206 | | | |
| 总效应与直接效应之比 | 1.2210 | | | |

Sobel检验的统计量假定服从渐进标准正态分布，在有限样本中，标准误有可能会有偏差，随着中介效应的发展，目前Bootstrap方法被应用于中介效应检验。

根据Bootstrap法（见表6.20），间接效应的系数为0.2121，P值为0.064，置信区间为[-0.0121，0.4363]，说明数字经济通过人力资本对中国技术创新效率的间接效应显著为正，因此，假设4得证。直接效应的系数为0.9615，P值为0.000，置信区间为[0.6919，1.2310]，说明数字经济对中国技术创新效率的直接效应显著为正。

表6.20 Bootstrap法检验结果

| 系数 | 效应系数 | Bootstrap标准误 | z | P值 | 95%置信区间 | |
|---|---|---|---|---|---|---|
| | | | | | 下限 | 上限 |
| _bs_1 | 0.2121 | 0.1144 | 1.85 | 0.064 | −0.0121 | 0.4363 |
| _bs_2 | 0.9615 | 0.1375 | 6.99 | 0.000 | 0.6919 | 1.2310 |

## 6.3.2 中介效应Ⅱ的异质性分析

按照不同创新主体，将其划分为高校、企业和科研结构，并分别按这些创新主体进行中介效应分析。

### 1.高校

如表6.21所示，模型1和模型3中的数字经济发展水平的系数为正且均在1%的显著性水平下显著，且模型3的系数小于模型1。模型2的核心变量系数显著，表明人力资本可以促进中国高校数字经济发展。模型3中的中介变量系数显著且为正，说明数字经济对中国高校技术创新效率存在部分中介效应。

表6.21 回归结果

| 变量 | （1） | （2） | （3） |
|---|---|---|---|
| | te95 | edu | te95 |
| digital | 1.405*** (0.182) | 1.069*** (0.270) | 1.181*** (0.180) |
| edu | | | 0.534*** (0.140) |
| ipr | −0.0564*** (0.0156) | −0.0248*** (0.00750) | −0.0432*** (0.0155) |
| rd | −0.160*** (0.0452) | 0.0157 (0.0218) | −0.168*** (0.0439) |
| tra | 0.112 (0.160) | 0.276*** (0.0773) | −0.0358 (0.160) |
| gov | −0.0450 (0.426) | −0.222 (0.205) | 0.0738 (0.414) |
| Constant | 1.284*** (0.374) | 12.54*** (0.180) | −5.411*** (1.797) |
| 省份 | Y | Y | Y |
| Observations | 240 | 240 | 240 |
| R-squared | 0.532 | 0.994 | 0.561 |

注：①括号内为标准误。
②***、**、*分别对应0.01、0.05和0.1的显著性水平。

数字经济对中国高校技术创新效率的影响路径中，数字经济通过人力资本来促进高校技术创新效率的提升。

表6.22给出了回归系数估计结果，检验结果表明中介变量系数显著，存在中介效应，即数字经济通过人力资本促进中国高校技术创新效率提升。

表6.22 Sobel法检验结果

| | 系数 | 标准误 | z | P值 |
|---|---|---|---|---|
| 系数a | 1.5905 | 0.0877 | 18.1384 | 0.0000 |
| 系数b | 0.5340 | 0.1404 | 3.8035 | 0.0002 |
| 间接效应 | 0.8494 | 0.2282 | 3.7226 | 0.0002 |
| 直接效应 | 0.5556 | 0.2845 | 1.9528 | 0.0508 |
| 总效应 | 1.4049 | 0.1820 | 7.7206 | 0.0000 |

接下来进行中介效应的显著性检验，根据Sobel系数乘积检验法，表6.23报告了Sobel检验、Goodman-1（Aroian）检验和Goodman-2检验，所有检验均拒绝原假设，说明系数显著，存在中介效应。

表6.23　中介效应显著性检验

|  | 系数 | 标准误 | z | P值 |
|---|---|---|---|---|
| Sobel检验 | 0.8494 | 0.2282 | 3.723 | 0.0020 |
| Goodman-1（Aroian）检验 | 0.8494 | 0.2285 | 3.717 | 0.0020 |
| Goodman-2检验 | 0.8494 | 0.2278 | 3.728 | 0.0019 |
| 中介效应所占比重 | 0.605 | | | |
| 间接效应与直接效应之比 | 1.529 | | | |
| 总效应与直接效应之比 | 2.529 | | | |

根据Bootstrap法（见表6.24），间接效应的系数为0.8494，P值为0.003，置信区间为[0.2956，1.4031]，说明数字经济通过人力资本对中国高校技术创新效率的间接效应显著为正。

表6.24　Bootstrap法检验结果

| 系数 | 效应系数 | Bootstrap 标准误 | z | P值 | 95%置信区间 | |
|---|---|---|---|---|---|---|
| | | | | | 下限 | 上限 |
| _bs_1 | 0.8494 | 0.2825 | 3.01 | 0.003 | 0.2956 | 1.4031 |
| _bs_2 | 0.5556 | 0.3272 | 1.70 | 0.090 | −0.0858 | 1.1969 |

**2.企业**

如表6.25所示，模型1和模型3中的数字经济发展水平的系数为正且均在1%的显著性水平下显著，且模型3的系数小于模型1。模型2中核心变量的系数显著为正。模型3中的中介变量系数显著且为负，说明数字经济对中国企业技术创新效率存在遮掩效应。

表6.25　回归结果

| 变量 | (1) | (2) | (3) |
|---|---|---|---|
| | te95 | edu | te95 |
| digital | 0.362** | 0.876** | 0.496*** |
| | (0.181) | (0.435) | (0.170) |
| edu | | | −0.153*** |
| | | | (0.0253) |

| 变量 | （1） | （2） | （3） |
|---|---|---|---|
| | te95 | edu | te95 |
| rd | −0.0216 | 0.497*** | 0.0547** |
| | （0.0224） | （0.0536） | （0.0244） |
| tra | 0.337*** | 0.445** | 0.405*** |
| | （0.0872） | （0.209） | （0.0820） |
| Constant | 0.182*** | 8.122*** | 1.429*** |
| | （0.0298） | （0.0715） | （0.207） |
| Observations | 240 | 240 | 240 |
| R−squared | 0.155 | 0.660 | 0.266 |

注：①括号内为标准误。

②***、**、*分别对应0.01、0.05和0.1的显著性水平。

表6.26给出了回归系数估计结果，数字经济对中国企业技术创新效率的影响路径中，系数a为0.8758，系数b为−0.1534，且二者都显著，间接效应为−0.1344，直接效应c'为0.4964，由于ab与c'异号，存在遮掩效应，|ab/c'|的值为0.271，即人力资本在数字经济与中国企业技术创新效率之间发挥遮掩效应。间接效应与直接效应的符号相反，一正一负抵消了一部分效应，总效应（0.362）偏小。

表6.26　Sobel法检验结果

| | 系数 | 标准误 | z | P值 |
|---|---|---|---|---|
| 系数a | 0.8758 | 0.4346 | 2.0152 | 0.0439 |
| 系数b | −0.1534 | 0.0253 | −6.0617 | 0.0000 |
| 间接效应 | −0.1344 | 0.0703 | −1.9123 | 0.0558 |
| 直接效应 | 0.4964 | 0.1704 | 2.9130 | 0.0036 |
| 总效应 | 0.3621 | 0.1813 | 1.9969 | 0.0458 |

接下来进行中介效应的显著性检验，根据Sobel系数乘积检验法，表6.27报告了Sobel检验、Goodman-1（Aroian）检验和Goodman-2检验，所有检验均拒绝原假设，说明系数在10%的水平上显著，存在遮掩效应。

表6.27　中介效应显著性检验

| | 系数 | 标准误 | z | P值 |
|---|---|---|---|---|
| Sobel检验 | −0.1344 | 0.0703 | −1.912 | 0.0558 |
| Goodman−1（Aroian）检验 | −0.1344 | 0.0711 | −1.889 | 0.0589 |

|  | 系数 | 标准误 | z | P值 |
|---|---|---|---|---|
| Goodman-2检验 | -0.1344 | 0.0694 | -1.936 | 0.0529 |
| 中介效应与总效应之比 | -0.371 | | | |
| 间接效应与直接效应之比 | -0.271 | | | |
| 总效应与直接效应之比 | 0.729 | | | |

根据Bootstrap法（见表6.28），间接效应的系数为-0.1344，说明人力资本在数字经济与中国企业技术创新效率之间存在遮掩效应。直接效应的系数为0.4964，P值为0.006，置信区间为[0.1452，0.8477]，说明数字经济对中国企业技术创新效率的直接效应显著为正。

表6.28　Bootstrap法检验结果

| 系数 | 效应系数 | Bootstrap 标准误 | z | P值 | 95% 置信区间 | |
|---|---|---|---|---|---|---|
| | | | | | 下限 | 上限 |
| _bs_1 | -0.1344 | 0.0697 | -1.93 | 0.054 | -0.2709 | 0.0022 |
| _bs_2 | 0.4964 | 0.1792 | 2.77 | 0.006 | 0.1452 | 0.8477 |

**3.科研机构**

如表6.29所示，模型1中的数字经济发展水平的系数为正且均在1%的显著性水平下显著，而模型3的系数不显著。模型2的核心变量系数显著，表明人力资本可以促进中国科研机构数字经济发展。模型3中的中介变量系数显著且为正，说明数字经济对中国科研机构技术创新效率存在完全中介效应。

表6.29　回归结果

| 变量 | (1) te95 | (2) edu | (3) te95 |
|---|---|---|---|
| digital | 0.466*** (0.176) | 1.591*** (0.0877) | -0.0365 (0.246) |
| edu | | | 0.346*** (0.121) |
| ipr | 0.0231 (0.0151) | -0.0248*** (0.0075) | 0.0308** (0.0150) |
| rd | -0.0233 (0.0407) | 0.0157 (0.0218) | -0.0288 (0.0399) |

续 表

| 变量 | （1）<br>te95 | （2）<br>edu | （3）<br>te95 |
|---|---|---|---|
| tra | 0.277**<br>（0.132） | 0.276***<br>（0.0773） | 0.207<br>（0.132） |
| gov | 1.311***<br>（0.347） | −0.222<br>（0.205） | 1.432***<br>（0.343） |
| Constant | −0.170<br>（0.345） | 12.54***<br>（0.180） | −4.553***<br>（1.566） |
| 省份 | Y | Y | Y |
| Observations | 240 | 240 | 240 |
| R−squared | 0.693 | 0.994 | 0.705 |

注：①括号内为标准误。
②***、**、*分别对应0.01、0.05和0.1的显著性水平。

表6.30给出了回归系数估计结果，检验结果表明中介变量系数显著，直接效应系数不显著，存在完全中介效应，即数字经济通过人力资本促进中国科研机构技术创新效率提升。

表6.30　Sobel法检验结果

|  | 系数 | 标准误 | z | P值 |
|---|---|---|---|---|
| 系数a | 1.4541 | 0.1083 | 13.4286 | 0.0000 |
| 系数b | 0.3456 | 0.1205 | 2.8675 | 0.0041 |
| 间接效应 | 0.5026 | 0.1792 | 2.8043 | 0.0050 |
| 直接效应 | −0.0365 | 0.2460 | −0.1483 | 0.8821 |
| 总效应 | 0.4661 | 0.1762 | 2.6455 | 0.0082 |

接下来进行中介效应的显著性检验，根据Sobel系数乘积检验法，表6.31报告了Sobel检验、Goodman-1（Aroian）检验和Goodman-2检验，所有检验均拒绝原假设，说明系数显著，存在中介效应。

表6.31　中介效应显著性检验

|  | 系数 | 标准误 | z | P值 |
|---|---|---|---|---|
| Sobel检验 | 0.5026 | 0.1792 | 2.804 | 0.0050 |
| Goodman−1（Aroian）检验 | 0.5026 | 0.1797 | 2.797 | 0.0052 |
| Goodman−2检验 | 0.5026 | 0.1787 | 2.812 | 0.0049 |

续　表

| | 系数 | 标准误 | z | P值 |
|---|---|---|---|---|
| 中介效应与总效应之比 | | | 1.0783 | |
| 间接效应与直接效应之比 | | | −13.7760 | |
| 总效应与直接效应之比 | | | −12.7760 | |

根据Bootstrap法（见表6.32），直接效应不显著，而间接效应的系数为0.5026，P值为0.008，系数显著，置信区间为[0.1295，0.8757]，说明数字经济通过人力资本提升中国科研机构技术创新效率。

表6.32　Bootstrap法检验结果

| 系数 | 效应系数 | Bootstrap标准误 | z | P值 | 95%置信区间 | |
|---|---|---|---|---|---|---|
| | | | | | 下限 | 上限 |
| _bs_1 | 0.5026 | 0.1904 | 2.64 | 0.008 | 0.1295 | 0.8757 |
| _bs_2 | −0.0365 | 0.3472 | −0.11 | 0.916 | −0.7170 | 0.6440 |

# 6.4　本章小结

本章基于2013—2020年省级面板数据，采用计量模型实证分析数字经济对各省份技术创新效应的影响，重点探讨了是否存在中介效应，以此验证第2章提出的假设是否成立。

本章主要探讨数字经济对各省份技术创新效率的中介效应，选取金融发展水平和人力资本作为中介变量，Sobel系数乘积检验法和Bootstrap法进行中介效应的显著性检验，中介变量在数字经济对各省份技术创新效率影响中发挥了中介作用，第2章理论机制中提出的假设3和4得以验证：数字经济不仅直接提升中国技术创新效率，还可以通过金融发展中介变量促进技术创新效率的提升；数字经济不仅直接提升中国技术创新效率，还可以通过人力资本中介变量促进技术创新效率的提升。从不同创新主体来看，一是选取金融发展水平为中介变量：数字经济通过金融发展提升了高校技术创新效率；数字经济通过金融发展对企业技术创新效率影响存在遮掩效应；数字经济通过金融发展提升了科研机构技术创新效率。二是选取人力资本为中介变量：数字经济通过人力资本提升了高校技术创新效率；数字经济通过人力资本对企业技术创新效率影响存在遮掩效应；数字经济通过人力资本对科研机构技术创新效率的影响存在完全中介效应。综上所述，数字经济对整体及不同创新主体的技术创新效率的影响存在以金融发展水平和人力资本的提升为中介变量的传导机制。

# 7 数字经济对技术创新效率的影响：空间溢出效应分析

基于第2章提出的假设，本章将采用空间杜宾模型，选取三种空间权重矩阵，运用LM检验、Robust LM检验、Wald检验、LR检验、Hausman检验等方法选择恰当的空间计量模型，探讨数字经济对技术创新效率是否不仅有直接影响，还可能存在间接影响，即是否存在空间溢出效应，以此验证前文提出的假设5是否成立。

# 7.1　模型设定与变量选取

## 7.1.1　模型设定

常见的空间计量模型有空间自回归模型（SAR）或空间滞后模型（SLM）、空间误差模型（SEM）和空间杜宾模型（SDM）。空间面板模型的基本形式为：

$$y_{it} = \tau y_{it-1} + \rho \sum_{j \neq i}^{N} w_{ij} y_{jt} + x'_{it} \boldsymbol{\beta} + \delta \sum_{j \neq i}^{N} w_{ij} x_{jt} + u_i + \gamma_t + \varepsilon_{it} \quad (7.1)$$

其中，$\varepsilon_{it} = \lambda \sum_{j \neq i}^{N} m_{ij} \varepsilon_{jt} + v_{it}$

若 $\lambda = 0$，上式则为空间杜宾模型。

若 $\lambda = 0$ 且 $\delta = 0$，上式则为空间自回归模型。

若 $\tau = 0$ 且 $\delta = 0$，上式则为空间自相关模型。

若 $\tau = \rho = 0$ 且 $\delta = 0$，上式则为空间误差模型。

具体的空间杜宾模型设定为：

$$te_{it} = \alpha_0 + \rho w_{ij} te_{it} + \alpha_1 digital_{it} + \sum_{j} \beta_j control_{it} + \delta_j w_{ij} control_{it} + u_i + \gamma_t + \varepsilon_{it} \quad (7.2)$$

这里，$\varepsilon_{it} = \lambda \sum_{j \neq i}^{N} m_{ij} \varepsilon_{jt} + v_{it}$

其中，$\alpha_0$ 为常数项；被解释变量（$te_{it}$）为第 $i$ 个省份在第 $t$ 年的技术创新效率；核心解释变量（$digital_{it}$）为第 $i$ 个省份在第 $t$ 年的数字经济发展水平；控制变量（$control_{it}$）为一系列控制变量；$u_i$ 为第 $i$ 个省份的个体固定效应；$\gamma_t$ 为第 $t$ 年的时间固定效应；$\varepsilon_{it}$ 为随机扰动项。

### 7.1.2 变量选取

**1.被解释变量**

被解释变量为技术创新效率（$te_{it}$），用第4章的测算结果来表征。

**2.解释变量**

解释变量为数字经济发展水平（$digital_{it}$），用第3章测算的结果来衡量。

**3.控制变量**

控制变量选取对贸易开放度（tra）、政府干预（gov）、知识产权保护（ipr）和研发投入强度（rd）等可能的影响因素作为控制变量。

## 7.2 空间权重矩阵和空间相关性检验

### 7.2.1 空间权重矩阵的构造

空间权重的形式有邻接权重矩阵（0–1）、反距离权重矩阵、经济权重矩阵、社交网络权重矩阵以及经济距离嵌套矩阵等。

**1.0-1邻接矩阵**

根据是否有公共边或公共顶点，相邻分为Bishop邻接、Rock邻接、Queen邻接三种类型，Bishop邻接为共顶点连接，Rock邻接为公共边连接，Queen邻接既是共顶点连接又是公共边连接，较为常见的是Queen邻接。根据空间经纬度，以各省份之间是否相邻为标准，若存在相邻关系就取1，否则就取0。

$$w_{ij} = \begin{cases} 1 & \text{当区域}i\text{和区域}j\text{相邻时} \\ 0 & \text{当区域}i\text{和区域}j\text{不相邻时} \end{cases} \tag{7.3}$$

**2.地理距离矩阵**

反距离权重矩阵用空间依赖性与距离之间的反比关系表示各省份之间的空间依赖程度。距离越远，权重就越小，而距离越近，权重就越大。

$$w_{ij} = \begin{cases} 1/d_{ij}^2 & i \neq j \\ 0 & i = j \end{cases} \tag{7.4}$$

其中，$d_{ij}$表示各省份之间的省会距离。

### 3.经济地理距离矩阵

经济距离空间权重是根据各省份经济间相互依赖性与经济发展水平差异程度的反向关系来建立各省份差异经济权重矩阵（林光平 等，2005）。而经济地理距离矩阵同时考虑了地理因素和经济因素（周国富、连飞，2010）[204]。通过计算各省份人均实际GDP平均值占所有省份实际人均GDP平均值的比重，以此来衡量各省份经济发展水平的高低。经济发展水平越高的省份对相邻省份产生的空间影响力越大，权重就越大；反之则越小。

$$w_{ij} = \begin{cases} w_d \times diag(\bar{y}_1/\bar{y}, \bar{y}_2/\bar{y}, \cdots, \bar{y}_{30}/\bar{y}) & i \neq j \\ 0 & i = j \end{cases} \tag{7.5}$$

其中，$w_d$ 为地理距离矩阵；$y_i$ 为第 $i$ 地区的人均实际GDP。

$\bar{y}_i = 1/(t_1 - t_0 + 1) \sum_{t=t_0}^{t_1} y_{it}$ 为第 $i$ 地区人均实际GDP平均值，$\bar{y} = 1/n(t_1 - t_0 + 1) \sum_{i=1}^{n} \sum_{t=t_0}^{t_1} y_{it}$

为总的人均实际GDP平均值，$t$ 为不同时期。

## 7.2.2　空间相关性检验

空间计量模型应用的前提为是否存在空间自相关。为了确定是否存在空间依赖性，需要先进行自相关检验。空间自相关分为全局自相关和局部自相关。

### 1.全局自相关

全局自相关主要考察数据的空间集聚性，一般采用莫兰指数（Moran's I）和吉尔里指数（Geary's C）。

全局Moran指数的计算公式为：

$$I = \frac{\sum_{i=1}^{n} \sum_{j=1}^{n} w_{ij}(x_i - \bar{x})(x_j - \bar{x})}{s^2 \sum_{i=1}^{n} \sum_{j=1}^{n} w_{ij}} \tag{7.6}$$

其中，$S^2 = \frac{1}{n} \sum_{i=1}^{n} (x_i - \bar{x})$ 为样本方差，$w_{ij}$ 为空间权重矩阵 $W$ 中的元素，$x_i$，$x_j$ 为区域 $i$ 和区域 $j$ 的变量值；$\bar{x}$ 为 $n$ 个区域的平均值。莫兰指数的取值范围为 [-1，1]，取值为正表示正相关，取值为负表示负相关，如果取值为0，则说明空间随机分布。

Geary's C指数的计算公式为：

$$C = \frac{(n-1) \sum_{i=1}^{n} \sum_{j=1}^{n} w_{ij}(x_i - x_j)^2}{2 \sum_{i=1}^{n} \sum_{j=1}^{n} w_{ij} \sum_{i=1}^{n} (x_i - \bar{x})^2} \tag{7.7}$$

Geary's C指数的取值范围为[0，2]，与Moran指数呈负相关关系；C大于1表示负相关，C等于1表示不相关，C小于1表示正相关。

Geary's C指数进行标准化后渐进服从标准正态分布。

**2.局部空间自相关**

局部Moran指数的公式为：

$$I_i = \frac{(x_i - \bar{x})}{s^2} \sum_{j=1}^{n} w_{ij}(x_j - \bar{x}) \tag{7.8}$$

$I_i$取值为正，表示区域$i$的高（低）值被周围区域高（低）值所包围；$I_i$取值为负，表示表示区域$i$的高（低）值被周围区域低（高）值所包围。

局部Geary指数的公式为：

$$G_i = \frac{\sum_{j \neq i} w_{ij} x_j}{\sum_{j \neq i} x_j} \tag{7.9}$$

局部Geary指数可以考察区域$i$是否为热点（冷点）区域。$G$值大时，表示高值集聚在一起，反之亦然。Geary's C指数进行标准化后也渐进服从标准正态分布。

表7.1　模型检验结果

| 变量 | 全局Moran's I | 全局Geary's C |
|------|------|------|
| te | 0.483*** | 0.514*** |
| digital | 0.480*** | 0.509*** |
| ipr | 0.798*** | 0.202*** |
| tra | 0.702*** | 0.284*** |
| gov | 0.819*** | 0.152*** |
| urb | 0.715*** | 0.292*** |
| rd | 0.795*** | 0.204*** |
| pgdp | 0.645*** | 0.362*** |

注：*、**和***分别代表统计量显著性水平为0.1、0.05和0.01。

用莫兰指数检验空间自相关，若拒绝"无空间自相关"的原假设，则认为存在空间自相关。表7.1是用Moran's I和Geary's C指数检验空间自相关，从检验结果可以看出，在5%的显著性水平下，所有变量均通过检验。

表7.2是基于三种空间权重矩阵的全局莫兰指数，结果显示基本都通过显著性检验，表明中国技术创新效率存在空间自相关。

表7.2 基于三种空间权重矩阵的全局莫兰指数结果

| 年份 | Moran's $I_{W1}$ | Moran's $I_{W2}$ | Moran's $I_{W3}$ |
|------|------------------|------------------|------------------|
| 2013 | 0.260** <br> (2.390) | 0.250*** <br> (3.526) | 0.110*** <br> (3.664) |
| 2014 | 0.392*** <br> (3.476) | 0.299*** <br> (4.147) | 0.134*** <br> (4.287) |
| 2015 | 0.441*** <br> (3.853) | 0.293*** <br> (4.049) | 0.130*** <br> (4.718) |
| 2016 | 0.402*** <br> (3.534) | 0.276*** <br> (3.838) | 0.114*** <br> (3.765) |
| 2017 | 0.370*** <br> (3.257) | 0.246*** <br> (3.440) | 0.095*** <br> (3.260) |
| 2018 | 0.343*** <br> (3.029) | 0.222*** <br> (3.139) | 0.086*** <br> (3.038) |
| 2019 | 0.322*** <br> (2.879) | 0.177*** <br> (2.601) | 0.068*** <br> (2.582) |
| 2020 | 0.215** <br> (2.034) | 0.117* <br> (1.888) | 0.032* <br> (1.682) |

注：①括号内为标准误。

②***、**、*分别对应0.01、0.05和0.1的显著性水平。

图7.1和图7.2分别为2013年和2020年的莫兰散点图，权重矩阵为0-1邻接矩阵。由于篇幅所限，这里不对其他两种矩阵形式下的莫兰散点图做出展示。

Moran散点图中的四个象限分别用来识别一个地区与其邻近地区之间的关系。第一象限（HH），表示空间单元是高值，邻近地区也是高值；第二象限（LH），表示空间单元是低值，但邻近地区都是高值；第三象限（LL），表示空间单元是高值，周边地区都是低值；第四象限（HL），表示空间单元是高值，但被低值所包围。第一和第三象限代表空间正自相关性，表明"高—高"或"低—低"的相似值空间集聚；第二、四象限代表空间负相关性。由图可以看出，技术创新效率存在空间相关性。

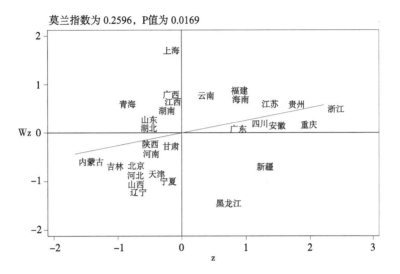

图 7.1　2013 年技术创新效率莫兰散点图

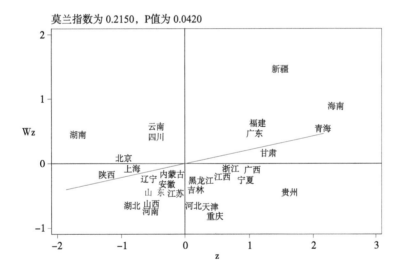

图 7.2　2020 年技术创新效率莫兰散点图

# 7.3  模型形式选择

## 7.3.1  模型形式选择的检验方法

7.2节通过Moran's I判断各省份技术创新效率是否存在空间相关性，接下来是空间计量模型如何选择，如SLM、SEM和SDM到底选择哪个模型更恰当，可以用两个拉格朗日乘数（Lagrange Multiplier）——LM-Error、LM-Lag和Robust LM-Error、Robust LM-Lag来检验。

空间计量模型的形式有如下几种：空间自回归模型（SAR）或空间滞后模型（SLM）、空间误差模型（SEM）和空间杜宾模型（SDM），该如何选择呢？Anselin等（2004）[205]提出了判别准则，以决定哪种空间计量模型更加符合客观实际。具体判别准则见表7.3。

表7.3  模型检验

| 检验 | 原假设 | 备择假设 | 统计决策 |
| --- | --- | --- | --- |
| LM-Error | $\rho=0$ | $\rho \neq 0$ | 拒绝$H_0$，使用SEM |
| LM-Lag | $\lambda=0$ | $\lambda \neq 0$ | 拒绝$H_0$，使用SLM |
| Robust LM-Error | $\rho=0$ | $\rho \neq 0$ | 拒绝$H_0$，使用SEM |
| Robust LM-Lag | $\lambda=0$ | $\lambda \neq 0$ | 拒绝$H_0$，使用SLM |
| LR（SLM和SDM） | $\lambda \neq 0$ | $\lambda=0$ | 拒绝$H_0$，使用SDM |
| LR（SEM和SDM） | $\rho \neq 0$ | $\rho=0$ | 拒绝$H_0$，使用SDM |
| Hausman检验 | 随机效应 | 固定效应 | 拒绝$H_0$，使用固定效应模型 |

在对其进行空间依赖性检验时，LM-Lag和LM-Error相比更显著，且Robust LM-Lag显著而Robust LM-Error不显著，则可以认为模型应该选择的是空间滞后模型；相反，如果LM-Error比LM-Lag更显著，且Robust LM-Error显著而Robust LM-Lag不显著，则可以认为空间误差模型是合适的模型。还可以通过拟合优度（$R^2$）、似然比（LR）、赤池信息准则（AIC），施瓦茨准则（SC）进行比较，LR值越大，AIC和SC值越小，模型拟合效果越好。

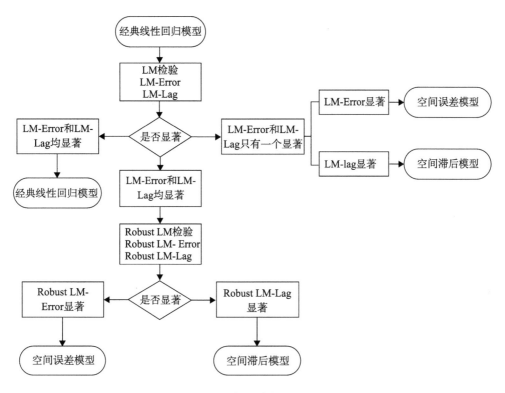

图 7.3　模型选择流程图

由图7.3可知，最基本的模型是经典线性回归模型，首先用拉格朗日乘子检验（LM）检验，如果LM-Error和LM-Lag都不显著，则选择一般的回归模型；若只有一个统计量显著，那么LM-Error统计量显著，则选择空间误差模型，若LM-Lag统计量显著，则选择空间滞后模型。如果LM-Error和LM-Lag两个统计量均显著，用稳健的拉格朗日乘子检验（Robust LM test），若Robust LM-Error统计量显著，则选择空间误差模型，若Robust LM-Lag统计量显著，则选择空间滞后模型。

## 7.3.2　具体检验结果

空间面板模型的相关检验如表7.4所示。

表7.4　LM检验结果

| LM检验 | LM统计量 | P值 |
|---|---|---|
| 空间误差模型（Spatial error） | | |
| Moran's I | 4.661 | 0.000 |
| Lagrange multiplier | 17.931 | 0.000 |

| LM检验 | LM统计量 | P值 |
|---|---|---|
| Robust Lagrange multiplier | 6.113 | 0.013 |
| 空间滞后模型（Spatial Lag） | | |
| Lagrange multiplier | 44.614 | 0.000 |
| Robust Lagrange multiplier | 32.796 | 0.000 |

根据LM检验，P值都显著，拒绝原假设，初步选择空间杜宾模型，接下来采用Wald检验和LR检验（见表7.5、表7.6和表7.7），考察空间杜宾模型能否简化为空间滞后模型和空间误差模型。

表7.5　Wald检验结果

| Wald检验 | Wald统计量 | P值 |
|---|---|---|
| Wald Spatial Error | 35.04 | 0.000 |
| Wald Spatial Lag | 33.26 | 0.000 |

表7.6　LR检验结果（1）

| LR检验 | LR统计量 | P值 |
|---|---|---|
| SDM和SLM | 33.15 | 0.000 |
| SDM和SEM | 33.10 | 0.000 |

根据保罗·埃尔霍斯特（J. Paul Elhorst）提出的空间计量模型的选择方法，通过LR检验和Wald检验判断空间杜宾模型（SDM）能否简化为空间滞后模型（SLM）和空间误差模型（SEM）。Lee 和Yu（2010）的LR检验统计量的值分别为33.15和33.10，通过检验，拒绝原假设，空间杜宾模型优于空间滞后模型和空间误差模型。Wald检验统计量的值分别为35.04和33.26，拒绝原假设。这说明空间杜宾模型不能简化为空间滞后模型和空间误差模型。因此，选择空间杜宾模型进行空间计量分析。

之后，通过Hausman检验，判断应该选择固定效应还是随机效应，检验值为15.99，拒绝随机效应的原假设，故选择固定效应模型。综上所述，选择固定效应的空间杜宾模型。

表7.7 LR检验结果（2）

| LR检验 | LR统计量 | P值 |
|---|---|---|
| SDM both 和 SDM ind | 22.58 | 0.000 |
| SDM both 和 SDM time | 341.42 | 0.000 |

通过LR检验，将双向固定效应模型分别和个体固定效应和时间固定效应进行比较，均拒绝原假设，说明选择双向固定效应模型比较合适。

# 7.4 空间杜宾模型估计结果及效应分解

## 7.4.1 回归估计结果

本节采用邻接矩阵、地理距离矩阵和经济地理距离空间权重矩阵，并运用空间杜宾模型，得到的参数估计结果如表7.8所示。

表7.8 回归结果表

| | （1） | （2） | （3） |
|---|---|---|---|
| | te95 | te95 | te95 |
| Main | | | |
| digital | 0.5507*** (0.1125) | 0.5082*** (0.1048) | 0.5172*** (0.1018) |
| ipr | −0.0112* (0.0059) | −0.0106* (0.0060) | −0.0074 (0.0056) |
| rd | −0.0791*** (0.0168) | −0.0819*** (0.0156) | −0.0945*** (0.0164) |
| Wx | | | |
| rd | 0.0037 (0.0285) | −0.0242 (0.0271) | −0.0360 (0.0394) |
| ipr | 0.0315*** (0.0109) | 0.0111 (0.0114) | |
| Spatial | | | |
| rho | 0.4470*** (0.0604) | 0.6851*** (0.0660) | 0.7677*** (0.0658) |
| Variance | | | |

| | （1）<br>te95 | （2）<br>te95 | （3）<br>te95 |
|---|---|---|---|
| sigma2_e | 0.0022***<br>（0.0002） | 0.0019***<br>（0.0002） | 0.0021***<br>（0.0002） |
| N | 240 | 240 | 240 |
| R² | 0.348 | 0.356 | 0.360 |

注：①括号内为标准误。

②***、**、*分别对应0.01、0.05和0.1的显著性水平。

在表7.8中，在1%的显著性水平下，SDM中的参数$\rho$通过了显著性检验，说明技术创新效率存在空间自回归效应。

根据空间杜宾模型的回归结果，在控制一系列变量之后，在三种不同的空间权重下，数字经济发展水平对技术创新效率具有正向影响作用，与假设1的预期一致。结果表明，以0-1邻接矩阵为例，数字经济每增加1%，技术创新效率平均增加0.5507%。

**1.按东中西划分**

进一步地，按东中西划分为三大区域，基于0-1邻接矩阵、地理距离矩阵和经济地理距离矩阵，运用空间杜宾模型来分析各区域数字经济对技术创新效率的影响。

从东部地区来看（见表7.9），基于三种空间权重矩阵，数字经济对东部地区技术创新效率的影响显著为正，空间自回归模型系数$\rho$的估计值在1%的显著性水平上显著，故存在空间自回归效应。

表7.9　东部地区回归结果

| | （1）<br>te95 | （2）<br>te95 | （3）<br>te95 |
|---|---|---|---|
| Main | | | |
| digital | 0.9279***<br>（0.1167） | 0.5561***<br>（0.1299） | 0.5843***<br>（0.1287） |
| ipr | −0.0086<br>（0.0070） | −0.0046<br>（0.0060） | −0.0052<br>（0.0060） |
| rd | −0.0692***<br>（0.0160） | −0.0573***<br>（0.0142） | −0.0584***<br>（0.0143） |

续　表

| | （1） | （2） | （3） |
|---|---|---|---|
| | te95 | te95 | te95 |
| _cons | 0.3613*** <br> （0.0688） | 0.1823* <br> （0.1015） | 0.1648* <br> （0.0992） |
| Wx | | | |
| rd | −0.0034 <br> （0.0223） | 0.0203 <br> （0.0321） | 0.0245 <br> （0.0264） |
| Spatial | | | |
| rho | 0.3055*** <br> （0.0843） | 0.5360*** <br> （0.1110） | 0.5353*** <br> （0.1134） |
| Variance | | | |
| lgt_theta | −1.6196*** <br> （0.3053） | 0.5974*** <br> （0.0954） | 0.5939*** <br> （0.0971） |
| sigma2_e | 0.0019*** <br> （0.0003） | −1.4584*** <br> （0.2851） | −1.4706*** <br> （0.2848） |
| N | 88 | 88 | 88 |
| $R^2$ | 0.379 | 0.572 | 0.572 |

注：①括号内为标准误。

②***、**、*分别对应0.01、0.05和0.1的显著性水平。

从中部地区来看（见表7.10），基于三种空间权重矩阵，数字经济对中部地区技术创新效率的影响显著为正，空间自回归模型系数$\rho$的估计值不显著。

表7.10　中部地区回归结果

| | （1） | （2） | （3） |
|---|---|---|---|
| | te95 | te95 | te95 |
| Main | | | |
| digital | 1.1075*** <br> （0.2855） | 0.8068** <br> （0.3521） | 0.7719** <br> （0.3399） |
| ipr | 0.0141 <br> （0.0149） | 0.0205 <br> （0.0137） | 0.0211 <br> （0.0136） |
| rd | −0.0470 <br> （0.0561） | −0.0745 <br> （0.0487） | −0.0757 <br> （0.0494） |
| _cons | 0.4433*** <br> （0.0928） | 0.3441*** <br> （0.1333） | 0.3357** <br> （0.1303） |
| Wx | | | |

| | （1）<br>te95 | （2）<br>te95 | （3）<br>te95 |
|---|---|---|---|
| rd | −0.0566<br>（0.0799） | 0.0158<br>（0.1126） | 0.0158<br>（0.1126） |
| Spatial | | | |
| rho | 0.0704<br>（0.1134） | 0.2330<br>（0.1490） | 0.2330<br>（0.1490） |
| Variance | | | |
| lgt_theta | −1.5056***<br>（0.3530） | −1.4616***<br>（0.3436） | −1.4616***<br>（0.3436） |
| sigma2_e | 0.0021***<br>（0.0004） | 0.0021***<br>（0.0004） | 0.0021***<br>（0.0004） |
| N | 64 | 64 | 64 |
| R² | 0.160 | 0.222 | 0.226 |

注：①括号内为标准误。

②***、**、*分别对应0.01、0.05和0.1的显著性水平。

从西部地区来看（见表7.11），基于三种空间权重矩阵，数字经济对西部地区技术创新效率的影响显著为正，空间自回归模型系数$\rho$的估计值在1%的显著性水平上显著，故存在空间自回归效应。

表7.11　西部地区回归结果

| | （1）<br>te95 | （2）<br>te95 | （3）<br>te95 |
|---|---|---|---|
| Main | | | |
| digital | 0.9368***<br>（0.2003） | 1.1414***<br>（0.2778） | 1.0844***<br>（0.2574） |
| ipr | −0.0155<br>（0.0122） | −0.0138<br>（0.0113） | −0.0142<br>（0.0114） |
| rd | −0.1240**<br>（0.0525） | −0.1940***<br>（0.0501） | −0.1958***<br>（0.0512） |
| _cons | 0.4414***<br>（0.1325） | 0.7184***<br>（0.2039） | 0.7079***<br>（0.1962） |
| Wx | | | |
| rd | −0.0545<br>（0.0913） | −0.3716**<br>（0.1840） | −0.3294*<br>（0.1687） |

| | （1） | （2） | （3） |
|---|---|---|---|
| | te95 | te95 | te95 |
| Spatial | | | |
| rho | 0.3772***<br>（0.1032） | 0.6309***<br>（0.0999） | 0.6138***<br>（0.1023） |
| Variance | | | |
| lgt_theta | −1.3919***<br>（0.3457） | −1.6619***<br>（0.3218） | −1.6589***<br>（0.3251） |
| sigma2_e | 0.0037***<br>（0.0006） | 0.0029***<br>（0.0005） | 0.0030***<br>（0.0005） |
| N | 88 | 88 | 88 |
| $R^2$ | 0.282 | 0.223 | 0.213 |

注：①括号内为标准误。

②***、**、*分别对应0.01、0.05和0.1的显著性水平。

按照东中西来分析发现，数字经济对技术创新效率的影响存在地区异质性，西部地区数字经济对技术创新效率的提升作用更大，这进一步验证了假设2。

**2.按数字领域划分**

核心解释变量选取的是第3章数字经济发展指数的分项指标数字化基础设施。基于三种空间权重矩阵，数字化基础设施的发展对技术创新效率的影响为正且在1%的显著性水平上显著。空间自回归模型系数$\rho$的估计值也显著，故存在空间自回归效应（见表7.12）。

表7.12　数字化基础设施回归结果

| | （1） | （2） | （3） |
|---|---|---|---|
| | te95 | te95 | te95 |
| Main | | | |
| dig1 | 0.9466***<br>（0.2981） | 0.9889***<br>（0.2717） | 1.3099**<br>（0.2928） |
| ipr | −0.0074<br>（0.0059） | −0.0087<br>（0.0060） | 0.0007<br>（0.0058） |
| rd | −0.0606***<br>（0.0165） | −0.0645***<br>（0.0151） | −0.0508***<br>（0.0167） |
| Wx | | | |
| rd | 0.0336<br>（0.0280） | 0.0001<br>（0.0264） | 0.0670<br>（0.0275） |

|  | （1） | （2） | （3） |
|---|---|---|---|
|  | te95 | te95 | te95 |
| ipr | 0.0452*** (0.0105) | 0.0248** (0.0106) |  |
| Spatial |  |  |  |
| rho | 0.5229*** (0.0555) | 0.7473*** (0.0578) | 0.5974*** (0.0512) |
| Variance |  |  |  |
| sigma2_e | 0.0022*** (0.0002) | 0.0019*** (0.0002) | 0.0023*** (0.0002) |
| N | 240 | 240 | 240 |
| R² | 0.149 | 0.261 | 0.149 |

注：①括号内为标准误。

②***、**、*分别对应0.01、0.05和0.1的显著性水平。

核心解释变量选取的是第3章数字经济发展指数的分项指标数字经济应用。基于三种空间权重矩阵，数字经济应用对技术创新效率的影响为正且在1%的显著性水平上显著。空间自回归模型系数$\rho$的估计值也显著，故存在空间自回归效应（见表7.13）。

表7.13　数字经济应用回归结果

|  | （1） | （2） | （3） |
|---|---|---|---|
|  | te95 | te95 | te95 |
| Main |  |  |  |
| dig2 | 0.6167*** (0.1374) | 0.5508*** (0.1294) | 0.7908** (0.1281) |
| ipr | −0.0113* (0.0059) | −0.0108* (0.0060) | −0.0070 (0.0059) |
| rd | −0.0787*** (0.0170) | −0.0805*** (0.0159) | −0.0774*** (0.0166) |
| Wx |  |  |  |
| rd | 0.0188 (0.0277) | −0.0079 (0.0265) | 0.0367 (0.0405) |
| ipr | 0.0344*** (0.0108) | 0.0157 (0.0113) |  |
| Spatial |  |  |  |

| | （1） | （2） | （3） |
|---|---|---|---|
| | te95 | te95 | te95 |
| rho | 0.4706*** <br> （0.0588） | 0.7045*** <br> （0.0641） | 0.5094*** <br> （0.0756） |
| Variance | | | |
| sigma2_e | 0.0022*** <br> （0.0002） | 0.0019*** <br> （0.0002） | 0.0022*** <br> （0.0002） |
| N | 240 | 240 | 240 |
| $R^2$ | 0.297 | 0.317 | 0.375 |

注：①括号内为标准误。

②***、**、*分别对应0.01、0.05和0.1的显著性水平。

## 7.4.2　效应分解

进一步对其空间总效应进行分解，空间杜宾模型的效应分解具体结果见表7.14。

模型1为0-1邻接空间权重矩阵下的效应分解，模型2和模型3分别为地理距离空间权重矩阵和经济地理距离空间权重矩阵下的效应分解。在模型1中，直接效应为0.5872，表明数字经济对本地区技术创新效率具有直接的正向促进作用。间接效应为0.4179，表明相邻地区的数字经济对本地区的技术创新效率具有间接影响。同时，选择不同的空间权重矩阵，间接效应仍显著，模型的稳健性比较好。总的效应为直接影响与间接影响之和。模型2和模型3的间接效应大于直接效应。由此可以发现，在其他因素保持不变的情况下，技术创新效率存在显著的空间溢出效应，数字经济不仅会带动当地技术创新效率的提升，也会推动相邻地区技术创新效率的提升，与前文提出的假设6的预期一致。

表7.14　直接效应与间接效应分解

| | （1） | （2） | （3） |
|---|---|---|---|
| LR_Direct | | | |
| digital | 0.5872*** <br> （0.1174） | 0.5718*** <br> （0.1137） | 0.5760*** <br> （0.1061） |
| ipr | −0.0081 <br> （0.0059） | −0.0104* <br> （0.0059） | −0.0086 <br> （0.0062） |
| rd | −0.0817*** <br> （0.0178） | −0.0945*** <br> （0.0183） | −0.1087*** <br> （0.0206） |
| LR_Indirect | | | |

|  | （1） | （2） | （3） |
|---|---|---|---|
| digital | 0.4179*** (0.0963) | 1.1018*** (0.3620) | 1.7759*** (0.6443) |
| ipr | 0.0440*** (0.0164) | 0.0091 (0.0309) | −0.0279 (0.0258) |
| rd | −0.0535 (0.0498) | −0.2565** (0.1239) | −0.5034* (0.3024) |
| LR_Total |  |  |  |
| digital | 1.0051*** (0.1823) | 1.6736*** (0.4182) | 2.3519*** (0.6771) |
| ipr | 0.0359* (0.0188) | −0.0013 (0.0329) | −0.0365 (0.0313) |
| rd | −0.1352** (0.0610) | −0.3509*** (0.1360) | −0.6121* (0.3167) |

注：①括号内为标准误。

②***、**、*分别对应0.01、0.05和0.1的显著性水平。

进一步对东中西地区的空间总效应进行分解，空间杜宾模型的效应分解具体结果见表7.13至表7.15。同上，模型1为0-1邻接空间权重矩阵下的效应分解，模型2和模型3分别为地理距离空间权重矩阵和经济地理距离空间权重矩阵下的效应分解。

1.按东中西划分

基于三种空间权重矩阵，东部地区的数字经济发展对技术创新效率的影响显著为正，以经济地理距离空间权重矩阵为例，模型3的总效应为1.4857，直接效应为0.6546，间接效应为0.8311，东部地区的间接效应大于直接效应（见表7.15）。

表7.15　东部地区直接效应与间接效应分解

|  | （1） | （2） | （3） |
|---|---|---|---|
| LR_Direct |  |  |  |
| digital | 0.9741*** (0.1169) | 0.6219*** (0.1287) | 0.6546*** (0.1265) |
| ipr | −0.0095 (0.0073) | −0.0055 (0.0066) | −0.0061 (0.0067) |
| rd | −0.0713*** (0.0162) | −0.0588*** (0.0169) | −0.0590*** (0.0166) |
| LR_Indirect |  |  |  |

续　表

|  | （1） | （2） | （3） |
|---|---|---|---|
| digital | 0.3435*** | 0.7993*** | 0.8311*** |
|  | （0.1198） | （0.2608） | （0.2804） |
| ipr | −0.0035 | −0.0073 | −0.0081 |
|  | （0.0032） | （0.0105） | （0.0107） |
| rd | −0.0295 | −0.0357 | −0.0249 |
|  | （0.0290） | （0.0882） | （0.0729） |
| LR_Total |  |  |  |
| digital | 1.3176*** | 1.4212*** | 1.4857*** |
|  | （0.1748） | （0.2997） | （0.3131） |
| ipr | −0.0130 | −0.0128 | −0.0142 |
|  | （0.0102） | （0.0167） | （0.0169） |
| rd | −0.1008*** | −0.0945 | −0.0840 |
|  | （0.0377） | （0.0998） | （0.0842） |

注：①括号内为标准误。

②\*\*\*、\*\*、\*分别对应0.01、0.05和0.1的显著性水平。

基于三种空间权重矩阵，中部地区的数字经济发展对技术创新效率的影响显著为正，以经济地理距离空间权重矩阵为例，模型3的总效应为1.0135，直接效应为0.7986，间接效应为0.2149，中部地区的间接效应不显著，且小于直接效应（见表7.16）。

表7.16　中部地区直接效应与间接效应分解

|  | （1） | （2） | （3） |
|---|---|---|---|
| LR_Direct |  |  |  |
| digital | 1.1279*** | 0.8335** | 0.7986** |
|  | （0.2911） | （0.3614） | （0.3485） |
| ipr | 0.0134 | 0.0202 | 0.0209 |
|  | （0.0151） | （0.0140） | （0.0140） |
| rd | −0.0433 | −0.0702 | −0.0709 |
|  | （0.0519） | （0.0437） | （0.0442） |
| LR_Indirect |  |  |  |
| digital | 0.0751 | 0.2158 | 0.2149 |
|  | （0.1333） | （0.1836） | （0.1732） |
| ipr | 0.0013 | 0.0066 | 0.0072 |
|  | （0.0028） | （0.0080） | （0.0084） |
| rd | −0.0693 | −0.0185 | −0.0114 |
|  | （0.0777） | （0.1342） | （0.1309） |
| LR_Total |  |  |  |

续　表

| | （1） | （2） | （3） |
|---|---|---|---|
| digital | 1.2030*** | 1.0493** | 1.0135** |
| | （0.2712） | （0.4223） | （0.4048） |
| ipr | 0.0147 | 0.0269 | 0.0281 |
| | （0.0166） | （0.0198） | （0.0203） |
| rd | −0.1127* | −0.0887 | −0.0823 |
| | （0.0586） | （0.1231） | （0.1191） |

注：①括号内为标准误。

②***、**、*分别对应0.01、0.05和0.1的显著性水平。

基于三种空间权重矩阵，西部地区的数字经济发展对技术创新效率的影响显著为正，以经济地理距离空间权重矩阵为例，模型3的总效应为2.9827，直接效应为1.2179，间接效应为1.7648，西部地区的间接效应大于直接效应（见表7.17）。

表7.17　西部地区直接效应与间接效应分解

| | （1） | （2） | （3） |
|---|---|---|---|
| LR_Direct | | | |
| digital | 0.9873*** | 1.2977*** | 1.2179*** |
| | （0.1992） | （0.3061） | （0.2775） |
| ipr | −0.0168 | −0.0162 | −0.0165 |
| | （0.0125） | （0.0126） | （0.0125） |
| rd | −0.1307** | −0.2895*** | −0.2752*** |
| | （0.0531） | （0.0875） | （0.0806） |
| LR_Indirect | | | |
| digital | 0.5337*** | 2.0102** | 1.7648** |
| | （0.1868） | （0.9573） | （0.8125） |
| ipr | −0.0101 | −0.0269 | −0.0256 |
| | （0.0099） | （0.0281） | （0.0265） |
| rd | −0.1526 | −1.3817* | −1.1990* |
| | （0.1280） | （0.7282） | （0.6312） |
| LR_Total | | | |
| digital | 1.5210*** | 3.3079*** | 2.9827*** |
| | （0.2647） | （1.1361） | （0.9637） |
| ipr | −0.0269 | −0.0431 | −0.0421 |
| | （0.0216） | （0.0394） | （0.0377） |
| rd | −0.2832* | −1.6712** | −1.4742** |
| | （0.1540） | （0.8044） | （0.6987） |

注：①括号内为标准误。

②***、**、*分别对应0.01、0.05和0.1的显著性水平。

按照东中西地区划分后，分别对其采用空间杜宾模型分析其空间溢出效应，研究发现，西部地区溢出效应最大，说明邻近地区数字经济对西部地区技术创新效率的溢出效应较大。

**2.按创新活动划分**

基于三种空间权重矩阵，数字化基础设施对技术创新效率的影响显著为正，以经济地理距离空间权重矩阵为例，模型3的总效应为3.2820，直接效应为1.4807，间接效应为1.8013，数字化基础设施的间接效应大于直接效应（见表7.18）。

表7.18  数字化基础设施直接效应与间接效应分解

| | （1） | （2） | （3） |
|---|---|---|---|
| LR_Direct | | | |
| dig1 | 1.0395*** | 1.1572*** | 1.4807*** |
| | (0.3256) | (0.3162) | (0.3233) |
| ipr | −0.0009 | −0.0053 | 0.0004 |
| | (0.0058) | (0.0059) | (0.0063) |
| rd | −0.0586*** | −0.0736*** | −0.0417** |
| | (0.0178) | (0.0184) | (0.0187) |
| LR_Indirect | | | |
| dig1 | 0.9724*** | 2.9829** | 1.8013*** |
| | (0.3197) | (1.2872) | (0.4124) |
| ipr | 0.0798*** | 0.0679** | 0.0001 |
| | (0.0165) | (0.0298) | (0.0080) |
| rd | 0.0040 | −0.1991 | 0.0844 |
| | (0.0572) | (0.1490) | (0.0668) |
| LR_Total | | | |
| dig1 | 2.0118*** | 4.1400*** | 3.2820*** |
| | (0.6109) | (1.4993) | (0.6784) |
| ipr | 0.0788*** | 0.0626** | 0.0005 |
| | (0.0186) | (0.0315) | (0.0143) |
| rd | −0.0545 | −0.2726* | 0.0428 |
| | (0.0683) | (0.1617) | (0.0789) |

注：①括号内为标准误。

②***、**、*分别对应0.01、0.05和0.1的显著性水平。

基于三种空间权重矩阵，数字经济应用对技术创新效率的影响显著为正，以经济地理距离空间权重矩阵为例，模型3的总效应为1.6205，直接效应为0.8588，间接效应为0.7617。模型2的数字经济应用的间接效应大于直接效应，其他两个模型的间接效应略小于直接效应（见表7.19）。

表7.19 数字经济应用直接效应与间接效应分解

| | （1） | （2） | （3） |
|---|---|---|---|
| LR_Direct | | | |
| dig2 | 0.6628*** | 0.6265*** | 0.8588*** |
| | (0.1452) | (0.1430) | (0.1329) |
| ipr | −0.0075 | −0.0098 | −0.0079 |
| | (0.0060) | (0.0060) | (0.0062) |
| rd | −0.0798*** | −0.0911*** | −0.0763*** |
| | (0.0182) | (0.0188) | (0.0188) |
| LR_Indirect | | | |
| dig2 | 0.5142*** | 1.3136*** | 0.7617*** |
| | (0.1255) | (0.4651) | (0.1328) |
| ipr | 0.0505*** | 0.0236 | −0.0073 |
| | (0.0169) | (0.0317) | (0.0061) |
| rd | −0.0321 | −0.2223* | −0.0048 |
| | (0.0512) | (0.1283) | (0.0547) |
| LR_Total | | | |
| dig2 | 1.1770*** | 1.9401*** | 1.6205*** |
| | (0.2392) | (0.5458) | (0.2172) |
| ipr | 0.0430** | 0.0137 | −0.0152 |
| | (0.0194) | (0.0338) | (0.0122) |
| rd | −0.1119* | −0.3135** | −0.0810 |
| | (0.0629) | (0.1408) | (0.0672) |

注：①括号内为标准误。
②***、**、*分别对应0.01、0.05和0.1的显著性水平。

对数字经济的两个分项进行效应分解发现，数字经济基础领域的空间溢出效应大于数字经济应用领域，这与第2章理论分析的逻辑一致。

# 7.5　本章小结

本章基于2013—2020年省级面板数据，采用计量模型实证分析数字经济对各省份创新效应的影响，重点探讨了是否存在空间溢出效应，以此验证第2章提出的假设是否成立。

　　本章主要基于三种空间权重矩阵，采用空间杜宾模型，探讨数字经济对技术创新效率的空间溢出效应。首先，采用全局空间相关性检验和局部相关性检验，检验是否加入空间因素，数字经济与技术创新效率的关系是否具有空间相关性。其次，运用LM检验、Robust LM检验、Wald检验、LR检验、Hausman检验等方法选择恰当的空间计量模型，确定采用空间杜宾模型研究数字经济对技术创新效率的影响。最后，选取相应的变量进行空间计量实证分析，并对空间效应进行分解。

　　从全局性相关看，技术创新效率具有空间集聚性，技术创新效率较高的省份在空间上邻近，技术创新效率较低的省份在空间上也邻近。从局部相关性上看，技术创新效率表现出以下四种空间集聚的模式，即"高—高"集聚、"低—高"集聚、"低—低"集聚和"高—低"集聚。从空间分布的基本特征看，东部地区的技术创新效率呈现出"高—高"集聚，而中西部地区的技术创新效率则呈现出"低—低"集聚。对总效应进行分解，数字经济对技术创新效率影响存在着显著的空间溢出效应，数字经济不仅会带动当地技术创新效率的提升，也会推动相邻地区技术创新效率的提升，假设5验证成立。进一步地，不同地区的数字经济对技术创新效率提升的作用力度不同，西部地区的提升作用更大，且邻近地区数字经济对西部地区技术创新效率的空间溢出效应最大；同时，不同领域的数字经济对技术创新效率提升的作用力度也不同，数字经济基础领域的空间溢出效应大于数字经济应用领域。

# 8 研究结论与政策启示

通过对数字经济和技术创新效率进行统计测度，之后阐述数字经济对技术创新效率的影响机制和效应，基于前面的定性与定量分析，本章对前文研究进行归纳总结，从理论和实践两个层面提出相应对策建议，并对未来研究进行展望。

# 8.1　研究结论

首先分别从数字经济和技术创新效率两个方面进行统计测度，数字经济是从规模结构和发展水平两个方面进行测算，一是规模和结构方面的测算。数字经济规模和结构的测度主要是基于投入产出表，总量和结构两个层面测算了全国1993—2020年的数字经济核心产业及其细分行业的增加值，并将其分摊到各省份；二是数字经济发展水平的测度。数字经济发展水平的指标评价体系从数字经济基础设施和数字经济应用两个维度构建，主要采用熵值法进行综合评价，并采用Dagum基尼系数、Kernel核密度估计、修正的引力模型和社会网络分析方法分析数字经济的区域差异、演进动态和空间网络关联性方法。而技术创新效率则采用DEA和SFA两种方法进行效率测算，并在核算R&D资本存量时将R&D支出资本化。之后，基于面板数据采用计量模型探究数字经济对技术创新效率的影响，并进一步验证提出的假设。通过前面的理论和实证分析得到以下结论。

一是通过对数字经济规模和结构的测算，可以得到以下几点结论：

第一，全国数字经济核心产业增加值从1993年的1116亿元增加至2020年的76784亿元，年均增长18.48%，占GDP比重由1993年的3.13%增加至2020年的7.58%。分省份来看，广东、北京、江苏、上海和浙江属于第一梯队，数字经济增加值占全国总增加值比重为53.18%，占GDP比重达11.55%。

第二，从数字经济核心产业的内部构成来看，数字产品制造业和数字技术应用业增加值的占比最大，二者合计占数字经济核心产业增加值的80%以上；但是数字产品制造业增加值的年均增速为16.07%，而数字技术应用业增加值的年均增速高达22.49%，导致二者在数字经济核心产业增加值中的占比呈完全相反的趋势，数字产品制造业从早期占整个数字经济核心产业总规模的2/3下降到目前不到1/3，相反，数字技术应用业增加值于2016年超过数字产品制造业，目前占数字经济核心产业总规模的一半以上。数字产品服务业和数字要素驱动业增加值的年均增速分别为16.98%和18.09%，略低于数字经济核心产业增加值的年均增速，二者在数字经济核心产业增加值中的占比多数时间在5%和10%以下，但后期略有缓慢上升趋势。

第三，将本书测算结果与许宪春和张美慧（2020）、鲜祖德和王天琪（2022）等代表性文献在同口径下进行比较发现，多数年份的误差在5%以下，说明本书的测算方法是基本合理的，测算结果具有稳健性。同时也说明，基于现有可利用的基础数据将这种测算方法往前延伸，所测算的1993—2020年长达30年的全国数字经济核心产业增加值是基本可信的，可以为数字经济的相关研究奠定实证基础。

二是从各省份数字经济发展的评价结果来看。近年来，各省份数字经济发展水平不断提升。不同省份的数字经济发展水平存在区域差异。从区域看，东部与中西部区域间差异较大，中西部间差异相对较小，数字经济发展存在区域不均衡，"东强西弱"，呈马太效应。东部地区数字经济发展存在多峰，呈分化特点，具有梯度差异。关于数字经济的区域差异和动态演进方面，分别采用Dagum基尼系数和Kernel核密度估计方法来展开分析。通过对差异进行分解发现，从区域内部来看，区域内部的数字经济发展水平存在显著差异，东西部的内部差异大于中部，且在波动中呈上升状态。从区域间差异来看，东部和中西部的区域间差异比较大，但呈下降态势。从区域差异的贡献率来看，区域间差异贡献率最大但整体呈下降态势。区域内贡献率和超变密度贡献率呈波动状态，二者占比约30%。区域间贡献率最大，占比约70%。可见，数字经济发展不均衡主要来自区域间差异。通过对空间分布动态演进发现，从整体来看，数字经济的核密度分布曲线向右拖尾，波峰高度变得尖翘了一些。从东中西地区来看，东部地区的数字经济分布曲线右偏，呈现出梯度效应，存在多个集聚中心。中西部地区的分布曲线相对比较光滑，比较接近对称分布，峰度随着时间推移呈现出由低到高的状态。

进一步地，采用修正的引力模型和社会网络分析方法，对数字经济发展水平进行网络关联分析发现，数字经济网络结构呈"中心—外围"特征。河南以其区位优势处于网络中心。浙江、广东和江苏等地区外溢效应明显。上海、吉林、海南、青海和甘肃等地区通过吸收周边地区溢出资源发展数字经济。陕西、辽宁、广西和云南等地区既向周边地区溢出，同时也吸收周边地区的资源。浙江、河南、上海、山东、江苏、广东、浙江等核心区域的各省份经济关联强度大，在整个网络中起支配作用。辽宁和黑龙江边缘区域的经济联系比较分散，数字经济内生动力比较弱，需要与核心区域合作交流带动其数字经济发展。

三是R&D资本存量测算方面。由于技术创新效率测算需要考虑资本和劳动方面的要素，特别是资本要素，从异质性视角对R&D经费内部支出资本化，通过BEA方法，测算出各省份R&D资本存量。通过测算发现，将R&D经费内部支出转化为R&D投资，再进行资本化核算，测算得到的R&D资本存量结果合理；若直接使用R&D经费内部支出测算会高估R&D资本存量。在扣除软件业研发经费支出时，直接采用年鉴公布的软件业研发经费支出数据要比估算数据更准确和客观，能有效降低测量误差。全国R&D资本存量总体整体呈稳中有降态势，年均增速为13.22%。东部地区R&D资本存量规模显著高于中部和西部地区，且东部地区的北京、江苏、广东、山东、上海和浙江六省份的R&D资本存量在全国的平均占比高达56.70%。R&D资本存量测算结果受初始值和折旧率等参数的影响，但所得测算结果的趋势基本一致。在选择基期时，基期越前置，初始R&D资本存量的设定误差随时间的推移对后续数据影响越小。因此，根据数据可得性，尽可能选择较早期的年份作为基期。R&D资本存量测算结果对折旧率的设定也比较敏感，考虑到地区异质性，可以设定变折旧率。

四是通过非参数方法和参数方法对技术创新效率进行测算。通过DEA-Malmquist对技术创新效率测算，将创新效率分解为技术进步和技术效率，将技术效率进一步分解为纯技术效率和规模效率，技术效率变化快于技术进步；各省份技术创新效率存在明显差异。采用SFA方法测算各省份技术创新效率，也进一步验证了中国各省份技术效率水平不一，区域创新发展不均衡。

五是数字经济对技术创新效率的作用机制方面。在得到数字经济和技术创新效率测算结果之后，通过研究数字经济对技术创新效率的影响发现，数字经济对技术创新效率提升有显著的正向促进作用，且不同区域和不同创新主体的数字经济对技术创新效率提升作用具有异质性，提出的假设1和假设2成立。数字经济通过金融发展、人力资本促进技术创新效率的提升，选取的金融发展和人力资本这两个中介变量对技术创新效率的影响存在中介效应，提出的假设3和4成立。同时，数字经济对技术创新效率的中介效应因创新主体不同而具有异质性。通过构建空间杜宾模型分析得出数字经济对技术创新效率的影响存在显著的空间溢出效应，假设5得以验证。不同地区的数字经济对技术创新效率提升的作用力度不同，西部地区的提升作用更大，且邻近地区数字经济对西部地区技术创新效率的空间溢出效应最大；同时，不同领域的数字经济对技术创新效率提升的作用力度也不同，数字经济基础领域的空间溢出效应大于数字经济应用领域。

# 8.2 政策启示

数字经济已成为经济高质量发展的新引擎。在我国经济进入新常态以后，数字经济这一"新经济"成为经济发展的新动能。在经济新动能转换的进程中，创新驱动大大推动了产业转型升级和大众创业、万众创新。创新驱动型经济不仅可以降低信息搜寻成本、谈判议价成本、质量监管成本等交易成本，还可以创造新的价值。目前，在国际国内双循环新发展格局下，重视技术创新有助于加快经济增长动能转换和培育经济新动能，促进经济从要素驱动向创新驱动转型，也可以推动产业结构的优化升级。我国在经济发展过程中高度重视数字经济和创新发展，数字经济作为驱动我国创新发展的助推器，有利于促进创新资源合理有效配置，有助于我国创新水平提升和经济转型升级。基于以上结论，从以下方面提出对策建议。

一是从统计制度建设方面来看，第一，明确数字经济内涵，科学界定数字经济核算范围和合理划分数字经济的统计分类标准。现有的研究机构和智库发布的各种数字经济报告，其数据来源、核算范围和方法、统计分类都不具有一致性。为此，未来应进一步完善现有数字经济的分类标准，规范数字经济数据来源。大数据时代，海量数据和复杂数据的采集成为可能，为适应新经济，改进数据采集的方式，完善统计调查方案和现代化统计调查体系，实现数据采集的数字化和智能化。推进数据要素资产化，构建数据要素价格机制，完善数据要素标准体系框架。

第二，构建完善的数字经济核算体系和统计制度。构建完善的数字经济核算体系，丰富和完善数字经济卫星账户体系，数字经济对现有的国民经济核算体系中的生产核算、收入分配核算、资本核算、金融核算等都产生了影响（向书坚、吴文君，2018），构建和完善数字经济卫星账户（DESA）基本框架，合理编制数字经济供给表和使用表，加强数字经济生产核算、资金流量核算和资本核算。同时，制定数字经济调查制度和数字经济监测制度，完善数字经济的核算与监测。加快构建数据基础制度，建立数据产权制度、数据要素流通和交易制度、数据要素收益分配制度、数据要素治理制度，完善数据要素市场体制机制，激活数据要素潜能，实现数据要素价值。

第三，丰富和完善数字经济核算方法。从数字经济的统计制度建设来看，继续探索数字经济各细分行业的统计核算方法，同时探索编制数字经济价格指数，进行数字经济不变价核算。考虑到区域发展差异性，可以从省级层面乃至城市层面进行延伸，也可以从宏观层面扩展至微观层面，丰富和完善数字经济核算。现有文献侧重关于数字产业化测算方法的研究，而关于产业数字化的核算还有所欠缺。随着数字经济的进一步发展和对各行各业的渗透，未来关于产业数字化的核算研究可能成为关注的重点。目前，如何界定数据资产在国民经济核算领域尚没有达成共识，数据作为新型资产如何纳入核算框架值得关注。数字经济卫星账户如何编制也是核算工作需要关注的重点问题。

二是从数字经济和区域创新方面来看，第一，大力发展数字经济核心产业，发挥数字经济对技术创新效率的促进作用。自改革开放以来，我国数字经济发展势头很猛，未来的发展空间仍然非常大。但是从数字经济的内部结构及其发展趋势来看，未来有可能以数字技术应用业为主，甚至上升为国民经济的主导产业。而数字产品制造业的占比有可能持续下降，数字产品服务业和数字要素驱动业的占比则有一定的提升空间。加快新型数字经济基础设施建设，提升发展数字技术应用业，以数字化转型赋能实体经济，以数字经济赋能区域创新，提升区域技术创新效率，发挥数字经济对区域技术创新的驱动效应，以数字经济引领我国区域创新发展。

第二，提高数字经济网络关联效应，打造创新驱动新引擎。打破数字"经济鸿沟"和"数字孤岛"，加强各地区数字经济网络关联效应，促进数字经济与实体经济的深度融合。大力发展数字经济助推共同富裕的实现，以数字经济推进中国式现代化建设。以数字技术应用业为主导，加快农业、工业和服务业数字化转型，并从微观层面促进企业数字化转型，加快数字经济与实体经济的融合，进一步提升其经济效应。基于区域一体化发展理念，优化区域经济发展格局。立足国内大循环为主体、国内国际双循环新发展格局，构建全国统一大市场，实现数据要素资源自由流动，减小要素错配和扭曲，打破数字经济部门碎片化和割裂式的发展，提升数据要素市场配置效率，提高数字经济网络关联效应，以数字经济塑造区域创新发展新格局。

第三，实施差异化区域经济发展战略，缩小区域差异，改善发展不均衡问题，促进区域协调发展。加大西部地区数字经济基础设施建设力度，促进东西部协同联动发展。实施"东数西算"战略，以发达地区的数字经济辐射力和溢出效应带动周边省份数字经济发展，并注重欠发达地区数字经济发展内驱力的培育，因地制宜探索各地区数字经济发展模式，缩小"数字鸿沟"，以优势互补实现区域经济协同均衡发展，缩小区域经济发展的差异，以数据为纽带，构建东西部区域协调发展新格局。此外，基于不同创新主体的异质性，通过数字经济发展促进创新要素、创新主体和创新环节之间的有效衔接，有效提升创新价值链。

第四，加快发展网络信息技术，打造数字金融生态，提升全民数字素养和技能，激发创新活力。随着我国经济的数字化转型和互联网的普及，公民数字素养和技能成为区域竞争力和软实力的关键性指标。加强全民数字技能教育与培训，不断提升公民数字素养；培育和引进高层次的数字创新人才，促进人力资本水平提高，发挥人才红利的乘数效应；发挥数字金融的长尾效应和普惠效应，加强数字金融产品的创新力度，提升数字技术的风险识别能力，促进金融服务均等化，缓解融资约束和减少融资成本，提高金融资源配置效率；减少区域创新中企业、高校、科研机构等主体的创新阻力，利用数字技术打破信息和知识生产—加工—传递—交流的时间和空间地域限制，提高创新生产活动的成功率，激发区域创新活力，推动经济高质量发展和推进中国式现代化建设。

综上所述，数字经济正成为经济发展的新引擎和新动能。数字经济在区域创新系统内整合区域创新资源、提高区域创新资源配置效率、提升区域创新能力，带动区域经济发展、增强区域竞争力方面起到了越来越重要的作用。数字经济可以助推我国传统产业优化升级，催生新产业、新业态和新模式，通过发展数字经济加强科技创新能力，提升技术创新效率，可以进一步促进经济实现高质量发展，推进中国式现代化建设进程。

# 参考文献

[1] 世界知识产权组织. 2020年全球创新指数报告[EB/OL].（2018-03-15）[2020-10-18]. https://www.wipo.int/edocs/pubdocs/zh/wipo_pub_gii_2020.pdf.

[2] 中国信息通信研究院.中国数字经济发展研究报告（2023年）[R/OL]. [2023-4-27]. http://www.caict.ac.cn/kxyj/qwfb/bps/202304/P020230427572038320317.pdf.

[3] 康铁祥.中国数字经济规模测算研究[J].当代财经，2008（3）：118-121.

[4] 许宪春，张美慧.中国数字经济规模测算研究：基于国际比较的视角[J].中国工业经济，2020（5）：23-41.

[5] 鲜祖德，王天琪.中国数字经济核心产业规模测算与预测[J].统计研究，2022，39（1）：4-14.

[6] 张红霞.生产网络视角下中国数字经济规模及其结构：基于时序投入产出表的实证研究[J].中国人民大学学报，2022，36（3）：76-91.

[7] 韩兆安，赵景峰，吴海珍.中国省际数字经济规模测算、非均衡性与地区差异研究[J].数量经济技术经济研究，2021，38（8）：164-181.

[8] 刘波，洪兴建.中国产业数字化程度的测算与分析[J].统计研究，2022，39（10）：3-18.

[9] 蔡跃洲，牛新星.中国数字经济增加值规模测算及结构分析[J].中国社会科学，2021（11）：4-30，204.

[10] 陈梦根，张鑫.中国数字经济规模测度与生产率分析[J].数量经济技术经济研究，2022，39（1）：3-27.

[11] 中国信息通信研究院.中国数字经济发展报告（2022年）[R/OL]. [2022-7-8]. http://www.caict.ac.cn/kxyj/qwfb/bps/202207/P020220729609949023295.pdf.

[12] 财新智库.中国数字经济指数[EB/OL].（2022-4）[2022-5-18].https://scdsjzx.cn/scdsjzx/zhishufabu/2022/5/18/ecf1f604082148609c276647f33503fe/files/0b2189c0dc71440fae042bafad7d2f34.pdf.

[13] 向书坚，吴文君.中国数字经济卫星账户框架设计研究[J].统计研究，2019，36（10）：3-16.

[14] 杨仲山，张美慧.数字经济卫星账户：国际经验及中国编制方案的设计[J].统计

研究，2019，36（5）：16–30.

[15] 罗良清，平卫英，张雨露.基于融合视角的中国数字经济卫星账户编制研究[J].
统计研究，2021，38（1）：27–37.

[16] 张美慧.数字经济供给使用表：概念架构与编制实践研究[J].统计研究，2021，
38（7）：3–18.

[17] 李静萍.数据资产核算研究[J].统计研究，2020，37（11）：3–14.

[18] 许宪春，张钟文，胡亚茹.数据资产统计与核算问题研究[J].管理世界，2022，
38（2）：16–30.

[19] 彭刚，李杰，朱莉.SNA视角下数据资产及其核算问题研究[J].财贸经济，2022，
43（5）：145–160.

[20] 胡亚茹，许宪春.企业数据资产价值的统计测度问题研究[J].统计研究，2022，
39（9）：3–18.

[21] 李原，刘洋，李宝瑜.数据资产核算若干理论问题辨析[J].统计研究，2022，39
（9）：19–28.

[22] 唐要家.数字经济赋能高质量增长的机理与政府政策重点[J].社会科学战线，
2020（10）：61–67.

[23] 任保平.数字经济引领高质量发展的逻辑、机制与路径[J].西安财经大学学报，
2020，33（2）：5–9.

[24] 葛和平，吴福象.数字经济赋能经济高质量发展：理论机制与经验证据[J].南京
社会科学，2021（1）：24–33.

[25] 李丽.数字经济对就业的影响及应对策略[J].经济问题，2022（4）：37–42.

[26] 刘洋，陈晓东.中国数字经济发展对产业结构升级的影响[J].经济与管理研究，
2021，42（8）：15–29.

[27] GOLDSMITH R W. A perpetual inventory of national wealth[J].NBER Studies in
Income and Wealth，1951（114）：5–61.

[28] GRILICHES Z. R&D and the productivity slowdown[J].American Economic Review，
1980，70（2）：343–348.

[29] OECD. Handbook on deriving capital measures of intellectual property products[M].
Paris：OECD Publishing，2010.

[30] EUROSTAT. Manual on measuring research and development in ESA 2010[M].
Luxembourg：Eurostat Publishing，2014.

[31] 李小胜.中国R&D资本存量的估计与经济增长[J].中国统计，2007(11)：40-41.

[32] 刘建翠，郑世林，汪亚楠.中国研发（R&D）资本存量估计：1978—2012[J].经济与管理研究，2015，36(2)：18-25.

[33] 肖敏，谢富纪.我国R&D资本存量的空间分布特征[J].科技管理研究，2009，29(8)：435-436，439.

[34] 王孟欣.我国区域R&D资本存量的测算[J].江苏大学学报（社会科学版），2011，13(1)：84-88.

[35] 席玮，徐军.省际研发资本服务估算：1998—2012[J].当代财经，2014(12)：5-16.

[36] 余泳泽.中国区域创新活动的"协同效应"与"挤占效应"：基于创新价值链视角的研究[J].中国工业经济，2015(10)：37-52.

[37] 刘建翠，郑世林.中国省际R&D资本存量的估计：1990—2014[J].财经问题研究，2016(12)：100-107.

[38] 吴延兵.R&D存量、知识函数与生产效率[J].经济学（季刊），2006(3)：1129-1156.

[39] 王俊.我国制造业R&D资本存量的测算（1998—2005)[J].统计研究，2009，26(4)：13-18.

[40] 石岿然，赵顺龙.R&D资本存量与我国高技术产业若干指标的相关性分析[J].科学学与科学技术管理，2010，31(1)：107-111.

[41] 叶云，裴潇，汪发元.长江经济带工业R&D资本存量测算[J].统计与决策，2020，36(5)：104-107.

[42] 魏和清.SNA2008关于R&D核算变革带来的影响及面临的问题[J].统计研究，2012，29(11)：21-25.

[43] 倪红福，张士运，谢慧颖.R&D资本化及其对中国GDP与结构的影响分析[J].科学学研究，2014，32(8)：1166-1173，1217.

[44] 何平，陈丹丹.R&D支出资本化可行性研究[J].统计研究，2014，31(3)：16-19.

[45] 孙静，徐尔含.中国R&D资本化核算存在的问题与再测算[J].统计与决策，2017(10)：5-9.

[46] 侯林芳.三种R&D资本化测度方法的应用与比较[J].统计与决策，2018，34(16)：145-148.

[47] 许宪春，郑学工.改革研发支出核算方法　更好地反映创新驱动作用[J].国家行政学院学报，2016(5)：4-12，141.

[48] 朱发仓，苏为华.R&D资本化记入GDP及其影响研究[J].科学学研究，2016，34（10）：1465-1471，1486.

[49] 江永宏，孙凤娥.研发支出资本化核算及对GDP和主要变量的影响[J].统计研究，2016，33（4）：8-17.

[50] 高敏雪.研发资本化与GDP核算调整的整体认识与建议[J].统计研究，2017，34（4）：3-14.

[51] 江永宏，孙凤娥.中国R&D资本存量测算：1952～2014年[J].数量经济技术经济研究，2016，33（7）：112-129.

[52] 徐蔼婷，靳俊娇，祝瑜晗.我国研究与试验发展资本存量测算：基于财富与生产双重视角[J].统计研究，2021，38（5）：15-28.

[53] 杨林涛，邱惠婷.中国财富性与生产性R&D资本存量估算：基于非传统永续盘存法[J].数量经济技术经济研究，2021，38（11）：122-143.

[54] 陈宇峰，朱荣军.中国区域R&D资本存量的再估算：1998—2012[J].科学学研究，2016，34（1）：69-80，141.

[55] 侯睿婕，陈钰芬.SNA框架下中国省际R&D资本存量的估算[J].统计研究，2018，35（5）：19-28.

[56] 李颖.中国省域R&D资本存量的测算及空间特征研究[J].软科学，2019，33（7）：21-26，33.

[57] 陈晨，张帆，刘中全.2000—2018年中国省际异质性研发资本存量测算[J].软科学：2021，35（11）：1-6，12.

[58] 王亚菲，王春云.中国行业层面研究与试验发展资本存量核算[J].数量经济技术经济研究，2018，35（1）：94-110.

[59] 王亚菲，王春云.中国制造业研究与开发资本存量测算[J].统计研究，2018，35（7）：16-27.

[60] 陈钰芬，侯睿婕.中国制造业分行业研发资本存量的估算[J].科学学研究，2019，37（9）：1570-1580.

[61] 余泳泽，刘大勇.创新价值链视角下的我国区域创新效率提升路径研究[J].科研管理，2014，35（5）：27-37.

[62] 颜莉.我国区域创新效率评价指标体系实证研究[J].管理世界，2012（5）：174-175.

[63] 史修松，赵曙东，吴福象.中国区域创新效率及其空间差异研究[J].数量经济技

术经济研究，2009，26（3）：45-55.

[64] 陈青青，龙志和，林光平.中国区域技术效率的随机前沿分析[J].数理统计与管理，2011，30（2）：271-278.

[65] 周国富，王晓玲.区域技术效率的随机前沿分析与测算：基于财政体制改革的视角[J].商业经济与管理，2012（12）：61-70.

[66] 胡晶，魏传华，吴喜之.空间误差自相关随机前沿模型及其估计[J].统计与信息论坛，2007（2）：26-28.

[67] 白俊红，江可申，李婧.应用随机前沿模型评测中国区域研发创新效率[J].管理世界，2009（10）：51-61.

[68] 李婧，谭清美，白俊红.中国区域创新生产的空间计量分析：基于静态与动态空间面板模型的实证研究[J].管理世界，2010（7）：43-55，65.

[69] 林佳显，龙志和，林光平.空间面板随机前沿模型及技术效率估计[J].商业经济与管理，2010（5）：71-78.

[70] 张进峰.空间滞后随机前沿模型估计研究[J].商业经济与管理，2014（8）：89-97.

[71] 蒋青嫚，韩兆洲.双重滞后随机前沿模型技术效率的估计[J].统计与信息论坛，2016，31（11）：38-44.

[72] 蒋青嫚，韩兆洲，吴栩.真实固定效应空间随机前沿模型的贝叶斯估计[J].统计研究，2018，35（11）：105-115.

[73] 蒋青嫚，李毅君.空间门限随机前沿模型的构建与估计[J].统计与信息论坛，2019，34（4）：25-31.

[74] 蒋青嫚，韩兆洲.空间混合效应随机前沿模型估计方法研究[J].数理统计与管理，2019，38（4）：628-638.

[75] 任燕燕，吕洪渠，王娜.动态面板空间随机前沿模型的参数估计及应用[J].统计研究，2019，36（11）：113-124.

[76] 余泳泽.我国高技术产业技术创新效率及其影响因素研究：基于价值链视角下的两阶段分析[J].经济科学，2009（4）：62-74.

[77] 赵增耀，章小波，沈能.区域协同创新效率的多维溢出效应[J].中国工业经济，2015（1）：32-44.

[78] 周迪，程慧平.创新价值链视角下的区域创新活动空间非均衡与收敛研究[J].科技管理研究，2015，35（19）：13-21，26.

[79] 余泳泽，刘大勇.我国区域创新效率的空间外溢效应与价值链外溢效应：创新价

值链视角下的多维空间面板模型研究[J].管理世界，2013（7）：6-20，70，187.

[80] 余泳泽.中国区域创新活动的"协同效应"与"挤占效应"：基于创新价值链视角的研究[J].中国工业经济，2015（10）：37-52.

[81] 孙大明，原毅军.空间外溢视角下的协同创新与区域产业升级[J].统计研究，2019，36（10）：100-114.

[82] 邵汉华，钟琪.研发要素空间流动与区域协同创新效率[J].软科学，2018，32（11）：120-123，129.

[83] 刘冠辰，乔志林，陈晨.贸易开放、收入差距与区域创新能力[J].经济问题探索，2021（7）：165-176.

[84] 赵滨元.数字经济核心产业对区域创新能力的影响机制研究：数字赋能产业的中介效应[J].科技进步与对策，2022，39（15）：50-57.

[85] FISS P C. A set-theoretic approach to organizational configurations[J]. Academy of Management Review，2007，32（4）：1180-1198.

[86] 龙建辉.中国区域创新能力增长路径及其共生机理实证研究[J].软科学，2018，32（3）：67-71.

[87] 朱桂龙，赛夫，秦梓韬.中国各省创新水平关键影响因素及发展路径识别：基于模糊集定性比较分析[J].科学学与科学技术管理，2021，42（9）：52-70.

[88] WANG H. Heteroscedasticity and non-monotonicity efficiency effects of a stochastic frontier model[J]. Journal of Productivity Analysis，2002，18（3）：241-253.

[89] 霍丽，宁楠.互联网发展对区域创新效率影响的动力机制研究[J].西北大学学报（哲学社会科学版），2020，50（3）：144-156.

[90] 罗天正，魏成龙.金融发展对科技创新效率影响的区域收敛性研究[J].中国科技论坛，2021（4）：34-43.

[91] 王飞航，本连昌.创新生态系统视角下区域创新绩效提升路径研究[J].中国科技论坛，2021（3）：154-163.

[92] 王亚飞，权天舒，王亚菲.中国双向FDI对创新效率的影响及异质性考察[J].统计与信息论坛，2021，36（5）：23-34.

[93] 王志祥，龚新蜀.社会资本对区域创新能力的影响效应：传导机制与实证检验[J].软科学，2019，33（11）：125-130.

[94] 董克勤，邹小伟，张玲颖.国家创新型县（市）创新效率测度变化及影响因素研究[J].科技进步与对策，2021，38（23）：49-55.

[95] 胡艳,代晶晶,张安伟.数字经济、空间关联与区域创新产出:兼论区域吸收能力的门槛效应[J].科技管理研究,2022,42(15):79-88.

[96] 姚战琪.数字经济、进口技术溢出对中国创新产出的影响研究[J].首都经济贸易大学学报,2022,24(3):52-64.

[97] 陈治,张少华.数字经济、空间溢出与区域创新能力提升:基于中国274座城市数据的异质性研究[J].管理学刊,2023,36(1):84-101.

[98] 赵滨元.数字经济对区域创新绩效及其空间溢出效应的影响[J].科技进步与对策,2021,38(14):37-44.

[99] 唐要家,王钰,唐春晖.数字经济、市场结构与创新绩效[J].中国工业经济,2022(10):62-80.

[100] 徐向龙,侯经川.促进、加速与溢出:数字经济发展对区域创新绩效的影响[J].科技进步与对策,2022,39(1):50-59.

[101] 李晓钟,毛芳婷.数字经济对"一带一路"沿线国家创新绩效的影响研究[J].中国软科学,2023(1):40-50.

[102] 安孟,张诚.数字经济发展能否提升中国区域创新效率[J].西南民族大学学报(人文社会科学版),2021,42(12):99-108.

[103] 白俊红,陈新.数字经济、空间溢出效应与区域创新效率[J].研究与发展管理,2022,34(6):67-78.

[104] 陈丛波,叶阿忠,陈娟.信息通信技术对城市创新产出的影响[J].经济地理,2022,42(10):92-99,168.

[105] 韩先锋,宋文飞,李勃昕.互联网能成为中国区域创新效率提升的新动能吗[J].中国工业经济,2019(7):119-136.

[106] 李海超,肖瑶.ICT提升区域创新效率的作用机理研究[J].软科学,2021,35(5):20-26.

[107] 王婉.数字经济与区域创新耦合关系探讨[J].商业经济,2023(9):25-27,82.

[108] 韩雪.山东省区域创新与数字经济互动发展研究[J].产业创新研究,2023(13):25-27.

[109] TAPSCOTT D. The digital economy: promise and peril in the age of net-worked intelligence [M].New York: McGraw Hill,1996.

[110] BEA. Defining and measuring the digital economy[EB/OL]. (2018-03-15)[2020-10-18]. https://www.bea.gov/data/special-topics/digital-economy/.

[111] OECD. Digital economy outlook 2017[M]. Paris：OECD Publishing，2017：11-13.

[112] IMF. Measuring the digital economy[EB/OL].（2018-04-03）[2022-02-20]. https://www. imf.org/en/Publications/Policy-Papers/Issues/2018/04/03/022818-measuring-the-digital-economy.

[113] Department of Broadband. Communications and the digital economy，Advancing Australia as a digital economy：an update to the national digital economy strategy[M]. Canberra：Communications and the Digital Economy，2013.

[114] House of Commons.The digital economy, house of commons business, innovation and skills committee[EB/OL].（2016-7-12）[2016-7-26]. https://www.publications. parliament.uk/pa/cm201617/cmselect/cmbis/87/87.pdf.

[115] G20集团.二十国集团数字经济发展与合作倡议[EB /OL].（2016-9-20）[2022-1-4]. http://www.g20chn.org/hywj/dncgwj/201609/t20160920_3474.html.

[116] 中国信息通信研究院.中国数字经济发展白皮书（2017年）[R/OL].（2017-5-10）[2017-7-13]. http://www.caict.ac.cn/kxyj/qwfb/bps/201804/P0201707134 08029202449.pdf.

[117] 王振.数字经济蓝皮书：全球数字经济竞争力发展报告2017[M].北京：社会科学文献出版社，2017.

[118] 数字经济及其核心产业统计分类（2021）：国家统计局令　第33号 [A/OL].（2021-5-27）[2021-6-4].http://www.gov.cn/gongbao/content/2021/content_5625996.htm.

[119] 江小涓，靳景.中国数字经济发展的回顾与展望[J].中共中央党校（国家行政学院）学报，2022，26（1）：69-77.

[120] REINSEL D, GANTZ J, RYDNING J. Data age 2025：the evolution of data to life-critical[J]. Framingham：IDC Analyze the Future，2017：2-16.

[121] LEIBENSTEIN, HARVEY, ALLOCATIVE EFFICIENCY VS. X-efficiency[J]. American Economic Review, 1966, 56（6）：392-415.

[122] AFRIAT S N. Efficiency estimation of production functions[J].International Economic Review, 1972, 13（3）：568-598.

[123] 荆文君，何毅，刘航.中国互联网经济与互联网经济学20年：1998—2018[J].山西财经大学学报，2020，42（5）：46-60.

[124] 洪永淼，汪寿阳.数学、模型与经济思想[J].管理世界，2020，36（10）：15-27.

[125] 乌家培.经济信息与信息经济[M].北京：中国经济出版社，1991.

[126] LOET LEYDESDORFF. The knowledge-based economy：modeled，measured，

simulated[M]. Boca Raton：Universal Publishers，2006.

[127] 袁正光.数字革命：一场新的经济战：世界数字技术发展的趋势及我们的对策[J].自然辩证法研究，1994（4）：1-7.

[128] 魏江，刘嘉玲，刘洋.数字经济学：内涵、理论基础与重要研究议题[J].科技进步与对策，2021，38（21）：1-7.

[129] 关会娟，许宪春，张美慧，等.中国数字经济产业统计分类问题研究[J].统计研究，2020，37（12）：3-16.

[130] 吴翌琳，王天琪.数字经济的统计界定和产业分类研究[J].统计研究，2021，38（6）：18-29.

[131] 陈晓红，李杨扬，宋丽洁，等.数字经济理论体系与研究展望[J].管理世界，2022，38（2）：208-224.

[132] 熊彼特.经济发展理论[M].北京：商务印书馆，1990.

[133] 胡志浩，宋国凯.关于长周期的文献综述[J].金融评论，2019，11（2）：107-122，126.

[134] PHILIPPE AGHION，PETER HOWITT. A model of growth through creative destruction[J]. Econometrica 1992，60（2）：323-351.

[135] 易兰，杨历，张治河.阿吉翁和豪伊特对熊彼特增长理论的贡献：科睿维安"引文桂冠奖"得主学术贡献评介[J].经济学动态，2018（2）：130-145.

[136] 卢时雨.区域创新能力与区域创新效率关联性分析及测度研究[D].长春：吉林大学，2009.

[137] PHIL COOKE. Regional innovation systems：competitive regulation in the New Europe[J]. GeoForum，23，1992：365-382.

[138] MORTEN T HANSEN，JULIAN BIRKINSHAW. The innovation value chain[J]. Harvard Business Review，2007（6）：121-130.

[139] 张慧颖，戴万亮.基于创新价值链的区域创新价值链概念模型[J].科技进步与对策，2011，28（1）：28-32.

[140] 丁焕峰.区域创新理论的形成与发展[J].科技管理研究，2007（9）：18-21.

[141] FEDER G. On exports and economic growth[J].Journal of Development Economics，1983，12（1-2）：59-73.

[142] 阮添舜，李鑫浩，张洁，等.数字技术应用情境下如何提升企业创新效应？协同自发抑或协同响应[J].科技进步与对策，2023，40（2）：100-110.

[143] 刘友金，易秋平，贺灵.产学研协同创新对地区创新绩效的影响：以长江经济带11省市为例[J].经济地理，2017，37（9）：1-10.

[144] 贺灵，单汨源，邱建华.创新网络要素及其协同对科技创新绩效的影响研究[J].管理评论，2012，24（8）：58-68.

[145] 霍丽，宁楠.互联网对区域创新效率的影响研究：一个文献综述[J].西北大学学报（哲学社会科学版），2021，51（1）：117-123.

[146] 徐胜，梁靓.数字经济对区域创新效率的空间溢出效应：基于创新价值链视角[J].中国流通经济，2023，37（2）：55-67.

[147] 陈鹤丽.数字经济核算的国际比较：口径界定、统计分类与测度实践[J].东北财经大学学报，2022（4）：41-53.

[148] 张红霞，夏明，苏汝劼，等.中国时间序列投入产出表的编制：1981—2018[J].统计研究，2021，38（11）：3-23.

[149] JOLLIFF W，NICHOLSON J R. Measuring the digital economy：an update incorporating data from the 2018 comprehensive update of the industry economic accounts[J]. US Bureau of Economic Analysis，2019（4）：1-12.

[150] 苏屹，支鹏飞，郭秀芳.区域数字经济规模测算及其对区域创新的影响[J].科研管理，2023，44（9）：29-38.

[151] 黄群慧，余泳泽，张松林.互联网发展与制造业生产率提升：内在机制与中国经验[J].中国工业经济，2019（8）：5-23.

[152] 刘军，杨渊鋆，张三峰.中国数字经济测度与驱动因素研究[J].上海经济研究，2020（6）：81-96.

[153] 赵涛，张智，梁上坤.数字经济、创业活跃度与高质量发展：来自中国城市的经验证据[J].管理世界，2020，36（10）：65-76.

[154] 柏培文，张云.数字经济、人口红利下降与中低技能劳动者权益[J].经济研究，2021，56（5）：91-108.

[155] 柏培文，喻理.数字经济发展与企业价格加成：理论机制与经验事实[J].中国工业经济，2021（11）：59-77.

[156] 安孟，张诚.数字经济发展能否提升中国区域创新效率[J].西南民族大学学报（人文社会科学版），2021，42（12）：99-108.

[157] 金灿阳，徐蔼婷，邱可阳.中国省域数字经济发展水平测度及其空间关联研究[J].统计与信息论坛，2022，37（6）：11-21.

[158] 斯科特.社会网络分析法[M].刘军，译.重庆：重庆大学出版社，2007.

[159] MALMQUIST S. Index numbers and indifference surfaces[J].Trabajos de Estadistica，1953，4（2）：209-242.

[160] CAVES D W, CHRISTENSEN L R, DIEWERT W E.The economic theory of index numbers and the measurement of input，output，and productivity[J].Econometrica：Journal of the Econometric Society，1982：1393-1414.

[161] FÄRE R, GROSSKOPF S, NORRIS M, et al. Productivity growth, technical progress, and efficiency change in industrialized countries[J].The American economic review，1994：66-83.

[162] RAY SUBHASH C, EVANGELIA DESLI. Productivity growth, technical progress, and efficiency change in industrialized countries：comment[R]. American Economic Review, 1997, 87（5）：1033-1039.

[163] ZOFIO J L. Malmquist productivity index decompositions：a unifying framework[J]. Applied Economics, 2007, 39（16-18）：2371-2387.

[164] AIGNER D J, LOVELL C A K, SCHMIDT P. Formulation and estimation of stochastic frontier production function models[J]. Journal of Econometrics, 1977, 6（1）：21-37.

[165] PITT M M, L F LEE. The measurement and sources of technical inefficiency in the Indonesian weaving industry[J]. Journal of Development Economics，1981，9：43-64.

[166] SCHMIDT P, SICKLES R C. Production frontiers and panel data[J].Journal of Business & Economic Statistics, 1984, 2（4）：367-374.

[167] BATTESE G E, T J COELLI. Prediction of firm-level technical efficiencies with a generalized frontier production function and panel data[J]. Journal of Econometrics 1988, 38：387-399.

[168] CORNWELL C, P SCHMIDT, R C Sickles. Production frontiers with cross-sectional and time-series variation in efficiency levels[J]. Journal of Econometrics 1990, 46：185-200.

[169] KUMBHAKAR S C. Production frontiers, panel data, and time-varying technical inefficiency[J]. Journal of Econometrics 1990, 46：201-211.

[170] BATTESE G, COELLI T. Frontier production function, technical efficiency and panel data：with application to paddy farmers in India[J]. Journal of Productivity Analysis，1992，3（1/2）：153-159.

[171] LEE Y H, SCHMIDT P. A production frontier model with flexible temporal variation in technical inefficiency [M]. New York: Oxford University Press, 1993.

[172] BATTESE G, COELLI T. A model for technical inefficiency effects in a stochastic frontier production function for panel data[J]. Empirical Economics, 1995, 20(2): 325-322.

[173] GREENE W. Reconsidering heterogeneity in panel data estimators of the stochastic frontier model[J]. Journal of Econometrics, 2005a, 126: 269-303.

[174] GREENE W. Fixed and random effects in stochastic frontier models[J]. Journal of Productive Analysis, 2005b, 23(1): 7-32.

[175] WANG H, HO C. Estimating fixed-effect panel stochastic frontier models by model transformation[J]. Journal of Econometrics, 2010, 157(2): 286-296.

[176] KUMBHAKAR S C, LOVELL C A K. Stochastic frontier analysis[M].New York: Cambridge University Press, 2000.

[177] FARRELL M T. The Measurement of production efficiency [J].Journal of the Royal Statistical Society, 1957(120).

[178] CHARNES A, COOPER W W, RHODES E. Measuring the efficiency of decision making units[J].European Journal of Operational Research, 1978(2): 429-444.

[179] FÄRE R, GROSSKOPF S, LOVELL C A K. Productivity change in Swedish pharmacies 1980—1989: a nonparametric malmquist approach [J]. Journal of Productivity Analysis, 1992(3): 85-101.

[180] MEEUSEN W, BROECK J V. Efficiency estimation from Cobb-Douglas production functions with composed error[J].International Economic Review, 1977, 18(2): 435-444.

[181] BATTESE G E, CORRA G S. Estimation of a production frontier model with application to the Pastoral Zone of eastern Australia[J]. Australian Journal of Agricultural Economics, 1977, 21(3): 169-179.

[182] TSIONAS E G, KUMBHAKAR S C. Markov switching stochastic frontier model [J]. Econometrics Journal, 2004, (2): 398-425.

[183] TSIONAS E G, TRAN K C, MICHAELIDES P G. Bayesian inference in threshold stochastic frontier models [J].Empirical Economics, 2019(2).

[184] HORRACE W, LIU X D, PATACCHINI E. Endogenous network production functions

with selectivity [J].Journal of Econometrics，2016（190）：222-232.

[185] GRIFFITHS W E，HAJARGASHT G. Some models for stochastic frontiers with endogeneity [J].Journal of Econometrics，2016（190）：341-348.

[186] DRUSKA V，HORRACE W C. Generalized moments estimation for spatial panel data：indonesian rice farming [J].American Journal of Agricultural Economics，2004（1）：185-198.

[187] SIMWAKA K. Maximum likelihood estimation of a stochastic frontier model with residual covariance [R].Working Paper，Reserve Bank of Malawi，2012.

[188] 边文龙，王向楠.面板数据随机前沿分析的研究综述[J].统计研究，2016，33（6）：13-20.

[189] 王韧，李志伟.面板数据随机前沿分析及其应用[J].统计与决策，2021，37（19）：25-29.

[190] MADDISON A. Standardised estimates of fixed capital stock：a six country comparison[J]. GGDC Research Memorandum，1994.

[191] 张翠燕，曹廷求.资本存量K测算的研究再评述[J].现代财经（天津财经大学学报），2019，39（10）：63-75.

[192] 赵雨涵，宋旭光.中国分地区大中型工业企业R&D资产折旧率测算[J].统计研究，2017，34（9）：65-75.

[193] LI W C Y，HALL B H. Depreciation of business R&D capital [R/OL]. Bureau of Economic Analysis /National Science Foundation：R&D Satellite Account Paper，2018. https://doi.org/10.111/roiw.12380.

[194] 曹景林，赵宁宁.中国高技术产业R&D资本折旧率的测算[J].统计与信息论坛，2017，32（6）：78-85.

[195] 黄勇峰，任若恩，刘晓生.中国制造业资本存量永续盘存法估计[J]经济学（季刊），2002（2）：376-396.

[196] 杨林涛，韩兆洲，王昭颖.多视角下R&D资本化测算方法比较与应用[J].数量经济技术经济研究，2015，32（12）：90-106.

[197] 韩兆洲，程学伟.中国省域R&D投入及创新效率测度分析[J].数量经济技术经济研究，2020，37（5）：98-117.

[198] SLIKER B K . R&D satellite account methodologies：R&D capital stocks and net rates of return [R/OL]. Bureau of Economic Analysis/National Science Foundation R&D

Satellite Account Background Paper，2007 .http://www.bea.gov/national/rd.htm.

[199] 王玲，ADAM S.高技术产业技术投入和生产率增长之间关系的研究[J].经济学（季刊），2008（3）.

[200] 李海霞.异质性视角下中国省级R&D资本存量测算[J].统计与决策，2023，39（3）：142-147.

[201] 谷安平，史代敏.面板数据单位根检验LLC方法与IPS方法比较研究[J].数理统计与管理，2010，29（5）：812-818.

[202] 国家知识产权局.数字经济核心产业专利统计分析报告（2023）[EB /OL].（2023-5-31）[2023-6-21]. https://www.cnipa.gov.cn/module/download/down.jsp?i_ID=185644&colID=88.

[203] BARON R M, KENNY D A .The moderator-mediator variable distinction in social psychological research：conceptual, strategic, and statistical considerations[J].Journal of Personality and Social Psychology，1986，51（6）：1173-1182.

[204] 周国富，连飞.中国地区GDP数据质量评估：基于空间面板数据模型的经验分析[J].山西财经大学学报，2010，32（8）：17-23，48.

[205] ANSELIN L, RAYMOND J G M FLORAX, SERGIO J REY. Advances in spatial econometrics：methodology tools and applications [M].Berlin ：Springer-Verlag ，2004.

[206] 王俊豪，周晟佳.中国数字产业发展的现状、特征及其溢出效应[J].数量经济技术经济研究，2021，38（3）：103-119.

[207] 李海霞，周国富.中国数字经济核心产业规模再测算研究[J].统计与信息论坛，2024，39（1）：3-15.

[208] 温忠麟，方杰，谢晋艳，等.国内中介效应的方法学研究[J].心理科学进展，2022，30（8）：1692-1702.

[209] 温忠麟，张雷，侯杰泰，等.中介效应检验程序及其应用[J].心理学报，2004（5）：614-620.

[210] 江艇.因果推断经验研究中的中介效应与调节效应[J].中国工业经济，2022（5）：100-120.

[211] 张勋，万广华，张佳佳，等.数字经济、普惠金融与包容性增长[J].经济研究，2019，54（8）：71-86.

[212] 钞小静，沈路，薛志欣.基于形态属性的中国省域数字经济发展水平再测算[J].

经济问题，2023（2）：23-34.

[213] 田金方，李慧萍，张伟，等.中国数字经济产业的关联拉动效应研究[J].统计与信息论坛，2022，37（5）：12-25.

[214] 韩君，高瀛璐.中国省域数字经济发展的产业关联效应测算[J].数量经济技术经济研究，2022，39（4）：45-66.

[215] 徐映梅，张雯婷.中国数字经济产业关联网络结构分析[J].统计与信息论坛，2021，36（8）：30-42.

[216] 荣健欣，王大中.前沿经济理论视野下的数据要素研究进展[J].南方经济，2021（11）：18-43.

[217] 李彦龙，沈艳.数字普惠金融与区域经济不平衡[J].经济学（季刊），2022，22（5）：1805-1828.

[218] 郭峰，熊云军.中国数字普惠金融的测度及其影响研究：一个文献综述[J].金融评论，2021，13（6）：12-23，117-118.

[219] 谢绚丽，沈艳，张皓星，等.数字金融能促进创业吗?：来自中国的证据[J].经济学（季刊），2018，17（4）：1557-1580.

[220] 李腾，孙国强，崔格格.数字产业化与产业数字化：双向联动关系、产业网络特征与数字经济发展[J].产业经济研究，2021（5）：54-68.

[221] 杨慧梅，江璐.数字经济、空间效应与全要素生产率[J].统计研究，2021，38（4）：3-15.

[222] 续继，唐琦.数字经济与国民经济核算文献评述[J].经济学动态，2019（10）：117-131.

[223] 向书坚，吴文君.OECD数字经济核算研究最新动态及其启示[J].统计研究，2018，35（12）：3-15.

[224] 左大培，杨春学.经济增长理论模型的内生化历程[M].北京：中国经济出版社，2007.

[225] 张杰，白铠瑞，毕钰.互联网基础设施、创新驱动与中国区域不平衡：从宏观到微观的证据链[J].数量经济技术经济研究，2023，40（1）：46-65.

[226] 程开明，吴西梦，庄燕杰.我国省域新经济新动能：统计测度、空间格局与关联网络[J].统计研究，2023，40（3）：18-31.

[227] 毛丰付，张帆.中国地区数字经济的演变：1994—2018[J].数量经济技术经济研究，2021，38（7）：3-25.

[228] 李雪松，党琳，赵宸宇.数字化转型、融入全球创新网络与创新绩效[J].中国工业经济，2022（10）：43-61.

[229] 陈梦根，张鑫.数字经济要素投入核算框架及应用研究[J].统计研究，2022，39（8）：3-20.

[230] 李研.中国数字经济产出效率的地区差异及动态演变[J].数量经济技术经济研究，2021，38（2）：60-77.

[231] 洪银兴，任保平.数字经济与实体经济深度融合的内涵和途径[J].中国工业经济，2023（2）：5-16.

[232] 白俊红.中国区域创新效率的实证研究[D].南京：南京航空航天大学，2010.

[233] 周国富，王晓玲.区域技术效率的随机前沿分析与测算：基于财政体制改革的视角[J].商业经济与管理，2012（12）：61-70.

[234] 张杰，付奎.信息网络基础设施建设能驱动城市创新水平提升吗？：基于"宽带中国"战略试点的准自然试验[J].产业经济研究，2021（5）：1-14，127.

[235] 魏守华，吴贵生，吕新雷.区域创新能力的影响因素：兼评我国创新能力的地区差距[J].中国软科学，2010（9）：76-85.

[236] 周国富，张春红.区域创新能力与全要素生产率的空间计量研究[J].华东经济管理，2019，33（6）：61-68.

[237] 韩军，孔令丞.产业转移能否促进创新绩效提升：基于创新要素流动视角[J].中国科技论坛，2023（4）：73-81，141.

[238] 董弢.基于ICT行业研究测算中国数字经济规模[D].成都：西南财经大学，2019.

[239] 陈亮.数字经济核算问题研究[D].大连：东北财经大学，2020.

[240] 朱明爽.中国数字经济规模统计测度：理论与方法[D].济南：山东财经大学，2021.

[241] 王林.信息通讯技术（ICT）投资的创新促进效应研究[D].杭州：浙江财经大学，2021.

[242] 周国富，董子祎，申博.人力资本集聚、数字经济发展与"产业—消费"协同升级[J].山西财经大学学报，2023，45（6）：70-84.

[243] 周国富，熊宇航，王晓宇.经济全球化、社会全球化与各省市经济增长：基于空间面板数据模型的实证检验[J].统计与信息论坛，2019，34（11）：26-34.

[244] 张腾，蒋伏心，韦朕韬.数字经济能否成为促进我国经济高质量发展的新动

能?[J].经济问题探索，2021（1）：25–39.

[245] 温珺，阎志军，程愚.数字经济驱动创新效应研究：基于省际面板数据的回归[J].
经济体制改革，2020（3）：31–38.

[246] 李宗显，杨千帆.数字经济如何影响中国经济高质量发展?[J].现代经济探讨，
2021（7）：10–19.

[247] 韩兆安，吴海珍，赵景峰.数字经济驱动创新发展：知识流动的中介作用[J].科
学学研究，2022，40（11）：2055–2064，2101.

[248] 陈梦根，张鑫.数字经济的统计挑战与核算思路探讨[J].改革，2020（9）：52–67.

[249] 金星晔，伏霖，李涛.数字经济规模核算的框架、方法与特点[J].经济社会体制
比较，2020（4）：69–78.

[250] 许宪春，张美慧.数字经济增加值测算问题研究综述[J].计量经济学报，2022，
2（1）：19–31.

[251] 夏杰长，姚战琪，徐紫嫣.数字经济对中国区域创新产出的影响[J].社会科学
战线，2021（6）：67–78，281–282.

[252] 李洁，张天顶.投入产出分析与中国数字经济规模的测量[J].当代经济管理，
2021，43（10）：66–73.

# 附　录

## 附表 1　数字经济统计分类与范围划分

| 数字经济大类 | 数字经济细分类 | 投入产出部门代码 | 行业中类 | 国民经济行业名称及代码（2017） |
|---|---|---|---|---|
| 数字产品制造业 | 计算机制造 | 39088 计算机 | 计算机、通信和其他电子设备制造业 | C 39 制造业 |
| | 通信及雷达设备制造 | 39089 通信设备 | | |
| | 数字媒体设备制造 | 39090 广播电视设备和雷达及配套设备<br>39091 视听设备 | | |
| | 智能设备制造（一） | — | | |
| | 电子元器件及设备制造 | 39092 电子元器件<br>39093 其他电子设备制造<br>38087 其他电气机械和器材 | 计算机、通信和其他电子设备制造业<br>电气机械和器材制造业 | C 39 制造业<br>3562 半导体器件专用设备制造<br>3563 电子元器件与机电组件设备制造<br>3824 电力电子元器件制造<br>3825 光伏设备及元器件制造<br>3891 电气信号设备装置制造 |
| | 其他数字产品制造业 | 38084 电线、电缆、光缆及电工器材<br>23038 印刷和记录媒介复制品 | 电气机械和器材制造业<br>印刷和记录媒介复制业 | C 38 制造业<br>3831* 电线、电缆制造<br>3833 光缆制造<br>2330 记录媒介复制（其余部分略） |
| 数字产品服务业 | 数字产品批发 | 51105 批发 | 批发和零售业 | F 51 批发业<br>5176 计算机、软件及辅助设备批发<br>5177 通信设备批发<br>5178 广播影视设备批发 |
| | 数字产品零售 | 52106 零售 | | F 52 零售业<br>5244 音像制品、电子和数字出版物零售<br>5273 计算机、软件及辅助设备零售<br>5274 通信设备零售 |
| | 数字产品租赁 | 71130 租赁 | 租赁业 | L 71 租赁业<br>7114 计算机及通信设备经营租赁<br>7125 音像制品出租 |

| 数字经济大类 | 数字经济细分类 | 投入产出部门代码 | 行业中类 | 国民经济行业名称及代码（2017） |
|---|---|---|---|---|
| 数字产品服务业 | 数字产品维修（一） | 81139 其他服务 | 居民服务、修理和其他服务业 | O 81 机动车、电子产品和日用产品修理业<br>8121 计算机和辅助设备修理<br>8122 通信设备修理 |
|  | 其他数字产品服务业（一） | — | — | — |
| 数字技术应用业 | 软件开发 | 65124 软件和信息技术服务 | 信息传输、软件和信息技术服务业 | I 65 软件和信息技术服务 |
|  | 电信、广播电视和卫星传输服务 | 63121 电信、广播电视和卫星传输服务 |  | I 63 电信、广播电视和卫星传输服务 |
|  | 互联网相关服务 | 64123 互联网和相关服务 |  | I 64 互联网和相关服务（其余部分略） |
|  | 信息技术服务 | 65124 软件和信息技术服务 | 信息传输、软件和信息技术服务业 | I 65 软件和信息技术服务 |
|  |  | 74133 专业技术服务 | 科学研究和技术服务业 | M 74 专业技术服务业<br>744 测绘地理信息服务 |
|  | 其他数字技术应用业（一） | 75134 科技推广和应用服务 | 科学研究和技术服务业 | M 75 科技推广和应用服务业<br>7517 三维（3D）打印技术推广服务 |
| 数字要素驱动业 | 互联网平台* | 64123 互联网和相关服务<br>65124 软件和信息技术服务 | 信息传输、软件和信息技术服务业 | I 64 互联网和相关服务<br>643 互联网平台 |
|  | 互联网批发零售 | 51105 批发<br><br>52106 零售 | 批发和零售业 | F 51 批发业<br>5193 互联网批发<br>F 52 零售业<br>5292 互联网零售 |
|  | 互联网金融（一） | 66126 货币金融和其他金融服务 | 金融业 | J 66 金融业<br>6637 网络借贷服务<br>6930 非金融机构支付服务<br>6940 金融信息服务 |
|  | 数字内容与媒体 | 86143 新闻和出版<br>87144 广播、电视、电影和影视录音制作 | 新闻和出版业广播、电视、电影和录音制作业 | R 文化、体育和娱乐业<br>R 86 新闻和出版业<br>8624 音像制品出版<br>8625 电子出版物出版<br>8626 数字出版<br>R87 广播、电视、电影和录音制作业 |
|  | 信息基础设施建设（一） | 48102 土木工程建筑<br>49103 建筑安装 | 建筑业 | E 48 土木工程建筑业<br>E 49 建筑安装业 |

| 数字经济大类 | 数字经济细分类 | 投入产出部门代码 | 行业中类 | 国民经济行业名称及代码（2017） |
|---|---|---|---|---|
| 数字要素驱动业 | 数据资源与产权交易（—） | 72131 商务服务 | 租赁和商务服务业 | 7213*资源与产权交易服务 |
| | 其他数字要素驱动业（—） | 71130 租赁<br>72131 商务服务<br>73132 研究和试验发展 | | 7114计算机及通信设备经营租赁<br>7125 音像制品出租<br>7251 互联网广告服务<br>7224 供应链管理服务<br>7272 安全系统监控服务<br>7320*工程和技术研究和试验发展 |

注：表中的*代表有重复，（—）代表不在本书具体测算范围之内。